本书获 2016 年国家社科基金一般项目"'一带一路'战略下地方政府经济外交研究"（16BGJ020）、教育部人文社会科学研究青年基金项目"海上丝绸之路战略框架下中国—东盟自由贸易区升级问题研究——政治与经济互动的视角"（14YJCGJW004）资助。

"一带一路"与中国开放型经济新体制丛书

厦门"一带一路"经贸合作研究：潜力与对策

何军明 著

厦门大学出版社 国家一级出版社
全国百佳图书出版单位

图书在版编目(CIP)数据

厦门"一带一路"经贸合作研究:潜力与对策/何军明著.—厦门:厦门大学出版社,
2017.9
("一带一路"与中国开放型经济新体制丛书)
ISBN 978-7-5615-6705-0

Ⅰ.①厦…　Ⅱ.①何…　Ⅲ.①地方外贸-对外经贸合作-研究-厦门　Ⅳ.①F752.857.3

中国版本图书馆 CIP 数据核字(2017)第 234416 号

出 版 人	蒋东明
责任编辑	陈丽贞　陈思岑
封面设计	蒋卓群
技术编辑	朱　楷

出版发行　**厦门大孝出版社**
社　　址　厦门市软件园二期望海路 39 号
邮政编码　361008
总 编 办　0592-2182177　0592-2181406(传真)
营销中心　0592-2184458　0592-2181365
网　　址　http://www.xmupress.com
邮　　箱　xmup@xmupress.com
印　　刷　虎彩印艺股份有限公司

开本　720mm×1000mm　1/16
印张　20
插页　2
字数　296 千字
版次　2017 年 9 月第 1 版
印次　2017 年 9 月第 1 次印刷
定价　69.00 元

本书如有印装质量问题请直接寄承印厂调换

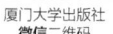
厦门大学出版社
微信二维码

厦门大学出版社
微博二维码

目录

第一章　中国"一带一路"建设与福建省的发展机遇
第一节　"一带一路"倡议提出的背景　　　　　　　　　　　…3
第二节　"一带一路"的倡议框架　　　　　　　　　　　　　…10
第三节　"一带一路"倡议地方政府的中层设计与经验借鉴　　…23
第四节　"一带一路"倡议下厦门发展的新机遇　　　　　　　…45

第二章　厦门"一带一路"经贸合作的现状
第一节　厦门"一带一路"经贸合作的总体情况　　　　　　　…61
第二节　厦门与东盟的经贸合作　　　　　　　　　　　　　　…77
第三节　厦门与南亚国家的经贸合作　　　　　　　　　　　　…88
第四节　厦门与中东欧国家的经贸合作　　　　　　　　　　　…91
第五节　厦门与俄蒙中亚国家的经贸合作　　　　　　　　　　…94
第六节　厦门与西亚非洲国家的经贸合作　　　　　　　　　　…96

第三章　厦门与东盟经贸合作的潜力分析
第一节　东盟是"21世纪海上丝绸之路"战略的核心区域　　　…101
第二节　印尼和马来西亚海洋经济的合作潜力　　　　　　　　…103
第三节　菲律宾的合作潜力　　　　　　　　　　　　　　　　…119
第四节　缅甸与越南的合作潜力　　　　　　　　　　　　　　…127

第四章　南亚国家的合作潜力
第一节　南亚国家概况　　　　　　　　　　　　　　　　　　…141
第二节　印度的合作潜力　　　　　　　　　　　　　　　　　…145
第三节　巴基斯坦的合作潜力　　　　　　　　　　　　　　　…157

第五章　中东欧国家的合作潜力

- 第一节　中东欧与中国的合作 ···171
- 第二节　波兰的合作潜力 ···177
- 第三节　匈牙利的合作潜力 ···182
- 第四节　保加利亚的合作潜力 ···187

第六章　俄蒙中亚国家的合作潜力

- 第一节　中蒙俄经济走廊 ···193
- 第二节　俄罗斯的合作潜力 ···197
- 第三节　中亚国家的合作潜力 ···213

第七章　西亚非洲国家的合作潜力

- 第一节　西亚非洲国家与中国的经贸合作 ···227
- 第二节　埃及的合作潜力 ···233
- 第三节　南非的合作潜力 ···238
- 第四节　土耳其的合作潜力 ···241

第八章　厦门推进"一带一路"经贸合作的对策建议

- 第一节　推进"一带一路"经贸合作的基本原则 ···247
- 第二节　以东盟为核心推进厦门"一带一路"经贸合作 ···251
- 第三节　拓展与印度、巴基斯坦和俄罗斯的经贸合作 ···266
- 第四节　布局厦门与中东欧的经贸合作 ···276
- 第五节　加强"一带一路"产业合作 ···283
- 第六节　加强"一带一路"服务贸易合作 ···296
- 第七节　"一带一路"框架下寻求对台合作新方式 ···304
- 第八节　积极开展"一带一路"城市外交 ···311

第一章

中国"一带一路"建设与福建省的发展机遇

◆ 第一节 ◆
"一带一路"倡议提出的背景

2013年9月,习近平主席在访问哈萨克斯坦时提出,中国高度重视同中亚各国的友好合作关系,将其视为外交的优先方向,希望通过创新的合作模式,与欧亚各国共同建设起涵盖近30亿人口的"丝绸之路经济带"。同年10月初,习近平主席在访问印度尼西亚(简称"印尼")时提出,东南亚地区自古以来就是海上丝绸之路的重要枢纽,中国愿同东盟国家加强海上合作,共同建设"21世纪海上丝绸之路"。中国国务院总理李克强在参加2013年中国—东盟博览会时强调,要铺就面向东盟的海上丝绸之路,打造带动腹地发展的战略支点。2013年10月下旬,中国召开周边外交工作座谈会。会议强调,要同有关国家共同努力,加快基础设施互联互通,建设好"丝绸之路经济带"和"21世纪海上丝绸之路"。

2015年3月,国家发展改革委(简称"发改委")、外交部、商务部联合发布了《推动共建丝绸之路经济带和21世纪海上丝绸之路的愿景与行动》,全面阐释了"一带一路"倡议的时代背景、共建原则、框架思路、合作重点和合作机制等问题,"一带一路"倡议就此全面清晰地展现,并立即得到了国际社会的高度关注和积极响应。

"一带一路"倡议的提出有其深刻的时代背景,可以从国际和国内两个方面来理解。

一、"一带一路"倡议提出的国际背景

(一)经济全球化与世界经济结构正在发生深刻变化

一是世界经济增长格局发生变化。曾经引领着全球经济增长的发达经济体,在全球经济增长中的主导地位已经发生动摇。美国在2007—2009年的金融危机之后经济复苏缓慢,欧盟陷入债务危机,日本在20世纪90年代泡沫经济崩溃后,经济长期低迷。而新兴发展中经济体,如中国、印度等发

展强劲,经济保持较高增长率,已经成为稳定世界经济增长的主要力量。二是世界工业生产格局出现分化。发达经济体的工业增长放缓,制造业萎缩并逐步向新兴与发展中经济体转移;新兴与发展中国家工业增长强劲,但由于在技术与品牌上受制于发达经济体,自身创造力不足,尚不能在全球工业生产格局中凸显领导力。三是世界资本流动格局发生逆转。发达经济体原本是主要的资本输出国,但近年来为挽救经济,想方设法推动资本回流,如美联储退出"量化宽松"。资本回流发达经济体使发展中国家融资环境变差,境外投资减少,偿还外债能力减弱,股市、债市资金流出,金融体系的不稳定性进一步加剧。四是世界贸易格局分化。全球贸易增长明显减缓,并且未来这种趋势可能会延续下去。

以往我国对外开放的主要对象是西方发达经济体国家,随着世界经济结构的变化,我国需要调整经济战略,转向更加广泛的世界。

(二)世界贸易组织(WTO)多边贸易谈判停滞不前,国际经济贸易规则面临新一轮变革

1.WTO多边贸易谈判停滞不前

在经济全球化及多边贸易体系的推动下,全球贸易自由化趋势不断加强,但经济全球化与各国国家利益的冲突以及由此导致的各种矛盾也不断显现。WTO多边贸易谈判停滞不前就是这些冲突与矛盾的体现。

2001年11月,WTO在卡塔尔首都多哈举行第四次部长级会议,启动新一轮多边贸易谈判。议程原定于2005年1月1日前全面结束谈判,但至2005年年底为止仍未能达成协议,无奈于2006年7月22日在WTO总理事会的批准下正式中止。2008年7月21日,来自35个主要WTO成员的贸易和农业部长在日内瓦举行会晤,试图在一周时间内就多哈回合谈判中的农业和非农产品市场准入问题取得突破,但仍未取得进展。2010年3月22日至26日,WTO召开了为期一周的、称为"清仓盘点"的高官会议,就所有议题谈判的结果、存在的分歧及达成一致的可能性逐项进行清点,发现问题仍然很多,仍使谈判进程与最终目标相差甚远。

多哈回合谈判是WTO成立以来参加方最多、议题最广的一轮谈判,涉及众多议题,涵盖95%以上的全球贸易,其宗旨是促使WTO成员削减贸易

壁垒,创造更公平的贸易环境,以促进全球特别是较贫穷国家的经济发展。多哈回合谈判虽是多边谈判,但真正的谈判主角是美国、欧盟、日本以及由发展中国家组成的"20国协调组"(成员方21个:阿根廷、巴西、玻利维亚、智利、中国、埃及、古巴、危地马拉、印度、印尼、墨西哥、尼日利亚、巴基斯坦、巴拉圭、菲律宾、南非、坦桑尼亚、泰国、乌拉圭、委内瑞拉和津巴布韦)。长期以来,WTO成员无法在农业补贴、农产品关税和工业品关税的削减幅度、削减公式和削减方法上达成一致。虽然各方分歧非常复杂,但主要还是发达成员和发展中成员之间因发展水平不同、利益和需求不同引发的分歧。欧美等发达成员的主要目标是进一步打开发展中成员的工业品和服务市场,而发展中成员则希望发达成员降低农业补贴并开放农业市场。由于各方都不愿意让步,因此无法达成一项平衡的协议使各方均得到好处又尽量避免损失,造成了谈判的停滞。

多哈回合谈判停滞不前使人们对世界经济的信心下降,世界贸易规则中的不合理成分也无法得到纠正,并导致贸易保护主义加剧,贸易争端增多,多边贸易体系受损,使世界经济更加动荡,不确定性增加。

2. 美国另起炉灶:TPP和TTIP

当美国意识到它无法通过多哈谈判主导WTO多边贸易规则,以获得更多利益后,便冻结了多哈回合谈判,另起灶炉,启动"跨太平洋伙伴关系协定"(TPP)和"跨大西洋贸易与投资伙伴协定"(TTIP)。

2015年10月6日,TPP谈判取得实质性突破。文莱、智利、新西兰、新加坡、美国、加拿大、墨西哥、日本、越南、澳大利亚、秘鲁、马来西亚等12个参与国就TPP协议达成一致。这12个国家加起来占全球经济的比重达到40%,超过欧盟。TPP突破了传统的自由贸易协定模式,是包括所有商品和服务在内的综合性自由贸易协议。

2017年1月23日,美国新总统特朗普正式签署命令,启动美国退出TPP的进程。特朗普政府未来将与美国盟友及其他国家进一步发掘双边贸易机会。但是,美国退出TPP可能会付出很大的代价。在经济方面,退出TPP将导致美国在新的全球贸易和投资规则主导权上趋于弱化。在地缘政治方面,退出TPP将使得美国失信于亚太盟友,也为潜在的竞争者提供了弥补空缺的机会。从长远来看,特朗普政府是否会以不同形式重新回归仍值得关注。①

（三）美国"亚太再平衡战略"打破了东亚经济一体化的进程

1.亚洲金融危机后的东亚经济一体化进程

1997年,亚洲金融危机给东亚各国造成了灾难性的损失,但也激发了各国推进地区合作的强烈愿望,东亚地区迅速形成了东盟与中日韩会晤机制,以应对世界经济的全球化。1999年,东盟扩大为10国(马来西亚、印尼、泰国、菲律宾、新加坡、文莱、越南、老挝、缅甸和柬埔寨)后,东盟与中日韩会晤机制被分别简称为"10＋3"机制(东盟10国与中日韩)和"10＋1"机制(东盟10国分别与中日韩其中1国)。

进入21世纪,2001年,中国与东盟宣布将在10年内建立"中国—东盟自由贸易区"(CAFTA)。2002年,中国与东盟10国签署了《中国与东盟全面经济合作框架协议》,决定到2010年建成中国—东盟自由贸易区;中日韩三国领导人签署了《中、日、韩推进三方合作联合宣言》,提出加快研究建立三国自由贸易区;东盟与日本签署了《东盟与日本全面合作经济伙伴关系框架协议》,日本宣布加入《东南亚友好合作条约》;2004年,韩国和俄罗斯加入《东南亚友好合作条约》。2010年1月,中国—东盟自贸区如期全面建成。

2.美国"亚太再平衡战略"对东亚一体化进程的影响

二战后,美国在亚洲建立起以经济和安全高度依赖美国的同盟网络来封锁和遏制中国等国家。军事上,随着1979年中美建交和冷战结束,美国的一些盟友已不再同中国对抗;经济上,这些美国过去的和现存的亚洲盟友,同中国的经济往来日趋紧密,双边贸易额大多已超越美国。面对中国的逐渐崛起,美国提出重返亚太。在2012年6月3日闭幕的香格里拉对话会上,美国国防部长帕内塔提出了美国的"亚太再平衡战略"。

美国"亚太再平衡战略"的意图至少包括两个方面:一是战略意图。该战略主要是为应对中国崛起对地区乃至全球政治格局所造成的震动效应,尤其是对美国全球优势地位所造成的冲击性。二是经济意图。亚洲地区已经成为推动世界经济发展的最主要引擎,美国亟须提升其在亚洲贸易体系

---

① 宋泓.特朗普上台后美国贸易及相关政策的变化和影响[J].国际经济评论,2017(1).

中的战略地位,并继续谋求在全球贸易规则体系中的主导地位。

美国实施"亚太再平衡战略"、力推 TPP、插手南海问题,干扰了原来的东亚一体化进程,使中国在亚太地区一体化和世界新的贸易规则体系中处于被动地位。"一带一路"倡议正是打破美国遏制、化被动为主动的有力手段。

二、"一带一路"倡议提出的国内背景

(一)中国崛起,经济实力大大增强,已经成为资本净输出国

改革开放以来,中国政局稳定,经济快速发展,实力不断增强。2010 年,中国超过日本正式成为第二大经济体。此后,中国国民生产总值(GDP)稳居世界第二位,占世界经济总量的比重逐年上升。2014 年,中国 GDP 总规模首次突破 60 万亿元人民币,以美元计算后成为继美国之后"10 万亿美元俱乐部"的第二个成员,也拉大了与第三位日本的距离。2015 年,中国 GDP 达 67.67 万亿元,占世界 GDP 的比重为 15.5%。

2001 年,中国提出"走出去"战略。"走出去"战略的制定和实施,标志着中国经济有"走出去"的需要和能力。实施"走出去"战略后,中国快速成长为世界第二大经济体、第一外汇储备大国、第一货物贸易大国、第一制造业大国,为中国成为资本输出国打下基础。同时,一大批中国企业开始了海外投资进程,涉及的领域由矿产等资源领域逐渐扩展至建筑、房地产、交通运输、旅游、保险、制造、纺织等行业。截至 2014 年年底,共有 1.85 万家境内投资者在境外设立机构 2.97 万家,分布在全球 186 个国家和地区。2014 年,中国实现全行业对外直接投资 1 160 亿美元,加上中国企业在国(境)外利润再投资和通过第三地的投资,实际对外投资规模在 1 400 亿美元左右,超出中国利用外资约 200 亿美元,中国成为资本净输出国。2015 年,中国对外直接投资创下 1 456.7 亿美元的历史新高,同比增长 18.3%,金额仅次于美国的 2 999.6 亿美元,首次位列世界第二,占到全球流量份额的 9.9%,投资流量超过同期吸引外资规模,实现资本净输出。这标志着中国经过 30 多年的改革开放,开始从经济大国向经济强国迈进。中国经济的"走出去"、大规模的资本输出提升了中国在全球价值链中的地位,将使世界经济体系发生调整,也意味着中国将面临全球范围更加激烈的竞争。

随着经济的快速发展与综合国力的不断提升,中国需要通过新的经济战略为下一步的发展谋划国际经济空间与外交环境,寻求新的突破口。适时提出"一带一路"倡议,正是中国适应自身经济规模和实力,积极应对和参与世界经济激烈竞争的重大举措。

(二)中国经济进入新常态

经过长达十数年的高速增长后,中国经济增长放缓,2014年GDP同比增速为7.4%,创1991年以来新低;2015年GDP同比增速降至6.9%,首次跌破7%。由于GDP主义的驱动和粗放的经济增长方式,中国产能快速扩张,不可避免地进入了产能过剩的经济周期,钢铁、煤炭、水泥、电解铝等多个行业尤其严重,行业产品价格大跌,效益大幅滑坡。不仅是产能过剩,中国经济还面临着固定资产投资过度、生产效率低下、自然环境破坏、人口结构老化、出口增长缓慢、内需不足、贫富差距扩大、社会矛盾凸显等诸多问题。

面对中国经济的新形势、新阶段、新特征、新趋势,中国政府已有明确的认识,中国国家主席习近平指出:"我国发展仍处于重要战略机遇期,我们要增强信心,从当前我国经济发展的阶段性特征出发,适应新常态,保持战略上的平常心态。"新常态既是对当前中国经济特征的判断,又意味着中国经济的新战略,表明中央对当前中国经济增长阶段变化规律的认识更加深刻。经济新常态的认识意味着中国的经济增长将从过去30多年10%左右的高速度转变为中速或中高速,以往的粗放增长模式要向可持续的平衡协调的增长模式转变,这些转变将对宏观政策的选择,行业、企业的转型升级产生重大影响。

经济新常态下,中国供需关系正面临着比较严重的结构性失衡,一方面是许多行业产能过剩,另一方面是高端产品供给不足。"一带一路"正是中国为适应经济新常态,促进经济结构调整,化解产能过剩,推进供给侧改革而提出的倡议。

(三)中国经济进一步发展需要稳定的周边环境

发展经济需要一个稳定的周边环境和和平的国际环境。中国周边环境复杂。当前,中国面临着中日钓鱼岛争议、南海问题、朝鲜问题、中印领土问题、美国重返亚太等诸多难题。在经济面临困难的形势下,中国迫切需要一个稳定的周边环境和和平的国际环境。

中国需要通过"一带一路"倡议切实落实"周边是首要"的外交方针,利用中国自身强大的经济实力,尽力提升与周边国家的政治、经济、文化等联系,为中国下一步的发展创造稳定、友好、有利的周边环境。实施"一带一路"倡议,同周边和世界各个国家和地区建立广泛的经济联系,增强自身经济、外交和军事实力,以发展促和平,是中国顺应和平与发展的时代潮流,为世界各国共同维护和平贡献的中国智慧。

(四)中国发展需要参与国际经济贸易规则的制定

中国自2001年12月正式加入WTO以来,逐步融入世界经济并不断发展,实力不断增强,进出口贸易额快速增长。中国2013年货物进出口总额为258 267亿元人民币,以美元计价为41 600亿美元,超过美国官方公布的39 100万亿美元,跃居世界第一位。中国要由贸易大国走向贸易强国,必须参与国际经济贸易规则的制定,争取全球经济治理制度性权力,不能当旁观者、跟随者,而是要做参与者、引领者,在国际规则制定中发出更多中国声音、注入更多中国元素,维护和拓展中国的发展利益。

当前,世界贸易格局的变化主要表现为新兴经济体和发展中经济体越来越重要,发达经济体重要性日益下降,国际贸易规则需要重构。区域及双边自贸协定是当前世界贸易格局出现的新变化,新的区域性的自由贸易规则正逐渐被许多国家所接受。

中国的"一带一路"倡议可以推动区域经济一体化,在亚太地区和"一带一路"沿线地区构建我们自己的贸易和投资网络。在参与新的区域性贸易规则制定的同时,"一带一路"倡议对于中国在WTO的框架内,推动诸边贸易协定的谈判,以及继续维护WTO多边贸易体系,推动WTO谈判的前进,也具有重要的意义。

◆ 第二节 ◆
"一带一路"的倡议框架

一、中央关于"一带一路"的顶层设计

（一）《推动共建丝绸之路经济带和21世纪海上丝绸之路的愿景与行动》

2015年3月28日，国家发改委、外交部、商务部联合发布了《推动共建丝绸之路经济带和21世纪海上丝绸之路的愿景与行动》（以下简称《愿景与行动》）。文件分为时代背景、共建原则、框架思路、合作重点、合作机制、中国各地方开放态势、中国积极行动、共创美好未来八个部分。

该文件提出的共建"一带一路"的思路是，秉持和平合作、开放包容、互学互鉴、互利共赢的理念，全方位推进务实合作，打造政治互信、经济融合、文化包容的利益共同体、命运共同体和责任共同体。

《愿景与行动》指出，"一带一路"贯穿亚欧非大陆，一头是活跃的东亚经济圈，一头是发达的欧洲经济圈，中间广大腹地国家经济发展潜力巨大。"丝绸之路经济带"重点畅通中国经中亚、俄罗斯至欧洲（波罗的海）；中国经中亚、西亚至波斯湾、地中海；中国至东南亚、南亚、印度洋。"21世纪海上丝绸之路"的重点方向是从中国沿海港口过南海到印度洋，延伸至欧洲；从中国沿海港口过南海到南太平洋。

《愿景与行动》提出，"一带一路"建设以政策沟通、设施联通、贸易畅通、资金融通、民心相通为主要内容，即"五通"。政策沟通主要是加强政府间合作，积极构建多层次政府间宏观政策沟通交流机制，深化利益融合，促进政治互信，达成合作新共识；设施联通方面，基础设施互联互通是"一带一路"建设的优先领域，在尊重相关国家主权和安全关切的基础上，沿线国家宜加强基础设施建设规划、技术标准体系的对接，共同推进国际骨干通道建设，逐步形成连接亚洲各次区域以及亚欧非之间的基础设施网络；贸易畅通包括解决投资贸易便利化问题，消除投资和贸易壁垒，构建区域内和各国良好

的营商环境,积极同沿线国家和地区共同商建自由贸易区;资金融通主要包括深化金融合作,推进亚洲货币稳定体系、投融资体系和信用体系建设,共同推进亚洲基础设施投资银行、金砖国家开发银行筹建等;民心相通主要包括广泛开展文化交流、学术往来、人才交流合作、媒体合作、青年和妇女交往、志愿者服务等内容。

此外,《愿景与行动》对东北地区、西北地区、西南地区、沿海地区、港澳台地区及内陆地区的开放优势和策略进行了概括性阐述,并着重提出了建设两个核心区,即新疆"丝绸之路经济带"核心区和福建"21世纪海上丝绸之路"核心区。

(二)"十三五"规划

2016年3月18日,《中华人民共和国国民经济和社会发展第十三个五年规划纲要》(简称"十三五"规划)发布,全文共二十篇八十章,其中第五十一章为"推进'一带一路'建设",主要内容如下:

秉持亲诚惠容,坚持共商共建共享原则,开展与有关国家和地区多领域互利共赢的务实合作,打造陆海内外联动、东西双向开放的全面开放新格局。

健全"一带一路"合作机制。围绕政策沟通、设施联通、贸易畅通、资金融通、民心相通,健全"一带一路"双边和多边合作机制。推动与沿线国家发展规划、技术标准体系对接,推进沿线国家间的运输便利化安排,开展沿线大通关合作。建立以企业为主体、以项目为基础、各类基金引导、企业和机构参与的多元化融资模式。加强同国际组织和金融组织机构合作,积极推进亚洲基础设施投资银行、金砖国家新开发银行建设,发挥丝路基金作用,吸引国际资金共建开放多元共赢的金融合作平台。充分发挥广大海外侨胞和归侨侨眷的桥梁纽带作用。

畅通"一带一路"经济走廊。推动中蒙俄、中国—中亚—西亚、中国—中南半岛、新亚欧大陆桥、中巴、孟中印缅等国际经济合作走廊建设,推进与周边国家基础设施互联互通,共同构建连接亚洲各次区域及亚欧非之间的基础设施网络。加强能源资源和产业链合作,提高就地加工转化率。支持中欧等国际集装箱运输和邮政班列发展。建设上合组织国际物流园和中哈物流合作基地。积极推进"21世纪海上丝绸之路"战略支点建设,参与沿线重要港口建设与经营,推动共建临港产业集聚区,畅通海上贸易通道。推进公铁水及航空多式联运,构建国际物流大通道,加强重要通道、口岸基础设施建设。建设新疆丝绸之路经济带核心区、福建21世纪海上丝绸之路核心区。打造具有国际航运影响力的海上丝绸之路指数。

共创开放包容的人文交流新局面。办好"一带一路"国际高峰论坛,发挥丝绸之路(敦煌)国际文化博览会等作用。广泛开展教育、科技、文化、体育、旅游、环保、卫生及中医药等领域合作。构建官民并举、多方参与的人文交流机制,互办文化年、艺术节、电影节、博览会等活动,鼓励丰富多样的民间文化交流,发挥妈祖文化等民间文化的积极作用。联合开发特色旅游产品,提高旅游便利化。加强卫生防疫领域交流合作,提高合作处理突发公共卫生事件能力。推动建立智库联盟。

(三)习近平关于"一带一路"的讲话

建设"一带一路",是中国国家主席习近平和中国政府应对全球形势深刻变化、统筹国内国际两个大局提出的倡议。

2013年以来,习近平主席出访了中亚、东亚、南亚、西亚、中东欧、西欧、北美、南美、非洲等地。推进"一带一路"建设,是习近平出访活动的重要内容。

2013年12月,习近平在中央经济工作会议上指出,推进"丝绸之路经济带"建设,抓紧制定战略规划,加强基础设施互联互通建设;建设"21世纪海上丝绸之路",加强海上通道互联互通建设,拉紧相互利益纽带。

2014年5月21日,习近平在上海举行的亚洲相互协作与信任措施会议第四次峰会上做《积极树立亚洲安全观 共创安全合作新局面》的主旨发言时指出,中国坚持与邻为善、以邻为伴,坚持睦邻、安邻、富邻,践行亲、诚、惠、容理念,努力使自身发展更好惠及亚洲国家。中国将同各国一道,加快推进"丝绸之路经济带"和"21世纪海上丝绸之路"建设,尽早启动亚洲基础设施投资银行,更加深入参与区域合作进程,推动亚洲发展和安全相互促进、相得益彰。

2014年6月5日,习近平在北京出席中阿合作论坛第六届部长级会议开幕式时发表题为《弘扬丝路精神 深化中阿合作》的讲话。习近平提到,通过古老的丝绸之路,中阿人民的祖先走在了古代世界各民族友好交往的前列。当前,中阿都面临着实现民族振兴的共同使命和挑战。希望双方弘扬丝绸之路精神,以共建"丝绸之路经济带"和"21世纪海上丝绸之路"为新机遇、新起点,不断深化全面合作,共同发展中阿战略合作关系。

2014年8月22日,习近平在蒙古国国家大呼拉尔发表题为《守望相助 共创中蒙关系发展新时代》的重要演讲时提出,中方愿同蒙方加强在"丝绸之路经济带"倡议下合作,对蒙方提出的"草原之路"倡议持积极和开放态度。双方可以在亚洲基础设施投资银行等新的平台上加强合作,共同发展,共同受益。

2014年9月18日,习近平在印度世界事务委员会发表题为《携手追寻民族复兴之梦》的重要演讲时指出,一个和平稳定、发展繁荣的南亚,符合本地区国家和人民利益,也符合中国利益。中国和南亚各国是重要的合作伙伴。中国愿同南亚各国和睦相处,愿为南亚发展添砖加瓦。中国希望以"丝绸之路经济带"和"21世纪海上丝绸之路"为双翼,同南亚国家一道实现腾飞。

2014年11月9日,2014年亚太经合组织工商领导人峰会在北京举行,习近平出席开幕式并发表题为《谋求持久发展 共筑亚太梦想》的主旨演讲。习近平强调,中国愿意同各国一道推进"一带一路"建设,更加深入参与区域合作进程,为亚太互联互通、发展繁荣做出新贡献。亚洲基础设施投资银行筹建工作已经迈出实质性一步,创始成员国不久前在北京签署了政府间谅解备忘录。中国还将出资400亿美元成立丝路基金,为"一带一路"沿线国家基础设施建设、资源开发、产业合作等有关项目提供投融资支持。

2014年11月15日,二十国集团领导人第九次峰会在澳大利亚布里斯班举行。习近平出席会议并发表题为《推动创新发展 实现联动增长》的重要讲话。习近平指出,中国支持二十国集团成立全球基础设施中心,支持世界银行成立全球基础设施基金,并将通过建设"丝绸之路经济带"、"21世纪海上丝绸之路"、亚洲基础设施投资银行、丝路基金等途径,为全球基础设施投资做出贡献。

2014年12月5日,习近平在中共中央政治局第十九次集体学习时强调,加快实施自由贸易区战略是一项复杂的系统工程。要加强顶层设计、谋划大棋局,既要谋子更要谋势,逐步构筑起立足周边、辐射"一带一路"、面向全球的自由贸易区网络,积极同"一带一路"沿线国家和地区商建自由贸易区,使我国与沿线国家合作更加紧密、往来更加便利、利益更加融合。

2015年3月28日,习近平在海南博鳌出席博鳌亚洲论坛2015年年会开幕式并发表主旨演讲。习近平指出,"一带一路"建设秉持的是共商、共建、共享原则,不是封闭的,而是开放包容的;不是中国一家的独奏,而是沿线国家的合唱。"一带一路"建设、亚洲基础设施投资银行都是开放的,我们欢迎沿线国家和亚洲国家积极参与,也张开臂膀欢迎五大洲朋友共襄盛举。"一带一路"建设不是空洞的口号,而是看得见、摸得着的实际举措,将给地区国家带来实实在在的利益。

2015年5月7日,习近平在阿斯塔纳同哈萨克斯坦总统纳扎尔巴耶夫举行会谈。会谈中,习近平强调中方愿在平等互利基础上推进"丝绸之路经济带"建设同哈方"光明之路"新经济政策的对接,实现共同发展繁荣。

2015年5月8日,习近平在莫斯科克里姆林宫同俄罗斯总统普京举行会谈。会谈后,两国元首共同签署并发表了《中俄两国关于深化全面战略协作伙伴关系、倡导合作共赢的联合声明》《关于丝绸之路经济带建设与欧亚经济联盟建设对接合作的联合声明》,并见证了能源、交通、航天、金融、新闻媒体等领域多项合作文件的签署。

2015年10月19日至23日,习近平对英国进行国事访问。访问期间习近平强调:"'一带一路'是开放的,源于古丝绸之路,但不限于古丝绸之路,地域范围上东牵亚太经济圈,西接欧洲经济圈,是穿越非洲、环连亚欧的广阔'朋友圈',所有感兴趣的国家都可以添加进入'朋友圈'。"这段讲话也表明,中国欢迎英国等欧洲国家,乃至更远的非洲、美洲国家共建"一带一路"。

2015年11月6日,习近平在越南国会发表题为《共同谱写中越友好新篇章》的重要演讲。习近平强调,中越两国经济关联度大、互补性强,利益融合日益紧密。中方高度重视两国发展战略对接,愿在"一带一路""两廊一圈"框架内,加强两国互联互通及产能和投资贸易合作,为新形势下中越全面战略合作伙伴关系向更高层次发展注入强劲动力。

2015年11月7日,习近平在新加坡国立大学"新加坡讲座"发表题为

《深化合作伙伴关系　共建亚洲美好家园》的重要演讲。习近平提出:"两年前,我在访问中亚和东南亚时,提出建设'一带一路'的设想。这是发展的倡议、合作的倡议、开放的倡议,强调的是共商、共建、共享的平等互利方式。目前,这个倡议已经形成势头。中国发布了《愿景与行动》的纲领性文件,60多个国家和国际组织表达积极参与的态度,中国同很多国家达成了合作协议,亚洲基础设施投资银行协定已经签署,丝路基金已经着手实施具体项目,一批多边或双边大项目合作正稳步推进。'一带一路'倡议的首要合作伙伴是周边国家,首要受益对象也是周边国家。我们欢迎周边国家参与到合作中来,共同推进'一带一路'建设,携手实现和平、发展、合作的愿景。"

2015年11月18日,习近平应邀出席在菲律宾马尼拉召开的亚太经合组织工商领导人峰会,并发表题为《发挥亚太引领作用 应对世界经济挑战》的主旨演讲。在演讲中习近平指出,中国是亚太大家庭的一员,中国发展起步于亚太,得益于亚太,也将继续立足亚太、造福亚太。通过"一带一路"建设,我们将开展更大范围、更高水平、更深层次的区域合作,共同打造开放、包容、均衡、普惠的区域合作架构。

2016年1月16日,亚洲基础设施投资银行开业仪式在北京举行,习近平出席开业仪式并致辞。习近平强调,中国将始终做全球发展的贡献者,坚持奉行互利共赢的开放战略。中国开放的大门永远不会关上,欢迎各国搭乘中国发展的"顺风车"。中国愿意同各方一道,推动亚投行早日投入运营、发挥作用,为发展中国家的经济增长和民生改善贡献力量。我们将继续欢迎包括亚投行在内的新老国际金融机构共同参与"一带一路"建设。

2016年1月19日,习近平在对埃及进行国事访问之际,在埃及《金字塔报》发表题为《让中阿友谊如尼罗河水奔涌向前》的署名文章。文章提到,"一带一路"追求的是百花齐放的大利,不是一枝独秀的小利。中国拥有广阔市场、充裕资金、先进技术、优势产能,提出了创新、协调、绿色、开放、共享的发展理念。而阿拉伯国家处于现代化进程关键阶段,普遍把工业化作为促进发展、改善民生、增加就业的重要选择。双方可以通过共建"一带一路",把各自发展战略对接起来,深化和拓展能源、贸易投资、基础设施建设、高技术等领域合作。我们欢迎埃及和其他阿拉伯国家搭乘中国发展的便车、快车,实现双方协同发展和联动增长。

2016年4月29日下午,中共中央政治局就历史上的丝绸之路和海上丝绸之路进行第三十一次集体学习。习近平在主持学习时强调,"一带一路"建设是我国在新的历史条件下实行全方位对外开放的重大举措、推行互利共赢的重要平台。我们必须以更高的站位、更广的视野,在吸取和借鉴历史经验的基础上,以创新的理念和创新的思维,扎扎实实做好各项工作,使沿线各国人民实实在在感受到"一带一路"给他们带来的好处。

2016年8月17日,习近平在北京人民大会堂出席推进"一带一路"建设工作座谈会并发表重要讲话。他强调,要总结经验、坚定信心、扎实推进,聚焦政策沟通、设施联通、贸易畅通、资金融通、民心相通,聚焦构建互利合作网络、新型合作模式、多元合作平台,聚焦携手打造绿色丝绸之路、健康丝绸之路、智力丝绸之路、和平丝绸之路,以钉钉子精神抓下去,一步一步把"一带一路"建设推向前进,让"一带一路"建设造福沿线各国人民。

2016年9月3日,习近平在杭州出席二十国集团工商峰会开幕式,并发表题为《中国发展新起点 全球增长新蓝图》的主旨演讲。他强调,"一带一路"倡议旨在同沿线各国分享中国发展机遇,实现共同繁荣。中国对外开放,不是要一家唱独角戏,而是要欢迎各方共同参与;不是要谋求势力范围,而是要支持各国共同发展;不是要营造自己的后花园,而是要建设各国共享的百花园。

习近平主席关于"一带一路"的系列讲话,以更加宏观和广阔的眼光,多方面、多角度地阐述了"一带一路"的精神理念、重要原则和主要内容,进一步丰富了"一带一路"的内涵。

(四)六大经济走廊

六大经济走廊是中央"一带一路"建设顶层设计中的具体重点领域。《愿景与行动》提出,"一带一路"陆上依托国际大通道,以沿线中心城市为支撑,以重点经贸产业园区为合作平台,共同打造新亚欧大陆桥、中蒙俄、中国—中亚—西亚、中国—中南半岛等国际经济合作走廊;海上以重点港口为节点,共同建设通畅安全高效的运输大通道。中巴、孟中印缅两个经济走廊与推进"一带一路"建设关联紧密,要进一步推动各方合作,以取得更大进展。

1. 中巴经济走廊

中巴经济走廊起点在喀什,终点在巴基斯坦瓜达尔港,全长3 000千米,北接"丝绸之路经济带",南连"21世纪海上丝绸之路",是贯通南北丝绸之路的关键枢纽,是一条包括公路、铁路、油气和光缆通道在内的贸易走廊,也是"一带一路"的重要组成部分。

2013年5月,李克强总理在访问巴基斯坦期间提出,要打造一条北起喀什、南至巴基斯坦瓜达尔港的经济大动脉,从而进一步加强中巴互联互通,促进两国共同发展。2013年9—10月,习近平提出"一带一路"倡议,中巴经济走廊成为"一带一路"倡议的先行试点区。中国外长王毅把中巴经济走廊描述为"一带一路"交响乐中的第一乐章。

2015年4月8日,中巴经济走廊委员会在伊斯兰堡正式成立。2015年4月,中巴两国政府初步制定了修建新疆喀什市到巴方西南港口瓜达尔港的公路、铁路、油气管道及光缆覆盖"四位一体"通道的远景规划。中巴签订51项合作协议和备忘录,其中超过30项涉及中巴经济走廊。

基础设施建设、投资、能源是中巴经济走廊远景规划联合合作委员会讨论的重点问题,双方都在积极推进喀喇昆仑公路、加达尼和塔尔能源项目、瓜达尔港口运营、卡拉奇—拉合尔高速公路等项目。中巴经济走廊规划以通道建设带动双方在沿线开展基础设施、能源资源、农业水利、信息通信等多个领域的合作,创立更多工业园区和自贸区。

2. 孟中印缅经济走廊

孟中印缅经济走廊自中国云南省昆明市起,经缅甸和孟加拉北部绵延至印度西孟加拉邦加尔各答市,全长近4 000千米,跨越了大片地区,其关键节点包括曼德勒(缅甸)、达卡(孟加拉)、吉大港(孟加拉)及其他主要城市和港口。

孟中印缅山水相连,商贸、文化交往源远流长。古有"南方丝绸之路""茶马古道",它们将孟中印缅连接起来,成为中国进入南亚的便捷通道;近代的中缅公路、中印公路、"驼峰航线"把孟中印缅地区更好地连接起来,在中国抗日战争和世界反法西斯战争中起到了重要作用。20世纪90年代有云南学者提出,虽然四国互为邻国,但仍处于较封闭、经济发展水平较低的状态,相互间的交流不多,经贸往来较少,与四国的人口数量、经济总量不相称，与世界区域经济一体化的态势也不相适应。如果四国不加强相互开放与合作，就难以获得更大的发展。在云南学术界的推动下，1999年8月，首届"中印缅孟地区经济合作国际研讨会"在昆明举行，四国代表团团长在会上签署了《昆明倡议》，宣告四国经济合作启动。四国于2000年12月在印度首都新德里、2002年2月在孟加拉国首都达卡、2003年3月在缅甸原首都仰光、2004年12月在昆明分别举行了第2次至第5次会议。2013年5月李克强总理访问印度期间，中印联合声明特别提出，双方对孟中印缅地区合作论坛框架下的次区域合作进展表示赞赏。双方同意与其他各方（孟加拉国和缅甸）协商，成立联合工作组，研究加强该地区互联互通，促进经贸合作和人文交流，并倡议建设孟中印缅经济走廊。打造孟中印缅经济走廊，至此上升至国家层面。

2013年12月18—19日，孟中印缅经济走廊联合工作组第一次会议在昆明召开。会议梳理了地区合作论坛达成的共识，借鉴了国际机制经验，在经济走廊发展前景、优先合作领域和机制建设等方面进行了友好深入的交流，在交通基础设施建设、投资和商贸流通、人文交流等方面形成了多方面的共识。会议签署了会议纪要和孟中印缅经济走廊联合研究计划。此次会议还确定了四个主要合作领域：空间上的互联互通、货物贸易、环境上的可持续发展、民间交往。在这四个主题词下，会议还决定在互联互通、能源、服务和货物贸易、贸易便利化、社会人文发展、缓解贫困、可持续发展和民间交往等方面给予优先考虑。2014年12月17—18日，孟中印缅经济走廊联合工作组第二次会议在考斯巴萨举行。《联合会议纪要》声明："孟中印缅经济走廊联合工作组将准备四份国家报告，这些报告聚焦于孟中印缅经济走廊的制度建设、目标、概念、范围（适用地区）及要素、原则，以及合作的框架和形式。每份报告将确定行动区域和具体计划，集中精力实现该走廊的潜力并深化整体经济合作。会议主要议题是中国云南省与印度西孟加拉邦(K2K)互联互通项目，这个把昆明、瑞丽、八莫、腊戍、曼德勒、塔姆、英帕尔、锡尔赫特达卡、加尔各答连成一线的计划将给孟中印缅经济走廊提供最好的条件，这条线路长达2 800千米，与部分古丝绸之路重叠。"

近年来，在孟中印缅各方的共同努力下，四国的经济合作与人员交流取得了明显的成效。孟中印缅经济走廊将促进沿线地区的普遍发展，从而打造一条兴旺的经济带。沿线地区的交通建设、贸易合作、资源开发、基础设施建设、旅游观光、环境保护、教育培训等各行业都有很大的发展潜力和良好前景。

3. 中蒙俄经济走廊

中蒙俄经济走廊主要围绕中蒙、中俄、蒙俄边境区域的主要线路而形成,越重要的线路发挥的作用越大。经过满洲里往西到俄罗斯再到欧洲的铁路和经过二连浩特到蒙古国扎门乌德,再到俄罗斯乌兰乌德,最后到欧洲的铁路是比较重要的两条铁路。中蒙俄经济走廊包括整个交通网络、物流通道和生产要素,合作的区域是宽泛的,也不限于主要的通道。重要的是,中蒙俄经济走廊是三国的合作机制,包括基础设施、物流、文化交流等各方面的合作。

近年来,中国与俄、蒙间经贸合作发展较快,但基础设施互联互通不畅问题尤为突出,口岸通关功能和法律依据亟待完善对接。习近平主席2014年9月11日在出席中俄蒙三国元首会晤时说,我们可以把丝绸之路经济带同俄罗斯跨欧亚大铁路、蒙古国"草原之路"倡议进行对接,打造中蒙俄经济走廊。2016年6月23日,中国、蒙古、俄罗斯三国有关政府部门在乌兹别克斯坦首都塔什干签署了《建设中蒙俄经济走廊规划纲要》,明确了经济走廊建设的具体内容、资金来源和实施机制,重点关注以下七个方面的合作:促进交通基础设施发展及互联互通;加强口岸建设和海关、检验检疫监管;加强产能与投资合作;深化经贸合作;拓展人文交流合作;加强生态环保合作;推动地方及边境地区合作。

中蒙俄经济走廊旨在通过在增加三方贸易量、提升产品竞争力、加强过境运输便利化、发展基础设施等领域实施合作项目,进一步加强中华人民共和国、蒙古国和俄罗斯联邦三国的合作。中蒙俄经济走廊作为"一带一路"框架下多边开放合作的成功典范,对促进中蒙俄三国合作乃至整个欧亚地区合作都具有重要意义。

4. 新亚欧大陆桥

新亚欧大陆桥,是相对于世界第一条连接欧洲、亚洲的大陆桥,也称为西伯利亚大陆桥(第一欧亚大陆桥)而言的。西伯利亚大陆桥以俄罗斯东部的符拉迪沃斯托克(海参崴)为起点,横穿西伯利亚的铁路,通过莫斯科再到欧洲各国,终点为荷兰鹿特丹港。整个大陆桥共经过俄罗斯、中国(支线段)、哈萨克斯坦、白俄罗斯、波兰、德国、荷兰 7 个国家,全长约 13 000 千米。西伯利亚大陆桥建成后建设的亚欧大陆桥称为新亚欧大陆桥。《愿景与行动》将共建国际大通道和经济走廊建设置于重要地位,其中共同打造新亚欧大陆桥居于前列。

新亚欧大陆桥是从中国江苏的连云港市到荷兰鹿特丹港的国际化铁路交通干线,中国国内段由陇海铁路和兰新铁路组成,1990 年 9 月贯通,是亚欧大陆桥东西最为便捷的通道。新亚欧大陆桥在中国境内全长 4 131 千米,以江苏的连云港为起点,途经江苏、安徽、河南、陕西、甘肃、青海、新疆 7 个省、自治区,到中国与哈萨克斯坦边界的阿拉山口出国境。出国境后可经 3 条线路抵达荷兰的鹿特丹港:北线由哈萨克斯坦阿克套北上与西伯利亚大铁路接轨,经俄罗斯、白俄罗斯、波兰通往西欧及北欧诸国;中线由哈萨克斯坦往俄罗斯、乌克兰、斯洛伐克、匈牙利、奥地利、瑞士、德国、法国至英吉利海峡港口转海运或由哈萨克斯坦阿克套南下,沿吉尔吉斯斯坦边境经乌兹别克斯坦塔什干及土库曼斯坦阿什哈巴德西行至克拉斯诺沃茨克,过里海达阿塞拜疆的巴库,再经格鲁吉亚第比利斯及波季港,越黑海至保加利亚的瓦尔纳,并经鲁塞进入罗马尼亚、匈牙利通往中欧诸国;南线由土库曼斯坦阿什哈巴德向南入伊朗,至马什哈德折向西,经德黑兰、大不里士入土耳其,过博斯普鲁斯海峡,经保加利亚通往中欧、西欧及南欧诸国。

新亚欧大陆桥跨越欧亚两大洲,连接太平洋和大西洋,全长约 10 800 千米,通向东亚、中亚、西亚、东欧和西欧 40 多个国家和地区。亚欧大陆桥陇海兰新城市带主要城市有连云港、徐州、商丘、开封、郑州、洛阳、三门峡、渭南、西安、宝鸡、天水、兰州、乌鲁木齐等,在中国的经济发展中处于十分重要的位置。

目前的大陆桥线路稀少、能力薄弱、通关环境差,与目前欧亚贸易和交流的需要相差很远。同时,新亚欧大陆桥经过多个国家,口岸通过手续复杂,造成货物积压;严格的签证制度使人员过境困难;运输标准、海关税率等方面的问题也长期悬而未决。因此,新亚欧大陆桥的建设,应包括"硬件"及"软件"两项。

新亚欧大陆桥的建设,为沿桥国家和亚欧两大洲的经济贸易交流提供了一条便捷的大通道,对促进陆桥经济走廊的形成、扩大亚太地区与欧洲的经贸合作、促进亚欧经济的发展与繁荣,进而开创世界经济的新格局具有重要意义。

目前,各地区围绕新亚欧大陆桥的建设,已经规划和启动了一些建设项目,如大连提出推进以大连为起点的辽海欧、辽满欧、辽蒙欧及辽新欧国际海陆联运通道建设,构建新亚欧大陆桥;日照今年将大力推进中亚、中蒙通道建设,争取蒙古等国家在日照设立东方出海口和物流基地;江苏将致力于完善连云港至中亚、欧洲的铁路快线,增强连云港、太仓港等港口的国际中转功能,进一步优化综合交通运输体系;中国与哈萨克斯坦共建的霍尔果斯国际边境合作中心已发展成中国同中亚国家贸易往来的重要枢纽;中国与哈萨克斯坦在连云港共同建立的物流合作基地已成为中亚五国过境运输、仓储物流、往来贸易的重要平台。

5. 中国—中亚—西亚经济走廊

中国—中亚—西亚经济走廊以中国新疆为起点,终点为波斯湾、地中海沿岸和阿拉伯半岛,主要涉及中亚五国(哈萨克斯坦、吉尔吉斯斯坦、塔吉克斯坦、乌兹别克斯坦、土库曼斯坦),以及西亚伊朗、土耳其等国。该走廊地处世界石油宝库,是全球重要的能源输出地,军事、文化、宗教复杂。

中亚哈萨克斯坦的铬铁矿,乌兹别克斯坦的天然气、黄金和铀矿,塔吉克斯坦的铅、锌矿,土库曼斯坦的石油、天然气储量丰富。西亚号称"世界石油宝库",是世界上石油储量最丰富、产量最大、出口量最多的地区,其中沙特阿拉伯、伊拉克、伊朗是我国重要的原油供应商。中亚和西亚还是东西方交通的要道,西亚的霍尔木兹海峡、曼德海峡是沟通大西洋和印度洋的交通纽带,战略地位十分重要。

中亚和西亚属于典型的资源型产业结构,产业结构比较单一,因此需要调整经济发展战略,促进产业结构升级,实现产业多元化。此外,其电力、水利、交通、通信等基础设施也有待完善,因此,与中国合作发展的潜力巨大。

自2013年以来,在"一带一路"建设的框架下,中国与中亚国家在多个领域的合作取得了重要成果。共建"丝绸之路经济带"已纳入中国与中亚五国签署的联合宣言等政治文件,中国与哈萨克斯坦、塔吉克斯坦、吉尔吉斯斯坦签署了《共建丝绸之路经济带双边合作协议》。哈萨克斯坦、乌兹别克斯坦等国的发展战略都与"一带一路"建设形成了契合点。

中国和西亚在与对方国家多年的经贸交往过程中积累了大量宝贵经验,双方高层已达成初步共识,政策上将有一定力度的支持。

6.中国—中南半岛经济走廊

中国—中南半岛经济走廊以中国广西南宁和云南昆明为起点,以新加坡为终点,纵贯中南半岛的越南、老挝、柬埔寨、泰国、缅甸、马来西亚等国家,是中国连接中南半岛的大陆桥,也是中国与东盟合作的跨国经济走廊。

中国与中南半岛国家是一衣带水的邻邦,交往历史悠久,经济互补性强,市场容量、合作空间和发展潜力巨大。加强互联互通建设,扩大贸易投资规模,提升经贸合作层次和水平,同时进一步密切人文交流,广泛开展多领域合作,是沿线各国的共同愿望。

中国—中南半岛经济走廊建设持续推进。以产业园区为例,中国与沿线国家共同推动建设的产业园区有中国广西的东兴、凭祥和中国云南重点开发开放试验区,中马钦州产业园、马中关丹产业园、柬埔寨西哈努克港经济特区,新加坡工业园区等。此外,中老铁路老挝境内磨丁至万象段开工建设,中泰铁路合作项目正式启动。2016年5月20日,在广西南宁举行的第九届泛北部湾经济合作论坛暨中国—中南半岛经济走廊发展论坛发布了《共建中国—中南半岛经济走廊倡议书》,强调推进中国—中南半岛经济走廊沿线合作的深入对接。中国—中南半岛跨境电商结算平台、中国—东盟(钦州)华为云计算及大数据中心、龙邦茶岭跨境经济合作区试点建设项目、南海国际邮轮母港及航线建设工程、缅甸中国(金山都)农业示范区等9个项目集中签约,总投资额达784亿元人民币。

◆ 第三节 ◆
"一带一路"倡议地方政府的中层设计与经验借鉴

《愿景与行动》发布以来,国家发改委同外交部、商务部等积极指导、支持和配合地方有序、有效开展相关工作,统筹做好地方实施方案衔接。目前,全国 31 个省、区、市和新疆生产建设兵团"一带一路"建设实施方案衔接工作已基本完成。根据方案,各地正在多个领域推动重点工作和重大合作项目。

一、广西壮族自治区:泛北部湾合作

广西壮族自治区一直致力于推进与东南亚国家的合作,在与东盟的合作方面,广西主要力推"一轴两翼"战略("一轴"是指从南宁到新加坡的经济走廊,它以铁路、高速公路和高等级的公路为载体,把 6 个国家、9 个城市串联在一起。"两翼"一是指大湄公河次区域合作区,以澜沧江、湄公河为载体,涵盖中国、越南、老挝、泰国、柬埔寨和缅甸 6 个国家;二是指泛北部湾经济合作区,以海洋为载体,包括中国、越南、马来西亚、新加坡、印尼、文莱和菲律宾),强调"泛北部湾合作"。2006 年,在广西的积极推动下,中国、东盟成员国和亚洲开发银行共同启动了"泛北部湾经济合作",并于 2011 年通过《泛北部湾经济合作可行性研究报告》。泛北合作论坛已成功举办 7 届,促进了中国与东盟在港口物流、临港产业、海上旅游等领域的合作。目前《中国—东盟泛北部湾经济合作路线图》已经通过,路线图将以港口和物流为重点的海上合作作为首要内容。近年来,广西搭建了中国—东盟博览会、中国—东盟商务与投资峰会、中国—东盟自由贸易区论坛等重要区域性合作平台,形成了中国与东盟合作的"南宁渠道",在中国—东盟合作中发挥着越来越重要的作用。广西承建了中国—马来西亚钦州产业园和关丹产业园"两国双园"、中国—印尼经贸合作区、中国—柬埔寨现代农业示范中心、中国—越南跨境经济合作区等一系列合作平台。

但是"一轴两翼"战略、中国—东盟博览会等合作平台更多是政府层面的推动，真正的企业层面的经济合作仍十分有限，因此新加坡、缅甸、马来西亚等国并不积极。于是，广西又提出"泛北部湾合作"，希望将四个港口合并为"北部湾港口集团"，在青州建保税港区。但是广西的国际航线与货运量有限，除了越南方面较为主动外，其他东盟各国并不积极。

2014年以来，在中央提出"一带一路"倡议的背景下，广西进一步丰富原来的规划内容，改变提法，以"通道""门户"定位，提出了"海上丝路广西通道"。此外，广西在新形势下继续提出深化和提升"泛北"合作。广西认为，"泛北"合作是打造中国—东盟自贸区升级版的迫切要求，也是共建"21世纪海上丝绸之路"的要求。

2015年12月，广西壮族自治区党委、自治区人民政府印发了《广西参与建设丝绸之路经济带和21世纪海上丝绸之路实施方案》。该实施方案围绕建设"一带一路"有机衔接的重要门户这一定位要求，提出八个方面的合作重点。

一是推进互联互通合作。打造"一枢纽一中心五通道六张网"，即建设南宁区域性国际综合交通枢纽，北部湾区域性国际航运中心，以及海上东盟、陆路东盟、衔接"一带一路"、连接西南中南、对接粤港澳"五大通道"；促进现代港口网、高速公路网、高速铁路网、密集航空网、光纤通信网、油气管道网"六张网"同建。优先推进南北陆路新通道，即向北的兰海（兰州—南宁—北海）、南新（南宁—新加坡）两大战略通道。2015年9月，中国—中南半岛国际经济走廊（南宁—新加坡）合作发展圆桌会在南宁举行，会议就经济走廊规划范围和重点建设项目等进行深入探讨并发布《南宁共识》，南宁—新加坡经济走廊建设稳步推进。

二是推进商贸物流合作。建设商贸物流园区，完善保税物流体系，创新发展传统贸易，发展跨境电子商务等新业态，建设中国（北部湾）自由贸易试验区，着力提高投资贸易便利化水平，促进贸易畅通。2015年，口岸开放和通关一体化取得新突破。广西国际贸易"单一窗口"正式上线运行，实现进出口货物一次申报。广西正式纳入广东地区通关一体化改革，"泛珠"4省区11关通关如一关。另外，积极推进广西电子口岸公共信息平台建设，北部湾电子口岸物流联动系统成功上线运行。

三是构建跨境产业链。推广中马"两国双园"国际合作新模式,与沿线国家共建更多合作园区、产能合作重点基地;加强农业、能源资源等领域合作,推进企业"走出去,引进来",促进产业互融。2015年,中马"两国双园"进入项目入园关键阶段,钦州园启动区水电路网等基础设施框架基本建成;关丹园区配套基础设施加快建设,产业园概念性规划和产业规划进入专家评审阶段;中国·印尼经贸合作区实现盈利,园区累计投入建设资金9 051.53万美元,实现经营总收入7 657万美元。此外,文莱—广西经济走廊由共识走向实践,中泰崇左产业园、中泰玉林旅游文化产业园扎实推进。

四是推进跨境金融合作。深入推进沿边金融综合改革试验区建设,推动国际投资、保险等业务创新,充分发挥中国—东盟金融领袖论坛平台作用,健全完善中国—东盟金融交流合作沟通对话机制,促进资金融通。

五是密切人文交流。推进共建中国—东盟联合大学、中国—东盟医疗保健合作中心、中国—东盟传统医药交流合作中心、中国—东盟技术转移中心、中国—东盟减贫中心等重大项目(事项),深化教育、医疗卫生、文化体育、科技、旅游、友城等领域合作,夯实民心基础。2015年,中越"两廊一圈"加快建设。中国与越南就加快推动凭祥—谅山—河内高速公路、东兴—芒街—下龙高速公路等重点交通基础设施合作项目的规划建设达成重要共识,并签署了关于中越友谊关—友谊口岸国际货运专用通道建设、中越浦寨—新清货物专用通道、水口—驮隆中越界河二桥、中越峒中—横模口岸桥建设协议书。

六是开展海上合作。建设中国—东盟港口城市合作网络,推进海上产业、科技、环境、安全等领域合作。2015年,中国—东盟港口城市合作网络逐渐形成,由广西钦州市牵头的中国—东盟港口城市合作网络机制加快建立。以钦州为重要节点的港口城市合作网络进一步促进了与东盟各国港口城市之间的互联互通合作。

七是加强生态环保合作。搭建中国—东盟环境合作示范平台,建设中国—东盟生态文化产业先行区、中国—东盟环保技术交流合作基地等,共建绿色丝绸之路。

八是构建重大合作平台。重点实施中国—东盟博览会升级计划,打造泛北部湾经济合作论坛升级版,构建完善的中国—中南半岛经济走廊合作机制。目前,泛北部湾经济合作积极推进,落实《泛北部湾经济合作路线图》有关共识,制订了泛北合作秘书处成立方案并上报商务部。

2015年以来,广西参与"一带一路"建设取得较大进展。2015年,广西与"一带一路"沿线国家的进出口额达319.8亿美元,同比增长42.2%。其中,广西与东盟的进出口额达290.1亿美元,同比增长18.4%。东盟连续15年成为广西最大的贸易伙伴。

2016年6月21日,广西壮族自治区印发了《广西参与建设丝绸之路经济带和21世纪海上丝绸之路的思路与行动》,对"一带一路"建设进一步进行了规划。其思路框架主要是,在继续深化与东盟国家合作的同时,拓展与丝绸之路沿线其他国家的合作,重点打造"一廊两港两会四基地",构建面向东盟的国际大通道,打造西南、中南地区开放发展新的战略支点,形成"一带一路"有机衔接的重要门户,主要包括以下内容:

共建中国—中南半岛经济走廊。以南北陆路国际新通道(南宁—兰州、南宁—新加坡)、粤—桂—中南半岛综合运输通道、北部湾区域性国际航运中心、中国—东盟信息港等为骨干支撑,加快中国连接中南半岛的高速公路网、铁路网、海运网、航空网和通信网建设,将中国与中南半岛、"一带"与"一路"有机衔接起来。共建国际合作园区、跨境经济合作区、沿边重点开发开放试验区、沿边金融综合改革试验区等合作平台,以广西为主要基地,促进中国内陆地区、东部发达地区与中南半岛产业对接,将南宁—新加坡经济走廊打造成中国—中南半岛经济走廊的主轴。

共建中国—东盟港口城市合作网络。以北部湾港为基地,加快与东盟国家共同建设港口城市合作网络,促进中国与东盟各国港口城市之间在互通航线、港口建设、临港产业、国际贸易、文化旅游等方面深化合作,推动中国与东盟各港口城市形成航运物流圈、港口合作圈、临港产业圈、旅游合作圈、友好城市合作圈,促进海上互联互通。

共建中国—东盟信息港。以深化网络互联、信息互通为基本内容,构建基础设施、技术合作、经贸服务、信息共享、人文交流等服务平台,形成以广西为核心,面向东盟、服务西南中南的国际通信网络体系和信息服务枢纽,发展更广范围、更宽领域、更深层次的互联网经济,与东盟国家携手共筑"信息丝绸之路"。

共办中国—东盟博览会和中国—东盟商务与投资峰会。继续与东盟国家共同办好中国—东盟博览会、商务与投资峰会，延伸展会价值链，将服务范围由中国—东盟"10＋1"拓展到区域全面经济伙伴关系"10＋6"乃至更大范围区域，打造中国—东盟自贸区升级发展的服务平台、中国—东盟命运共同体多领域交流的公共平台、"21世纪海上丝绸之路"合作的核心平台。

共建跨境产能合作示范基地。依托中马"两国双园"、中越跨境经济合作区、中国·印尼经贸合作区、文莱—广西经济走廊，以及东兴、凭祥重点开发开放试验区等，加强与东盟国家互办产业园区，大力承接中国东部地区和跨国公司产业转移，推动国际产能和装备制造业合作，构建高度融合、利益互嵌的区域跨境产业链和服务链，打造中国企业走向东盟的基地、跨境产能合作的示范基地。

共建要素资源配置基地。依托广西沿边金融综合改革试验区、中国—东盟技术转移中心、中国—东盟商品交易中心、中国—东盟检验检测认证高技术服务集聚区等平台，布局建设股（产）权交易中心、商品交易所、教育培训基地、联合实验室等，促进资本、技术、人才、信息、资源等要素自由有序流动和高效配置。

共建人文交流基地。发挥广西与东盟人文相亲的独特优势，推动建设中国—东盟联合大学、中国—东盟医疗保健合作中心（广西）、北部湾国际邮轮母港等，开展教育、医疗、人才、文化、旅游、学术、媒体传播、减贫开发、国际友城等交流合作，深化民间组织、社会团体、留学生、青少年、妇女、智库等友好合作，打造面向东盟的教育培训基地、医疗卫生基地、科技创新转化基地、文化交流枢纽、泛北部湾旅游圈。

共建北部湾自由贸易试验基地。依托北部湾经济区国家级开放开发平台，面向东盟探索区域经济一体化的新路径、新模式，探索贸易和投资自由化、便利化的新体制机制，促进跨境口岸监管联动创新，推动与东盟跨境金融合作，扩大服务业开放，推动与东盟及海上丝绸之路沿线国家在贸易、投资、物流、金融、信息和人文等领域的开放合作。

二、云南省:大湄公河次区域合作

云南省北上连接"丝绸之路经济带",南下连接海上丝绸之路,西进可复兴南方丝绸之路,是中国唯一一个可以同时从陆上沟通东南亚、南亚,融入三大丝绸之路的省区。云南注重强调其拥有面向"三亚"(东亚、东南亚、南亚)、肩挑"两洋"(印度洋和太平洋)的独特区位优势。在此基础上,云南力推"大湄公河次区域合作",建立了中国南亚博览会(简称"南博会")、中国昆明进出口商品交易会(简称"昆交会")、孟中印缅区域合作论坛等平台,以及滇中产业新区、沿边金融综合改革试验区、瑞丽开发开放试验区等。孟中印缅经济走廊建设已经列入2014年李克强总理的《政府工作报告》。

2014年,云南进一步提出了"两强一堡",即建设绿色经济强省、民族文化强省和中国面向西南开放的桥头堡,具体包括:一要加快推进桥头堡建设,发挥"一带一路"建设重要门户作用。加强政策沟通、道路联通、贸易畅通、货币流通、民心相通,加快与周边国家互联互通步伐。二要打造大湄公河次区域合作升级版,发挥好"一带一路"建设区域合作高地作用。三要推进孟中印缅经济合作,开拓新的战略通道和战略空间。四要着力提升沿边开放步伐,发挥"一带一路"建设先行先试区作用。加快推进滇中产业新区、沿边金融综合改革试验区、瑞丽国家重点开发开放试验区和跨境经济合作区建设,充分发挥南博会、昆交会、中越(河口)边境经济贸易交易会(简称"边交会")在对外开放中的平台作用。

云南目前的重点在于交通基础建设。云南是中国唯一一个陆路能同时面向东南亚、南亚、西亚开放,并沟通太平洋与印度洋的省份。为打造云南国际大通道,云南提出以构建桥头堡为总目标,形成大能力、全天候、便捷化的印度洋国际大通道及省际、国际铁路大通道的设想,并具体提出了"七出省""五出境"通道建设。"七出省"通道,指的是昆明经攀枝花至成都通道,昆明经水富至重庆通道,昆明经富源至贵阳通道,昆明经普立至遵义通道,昆明经罗平至兴义通道,昆明经富宁至百色通道,大理经德钦至芒康通道。这七条通道基本都是国家高速公路网中的一段。"五出境"通道,则分别是昆明经磨憨至泰国曼谷公路通道,昆明经河口至越南河内公路通道,昆明经瑞丽至缅甸皎漂公路通道,昆明经腾冲至印度雷多公路通道,昆明经清水河至缅甸皎漂公路通道。

近期,云南还提出"一强化、一突破"。"一强化"指的是强化对缅甸的合作。"一突破"就是要争取孟中印缅经济走廊建设有所突破。李克强总理访问缅甸期间,和缅甸达成了孟中印缅经济走廊的共识。随后,瑞丽试验区立即采取行动,结合德宏的实际情况,准备把德宏作为孟中印缅经济走廊的一个"先行区"来建设。

三、广东省:突出粤港澳合作,共同打造世界一流粤港澳大湾区

2015年10月3日,广东省政府公布了《广东省参与建设"一带一路"的实施方案》,提出将广东打造成"一带一路"的战略枢纽、经贸合作中心和重要引擎。该实施方案共提出九项重点任务,分别是促进重要基础设施互联互通、提升对外贸易合作水平、加快产业投资步伐、推进海洋领域合作、推动能源合作发展、拓展金融业务合作、提高旅游合作水平、密切人文交流合作、健全外事交流机制等。

与其他省份相比,广东参与建设"一带一路"的实施方案充分考虑了自身的区位优势和经济优势,主要突出三个方面:突出"21世纪海上丝绸之路"建设、突出粤港澳合作、突出经贸合作。广东将成立推进"一带一路"建设工作领导小组,并设立广东丝绸之路基金,以拓宽融资渠道,加大对广东省企业赴"一带一路"沿线国家投资的支持力度,同时发挥财政性资金的引导和杠杆作用,撬动更多的社会资金投资参与建设"一带一路"。值得注意的是,为务实推进参与"一带一路"建设,广东已列出40项重点工作,梳理了68个项目,总投资额达554亿美元,内容涵盖基础设施建设、能源资源、农业、渔业、制造业、服务业六个领域。

根据方案,广东将加强广州港、深圳港、珠海港、湛江港、汕头港等港口建设,结合"一带一路"沿线国家经贸和港口合作需求,联合国内主要港口城市与沿线国家港口城市举办港口城市发展合作论坛,建立沿线港口与物流合作机制;积极参与沿线国家港口园区建设;推动与港澳深度合作,共同打造世界一流粤港澳大湾区;增加广州、深圳至东南亚地区国家的国际航线和航班,开通与沿线国家主要城市的航班;建设东莞石龙、广州大田国际铁路

货运物流中心,以及与沿线国家的陆路大通道;加强与沿线国家的信息基础设施建设合作。广东将主要从三个方面来推动工作:一是通过自贸区推动与"21世纪海上丝绸之路"沿线国家和地区的贸易往来;二是建设"21世纪海上丝绸之路"物流枢纽;三是引导内地企业和个人通过自贸区的服务平台,到"21世纪海上丝绸之路"沿线国家和地区进行投资。

四、山东省:优先推进项目,加速空间布局

2016年4月25日,山东省公布了《山东省参与建设丝绸之路经济带和21世纪海上丝绸之路实施方案》,加速布局融入"一带一路"建设,提出到2025年山东将建设成国际区域性现代物流中心、国家海洋经济对外合作中心、国际产能协作发展中心、国际人文合作交流中心、全国区域经济联动发展示范中心。

(一)优先推进项目

2016年,山东省确立了首批"一带一路"建设优先推进项目,共210个项目,其中境外项目190个,总投资4 500亿元。

项目可分为基础设施、能源资源、产能合作、人文交流、金融合作、生态环保和其他七大类。基础设施类项目75个,总投资2 861亿元,分布在巴基斯坦、俄罗斯、柬埔寨等28个国家。产能合作类项目81个,总投资1 214亿元,分布在印尼、柬埔寨、印度等27个国家。能源资源类项目15个,总投资97亿元,分布在蒙古、印尼、柬埔寨等6个国家。人文交流类项目5个,总投资213亿元,分布在俄罗斯、乌兹别克斯坦、马尔代夫等5个国家。金融合作类项目5个,总投资91亿元,分布在新加坡、乌克兰、印尼等5个国家。生态环保类项目4个,总投资18亿元,分布在越南、菲律宾、巴基斯坦等4个国家。其他项目5个,总投资9.6亿元。基础设施和产能合作两类项目共计156个,占项目总数的82%;总投资额为4 000多亿元,占所有项目投资总额的90%,这充分体现了这两个领域在"一带一路"建设中的重要性。

从项目的建设规模看,平均投资规模为23.7亿元,其中投资额超过50亿元的项目有18个,主要集中在基础设施和产能合作类。

（二）加速空间布局

山东省具有突出的区位优势，北承京津冀经济圈，南接长江经济带，东临浩瀚的黄渤海，西接中原腹地，是新亚欧大陆桥经济走廊的重要沿线地区和海上丝绸之路的重要战略支点。为重点突出海洋经济合作优势，突出主要节点城市功能和各类园区、重大工程项目支撑，山东省提出了加快构建"一线串联、六廊展开，双核带动、多点支撑"的空间布局设想。"一线串联"，就是依托海上丝绸之路，推进山东省的沿海城市、港口与"一带一路"沿线国家的城市和港口紧密合作，加快形成利益共同体。以沿海港口群为支撑，以海洋经济新区和中外合作园区为载体，将沿海七市打造成海上合作港口城市群。"六廊展开"，是指围绕新亚欧大陆桥、中蒙俄、中国—中亚—西亚、中国—中南半岛、中巴、孟中印缅六条国际经济合作走廊布局园区和项目，开展全方位合作。重点突出新亚欧大陆桥经济走廊，加快形成"多端束状"联通新亚欧大陆桥的新格局，在"丝绸之路经济带"建设中发挥独特作用。"双核带动"，是指发挥济南省会优势，打造中西部地区参与"一带一路"建设的核心区域。发挥青岛对外开放优势和蓝色经济区龙头作用，加快打造蓝色领军城市，带动山东开放发展实现新跨越。"多点支撑"，是指将沿线主要节点城市、省级以上各类园区、重大工程项目作为参与建设"一带一路"的强力支撑。

（三）划定重点领域

海洋经济合作、国际产能合作、人文交流等八大领域将是山东省布局"一带一路"的重点领域。

在强化海洋经济合作方面，山东省正在青岛西海岸新区筹建海洋合作中心，力图把蓝色经济区打造成东亚海洋经济合作的核心区域，同时积极推进东亚海洋合作平台和"四区三园"建设。在海洋产业合作方面，山东省依托蓝色经济区和山东半岛自主创新示范区，鼓励企业在境外建设海洋特色产业园区和海外综合性渔业基地，带动海洋优势产业"走出去"。

开展国际产能合作是山东省参与建设"一带一路"的重中之重。山东省鼓励高端装备制造、重型汽车、电子信息、现代化工等优势企业，到科技发展水平较高的国家建立研发中心；支持轮胎、造纸、炼油、木材加工等资源依赖度高的企业,到资源富集的国家建立资源开发基地;支持有实力的农业龙头企业与俄罗斯、中东欧等国家和地区开展合作,带动农机装备、良种、肥料、农药和种植养殖技术出口。

提升经贸合作层次。在扩大贸易规模方面,山东省积极推动"山东制造"向"山东智造"转变,以好产品赢得大市场;鼓励研发设计、节能环保等高端生产性服务进口;促进境外热销产品消费回流。

同时,山东省积极开展深化能源资源合作、拓展金融业务合作、推动交通设施互联互通、密切对外人文交流合作、强化生态环保合作等。

五、海南省:海上丝绸之路服务基地

海南的战略规划重点强调其"海上丝绸之路服务基地"的定位,提出努力打造国家南海资源开发服务基地,支持南海开发企业总部落户海南。

海南首先强调三沙市的地位,将其定位为"海上丝绸之路的服务基地和战略支点"。三沙市地处海上丝绸之路最前沿,因此海南提出要推进三沙市的基础设施建设、加快三沙市的渔业和油气资源开发,使三沙市成为海上丝绸之路的服务基地、战略支点。

其次,海南提出加快港口建设,包括推进海口港、洋浦港等面向东南亚的航运枢纽和物流中心建设,启动洋浦保税港区启运港退税政策,发展保税产业;谋划洋浦自由贸易港区建设,建设能源、橡胶等大宗商品交易和资源配置平台,开展跨境电子商务服务业务试点等。

再次,海南提出用好外交平台优势,包括推进博鳌公共外交示范基地、三亚国家首脑外交和休闲外交基地、万宁中非交流合作促进基地和海口侨务工作交流示范区建设。此外,海南也积极上报和推进三亚临港海洋产业及热作农业自贸区。

六、河南省:打造内陆开放型经济高地

河南地处我国中心地带,是中华民族和中华文明的重要发祥地,历史上长期是我国的政治、经济、文化中心,在古丝绸之路发展繁荣过程中发挥了

重要的支撑作用。改革开放以来,河南综合经济实力显著提升,开放型经济加快发展,与"一带一路"沿线国家的产业合作、经贸往来、人文交流日益密切。经河南省委、省政府授权,2005年12月1日,河南省发改委发布了《河南省参与建设丝绸之路经济带和21世纪海上丝绸之路的实施方案》,规划河南成为"一带一路"具有国际影响力的综合交通枢纽、商贸物流中心、区域互动合作平台。

(一)战略定位

1."一带一路"重要的综合交通枢纽和商贸物流中心

发挥连接东西、沟通南北的区位优势,完善铁路、公路、航空网络,推动航空港、铁路港、公路港与海港一体协同,构建三网融合、四港联动、多式联运的现代综合交通枢纽。强化地区性枢纽功能协同,密切与"丝绸之路经济带"沿线中心城市和海上丝绸之路重点港口城市的经济联系,建设郑州现代化国际商都,形成国际航空物流中心和亚欧大宗商品商贸物流中心。

2.新亚欧大陆桥经济走廊区域互动合作的重要平台

发挥市场规模优势和产业基础优势,提升郑州、洛阳等主要节点城市辐射带动作用,加快中原城市群一体化进程,推动与东部沿海城市群、西部沿线城市群协同互动,打造产业转移、要素集疏、人文交流平台,建设华夏历史文明传承创新和文化交流中心,形成连接东中西、沟通境内外、支撑经济走廊的核心发展区域。

3.内陆对外开放高地

发挥郑州航空港经济综合实验区内陆对外开放门户功能,完善口岸平台体系,扩大郑欧班列运营规模,提升国际陆港集疏能力,加快跨境电子商务发展,建立与"一带一路"沿线国家关检合作机制,建设中国(河南)自由贸易试验区,优化全省海关特殊监管区域布局,打造内陆开放型经济高地。

(二)战略布局:"两通道一枢纽"

1.构建东联西进的陆路通道

以陆桥通道为主轴,依托国家铁路和公路主通道,串联省内中心城市,形成连接"一带一路"的东西双向通道。东向重点连接青岛、连云港、日照、烟台、威海、天津、上海等沿海港口,与海上丝绸之路连接;西向密切与西北、东北、西南等地区的省份合作,增强对新亚欧大陆桥经济走廊的支撑作用,参与中蒙俄、中国—中亚—西亚、中国—中南半岛、中巴、孟中印缅经济走廊建设,与"丝绸之路经济带"融合。

2.构建贯通全球的空中通道

以郑州新郑国际机场为龙头,完善通航点布局和航线网络,建设国际航空货运枢纽和国内航空综合枢纽,构建连接全球重要枢纽机场和主要经济体的空中丝绸之路。加密欧美航线,拓展"一带一路"沿线国家航线,吸引大型航空公司和物流集成商,形成国际与国内互转的货运航线网络。加密国内干线,开辟新的国际航线,构建"中转+快线"客运航线网络。

3.构建内陆开放的战略枢纽

以郑州国际商都为核心,强化地区性中心城市支撑作用,发挥各地开放优势,形成内陆开放枢纽平台。依托郑州航空港经济综合实验区建设国际航空货运枢纽,依托郑州国际陆港建设国际铁路中转枢纽,提升郑欧班列运营水平,完善口岸功能,健全多式联运体系和大通关服务体系,形成"铁公机海"四港联动综合枢纽,打造陆空高效衔接的国际物流中心。依托郑州、洛阳、开封重点开发开放载体,申建自由贸易试验区,打造面向"一带一路"的高端商贸合作平台。发挥跨境贸易电子商务试点先行优势,建设中国(郑州)跨境电子商务综合试验区,打造全球网购物品集散分拨中心。强化华夏历史文明传承创新区的国际影响,与"一带一路"沿线国家合作建设一批人文交流平台,打造丝绸之路文化交流中心。建设一批区域性开放平台,形成联动发展格局。

(三) 重点任务

促进基础设施互联互通、深化能源资源合作、开展国际产能合作、提升经贸合作水平、加强金融领域合作、密切人文交流合作。

(四) 创新开放型体制机制

创新企业"走出去"方式、促进投资贸易便利化、建立重大项目推进机制、打造对外交流平台、完善对外工作机制。

（五）发展目标

近期目标(到 2020 年)：逐步健全与沿线国家的交流合作机制，建成以航空港为龙头的"铁公机海"四港联动、多式联运的现代综合交通枢纽，初步确立对"一带一路"沿线国家全方位开放的新格局。

中期目标(到 2025 年)：基本形成与"一带一路"沿线国家的交流合作网络，建成国际航空货运枢纽、国内航空综合枢纽，基本确立多式联运的枢纽优势，对"一带一路"沿线国家形成较大规模的双向贸易和投资，增强综合经济竞争力和文化影响力。

远期目标(到 21 世纪中叶)：全面形成与"一带一路"沿线国家的交流合作网络，将郑州建设成为现代化国际商都，将河南打造成"一带一路"具有国际影响力的综合交通枢纽、商贸物流中心、区域互动合作平台。

2016 年 8 月，河南省成为第三批批复的自贸区之一。河南自贸区包括郑州片区、开封片区和洛阳片区，三个片区分别有不同的功能划分。初步设想是，郑州片区拟重点发展电子商务、现代流通等发挥流通枢纽功能的产业及金融服务、信息服务等现代服务业；开封片区拟重点发展文化旅游、创意设计、文化传媒、广播影视、文艺演出、文博会展及艺术品交易等文化产业；洛阳片区拟重点发展传统装备、新材料、智能装备等制造业及研发设计、信息技术服务、检验检测认证、文化创意等生产性服务业。自贸区的建设，对于河南省产业结构升级、提升对外开放水平，具有重要意义。

七、湖南省：六大重点行动对接"一带一路"倡议方案

湖南省地处我国中部，承东启西，依托京广高铁与丝绸之路节点城市相连，依托沪昆高铁与东盟相通，水路可直达东部沿海港口，与珠三角、北部湾也有便捷通道，一批水、陆、空口岸先后开放，为湖南省对接"一带一路"倡议提供了良好的基础条件。湖南省人民政府于 2015 年 8 月 14 日发布《湖南省对接"一带一路"战略行动方案(2015—2017 年)》，提出按照"五通"总体要求，充分利用国家通道、国家平台，将湖南省经济、人文、资源优势与"一带一路"沿线国家的发展需求结合起来，以长沙为节点城市，以重点区域、重大项目、重点平台、重要机制建设为依托，以提升全面开放水平、拓展经贸合作领

域、扩大人文交流为重点,着力实施"六大行动"(装备产能出海行动、对外贸易提升行动、引资引技升级行动、基础设施联通行动、合作平台构筑行动、人文交流拓展行动),完善"五大机制"(项目推进机制、金融财税扶持机制、人才保障机制、风险防控机制、工作协调机制),建设80个左右的重大项目,总投资3 000多亿元,将湖南打造成"一带一路"的重要腹地和内陆开放的新高地。

(一)装备产能出海行动

目标:力争到2017年,中方对外投资合同额突破30亿美元,年均增长20%以上;对外承包工程营业额突破40亿美元,年均增长15%以上;培育20家左右在国内外有较大影响的"走出去"产能和国际工程承包重点企业。

行动内容:(1)瞄准重点区域、重点产业,推动"走出去"。(2)扶持重点企业带头"走出去"。落实国家优惠政策,对投资新区域和新领域、带动相关产业"抱团"出海的重点企业给予政策和资金支持。对重点"走出去"企业实行"一对一"帮扶机制。近期集中支持20家省内"走出去"企业。(3)创新模式,带动产业"走出去"。鼓励有实力的企业建设境外经贸园区,吸引上下游产业链转移和关联产业协同布局,带动一批配套中小企业和上下游产业"走出去"。支持在湘的工程咨询设计单位通过工程总承包,带动产能"走出去"。引导企业以工程、项目、设备(含二手设备)换资源等多种方式开展合作,实行资源开发与基础设施建设相结合、工程承包与建设运营相结合,向系统集成、工程总承包方向拓展。积极发挥行业商协会作用,组建并推进一批产业联盟"抱团"出海。鼓励和引导省内企业以资本或业务为纽带,联合央企"借船"出海。

(二)对外贸易提升行动

行动目标:力争到2017年,全省进出口贸易额年均增长达10%,其中对"一带一路"沿线国家进出口贸易额增长20%以上。

行动内容:(1)实施"四个一批"扩大出口。开拓一批新兴市场,培育一批龙头企业,建设一批基地,打造一批市场占有率高、竞争力强的特色产品出口基地和出口产品质量安全示范区。(2)抢抓"三降"机遇增加进口。抓住国际大宗商品价格下降机遇,扩大资源性产品进口;抓住国家降低高端消费品进口关税机遇,扩大高端时尚消费品进口;抓住国际先进技术和设备价格降低机遇,扩大先进技术、高端装备及配套产品进口,提升省内产业素质。(3)创新发展模式,扩大服务贸易。利用工程总承包(EPC)模式,支持重点制造业企业带动产品服务"走出去",在境外发展制造服务业。利用文化、旅游资源优势,推动文化、旅游产品出口。支持服务外包产业发展,为外包企业承揽国际业务。支持企业建立国际营销网络,鼓励商贸物流、跨境电子商务、邮政快递、供应链管理向"一带一路"沿线国家拓展业务。

(三)引资引技升级行动

行动目标:力争到2017年,外商直接投资稳定在100亿美元,并引进吸收一批国际先进技术和管理模式。

行动内容:(1)引进外商直接投资。强化产业链招商,抓住新一轮国际产业转移的契机,依托现有核心产业,引进上下游企业落户,完善产业链条。依托核心人才、技术,引进境外战略投资者,投入省内高新技术产业开发,培育壮大新兴产业。瞄准世界500强企业,强化项目定向开发,促进更多世界级大企业落户湖南。(2)优化外商投资环境。按照负面清单管理模式,进一步修订外商投资产业指导目录,再缩减一批限制类条目。在所有省级园区推广中国(上海)自贸区"21+29"的创新举措。对外商投资项目积极推行网上预备案管理。(3)鼓励开展技术合作。支持与"一带一路"沿线国家共建一批联合实验室(研究中心)和国际技术转移中心,合作开展重大科技攻关。引导支持有实力的企业在沿线国家建设研究中心或技术示范和推广基地。重点推进中意低碳研究中心、中英绿色环保建设中心、湖南国际技术转移中心(1+N)平台,以及孟加拉、巴基斯坦、印尼、印度、泰国杂交水稻种子研发分中心等项目建设。

(四)基础设施联通行动

行动目标:力争到2017年,基本打通与国家"一带一路"规划确定的重点省市、重点港口的主要通道,形成省内交通网与"一带一路"陆海大通道直接连通的大格局。

行动内容:(1)打通陆上通道。(2)打通国际航线。实施长沙黄花机场飞行区东扩工程、空港配套工程等项目,将长沙机场打造成长江中游重要的国际空港枢纽。推进张家界荷花国际机场改扩建。完善航线网络,推动开通长沙至香港全货航班,长沙至欧洲、美国、澳洲、俄罗斯、日本、西亚等国际、洲际航线。(3)打通水上通道。畅通长江中游黄金水道,争取国家将长江中游六米水深航道上延至岳阳城陵矶。加快推进湘江、沅水两条国家高等级航道和洞庭湖区高等级航道建设,推动深水航道向上延伸,推进城陵矶港与上港集团的合作,将其打造成长江中游重要的航运物流中心等。(4)打造立体综合运输体系。加强水运、铁路、公路、航空和管道的有机衔接,统筹货运枢纽与开发区、物流园区等空间布局,完善货运枢纽集疏运功能。鼓励发展多式联运,提高集装箱和大宗散货铁水联运比重。

(五)服务平台构筑行动

行动目标:力争到2017年,形成覆盖"一带一路"沿线重点国家的"走出去"服务平台体系。

行动内容:(1)打造以"两港两区"为重点的开放平台。(2)提升以"两空三水十三陆"为重点的口岸平台。(3)做强以国家级和省级开发区为重点的产业承接平台。强化园区基础设施建设,提升园区承接产业转移的平台功能。创新园区建设模式,鼓励与境外资本合作发展"飞地"园区。利用湘南国家级承接产业转移示范区和国家级经济技术开发区优势,推动国际产业转移合作。(4)构筑境外产业发展平台。依托现有"走出去"企业,建设一批国家级境外经贸合作园区。加大北欧湖南农业产业园、泰国湖南工业园、越南商贸物流园、阿基曼中国城等在建园区的建设力度;积极培育三一巴西产业基地、中联印度产业基地、南车南非产业基地、隆平高科东帝汶农业示范基地、老挝湖南橡胶产业基地、老挝湖南农业产业基地、俄罗斯贝加尔湖流域湖南农业产业基地等;在美国南卡州、埃塞俄比亚、苏里南、柬埔寨等国家和地区选择一批基础好的项目作为境外储备园区。(5)搭建境外综合服务平台。依托境外经贸合作园区、驻外机构和企业,在湖南省投资合作的重点国家和地区,逐步设立湖南境外商务代表处。在湘企聚集度较高的国家和地区组建成立境外湖南商会、湖南同乡会。在南宁、乌鲁木齐筹建湖南东盟、湖南亚欧办事处。(6)搭建国际经贸合作交流平台。充分利用东盟博览会、亚欧博览会、丝绸之路国际博览会等经贸展会,以特色产品展、专题活动、项目对接等多种形式,宣传湖南企业,推动经贸合作。在扩大世界矿物宝石博览会国际影响的同时,依托长沙国际会展中心和重点产业再搭建一批世界级的经贸交流平台。

(六)人文交流拓展行动

行动目标:力争到2017年,文化产品进出口贸易额达13亿美元,年均增长15%以上;国际旅游收入达10亿美元;招收"一带一路"沿线国家留学生,数量年均增长10%;建立与"一带一路"沿线国家和地区政府间定期合作交流机制,结对一批友好城市。

行动内容:(1)加强文化旅游合作。(2)加强教育培育合作。鼓励支持湖南省内有实力的高等院校、职业院校开展境外办学和职业教育合作。扩大外国留学生规模,引导企业吸纳留学生参与境外项目建设。加强与境外合作国家的学术交流。推进湖南师范大学与俄罗斯喀山大学、长沙理工大学与黑山共和国大学合作举办孔子学院。利用"汉语桥"等文化教育平台,深化与"一带一路"沿线国家的交流。(3)加强医疗卫生领域交流协作。(4)加强政府间合作。推动与重点国家和地区建立友好省州、友好城市等经贸合作伙伴关系,完善沟通协调机制,结对一批友好城市。(5)引导社会组织合作。鼓励引导湖南省内社会组织与"一带一路"沿线国家非政府组织开展广泛的交流合作,在生态建设、防灾减灾、应对气候等方面建立合作机制,积极开展水污染治理、大气污染防治、重金属污染修复等领域的国际交流合作。

八、甘肃省:打造"丝绸之路经济带"甘肃黄金段

2015年12月9日,《甘肃参与丝绸之路经济带和21世纪海上丝绸之路建设实施方案》公布。实施方案明确提出围绕一大构想,着力构建三大平台、六大窗口、八大节点城市,推进五大重点工程建设的发展战略(简称"13685"战略)。

（一）一大构想

以"丝绸之路经济带"甘肃境内重要节点城市为依托，发挥产业园区、经贸物流园区和保税物流园区集聚科技、金融、人才要素的平台作用，深化经贸、产业、能源、人文交流合作，全面构建铁、陆、航多式联运的"丝绸之路经济带"黄金经济走廊，努力建成向西开放的纵深支撑和重要门户、丝绸之路的综合交通枢纽和黄金通道、经贸物流和产业合作的战略平台、人文交流合作的示范基地。

近期目标（2015—2020年）：建成综合交通运输网络，建立经贸文化交流合作平台，进一步扩大与中西亚市场贸易份额，显著提高甘肃在"一带一路"中的作用。

中期目标（2020—2025年）：建立较为完善的开放合作机制，使甘肃与六大国际经济走廊沿线国家的经贸联系更加紧密，联通亚欧大陆桥的经济通道作用进一步显现。

远期目标（到21世纪中叶）：实现"五通"目标，全面深化与"一带一路"沿线国家产业合作，大幅提升贸易规模，将甘肃打造成"一带一路"国际经济贸易文化合作黄金走廊。

（二）三大平台

三大平台包括：以兰州新区为重点的向西开放经济战略平台、以丝绸之路（敦煌）国际文化博览会和华夏文明传承创新区为重点的文化交流合作战略平台、以中国兰州投资贸易洽谈会为重点的经济贸易合作战略平台。

（三）六大窗口

依托我国在"一带一路"沿线国家建立的产业园区和境外经贸合作区，积极建设面向六大国际经济走廊的经贸合作与人文交流的对外窗口。六大国际经济走廊包括：新亚欧大陆桥经济走廊、中蒙俄经济走廊、中国—中亚—西亚经济走廊、中国—中南半岛经济走廊、中巴经济走廊、孟中印缅经济走廊。

（四）八大节点城市

进一步提升兰(州)白(银)、平(凉)庆(阳)、天水、定西、金(昌)武(威)、张掖、酒(泉)嘉(峪关)、敦煌重要节点城市的支撑能力，坚持差异化定位和协同化发展，着力构建特色鲜明、分工协作、相互促进、优势互补的对外开放新格局。

（五）五大重点工程

实施方案确定了基础设施互联互通、经贸产业合作、人文交流、生态建设、金融创新支持五个方面的重大工程建设任务。

1. 着力加强基础设施建设，推进互联互通

加快推进兰州、嘉峪关、敦煌三大国际空港和兰州、天水、武威三大国际陆港建设，构建铁、陆、航多式联运中心，利用已建成的兰州北货运编组站、在建的兰州铁路综合货场、兰州铁路集装箱中心站和甘肃省已开通的"天马号""兰州号""嘉峪关号"国际货运班列，整合渝新欧、蓉新欧、郑新欧、西新欧等国际货运资源，将大兰州建成服务于全国，面向中亚、西亚的国家级综合交通枢纽。同时，进一步提升天水、武威、酒嘉综合交通枢纽的地位。

2. 着力推进经贸技术交流，加强国际产能和装备制造合作

加快推进口岸建设，运营好兰州新区综合保税区，力争将武威保税物流中心升格为综合保税区，争取嘉峪关机场口岸开放、马鬃山口岸复关，支持临夏、敦煌等有条件地区设立海关特殊监管区。发挥甘肃省石油化工、有色冶金、装备制造等传统领域技术优势，加强境外产业合作和投资。充分发挥甘肃省铜冶炼、电解铝、钢铁、水泥等行业技术成熟、产能相对富余的优势，推动这些行业向产能不足、投资环境宽松、连接通道顺畅的地区和国家转移。

3. 着力推进人文交流合作，提升开放共建水平

发挥甘肃省石油化工、有色冶金、机械电子、新能源、新材料、旱作节水技术、高效设施农业、荒漠化防治等领域的技术优势，与"一带一路"沿线国家共建研究中心、技术转移中心、农业科技园区、技术推广示范基地，扩大技术输出和合作。同时，依托丝绸之路(敦煌)国际文化博览会、兰州投资贸易洽谈会、敦煌行·丝绸之路国际旅游节等大型节会平台，大力发展节会和展会经济。

4.着力构建生态安全屏障,打造绿色丝绸之路

加快祁连山、渭河源区、"两江一水"等重大生态保护规划的实施和重点生态工程的建设,对河西内陆河、中部沿黄、甘南高原、南部秦巴山、陇东陇中黄土高原五大片区实施分区域综合治理。加强生态建设和环境保护国际交流合作,发挥甘肃省在内陆河流域生态治理、风沙源防护林建设、雨水集蓄利用、野生动植物保护等方面的技术优势。

5.着力强化金融创新,加大金融政策支持

加大政策性金融支撑。发挥国家开发银行等国家开发性、政策性金融机构和地方金融机构的作用,全力支持基础设施建设和特色优势产业龙头企业"走出去"。强化金融产品与服务创新。引导金融机构根据不同类型的涉外企业和建设项目的信贷需求特征,深化金融产品与服务创新,提供个性化、多元化、专业化的金融产品。

九、黑龙江省:打造黑龙江丝绸之路经济带

2015年4月13日,《中共黑龙江省委黑龙江省人民政府"中蒙俄经济走廊"黑龙江陆海丝绸之路经济带建设规划》发布。

黑龙江陆海丝绸之路经济带总体上呈东西走向,起自黄渤海、东南亚沿海或俄罗斯远东港口,经大(连)哈(尔滨)佳(木斯)同(江)、绥满、哈黑、沿边铁路四条干线通达边境口岸,出境后,与俄罗斯横跨欧亚的西伯利亚、贝阿铁路相连,向西抵达欧洲。黑龙江陆海丝绸之路经济带对外辐射东北亚国家和地区及欧洲,重点是俄罗斯及欧盟;对内辐射我国东北、华北、华东、华南地区,重点是环渤海、长三角、珠三角。

黑龙江丝绸之路经济带建设的基本思路是:扩大中俄合作,使经济发展成果惠及更广泛的区域;通道建设以铁路为主、立体联通;构建外向型经济体系,以贸兴业、全面发展。

(一)两大战略布局

1.通道布局

以大哈佳同、绥满、哈黑和沿边铁路为主骨架,以周边公路、水运、航空、

管道、电网、光缆为辅助,以相关车站、港口、机场为节点,建设连接亚欧的国际货物运输大通道。

2.产业布局

依托黑龙江陆海丝绸之路经济带国际货运通道和主要交通干线,以中心城市和交通商贸重镇为节点,以沿线城市重点产业园区为支撑,依托哈长城市群等重点区域,打造承接国内外产业转移聚集区,发展跨境产业链,形成以"一核四带一环一外"为主要内容的产业发展空间布局。

境内产业布局中,"一核"是指哈尔滨都市圈;"四带"是指哈大齐(满)、哈牡绥东、哈佳双同、哈绥北黑产业聚集带;"一环"是指沿边环形产业聚集带。

境外产业布局中,"一外"是指境外产业园区,包括俄罗斯滨海边疆区、外贝加尔边疆区、犹太自治州等与黑龙江省接壤州区,以及弗拉基米尔州、车里雅宾斯克州、阿金斯克州等俄罗斯腹地州区。以发展产品原材料市场和销售市场两头在外的"外内外"加工贸易方式,以及黑龙江省内企业与外资企业合作的"内外内"模式为牵动,培育林业、农业、石油化工业、装备制造业、现代服务业和矿产采掘业六个跨境产业集群,形成产业链条完整、上下游衔接、境内外互动的跨境产业布局。

(二)规划目标

近期目标(2014—2015年):做好"中蒙俄经济走廊"黑龙江陆海丝绸之路经济带建设规划与国家"一带一路"规划的衔接。

中期目标(2016—2020年):将黑龙江陆海丝绸之路经济带打造成国内连接亚欧最便捷、最通畅的国际大通道。

远期目标(2021—2025年):全面建成面向俄罗斯、连接亚欧的综合跨境运输网络,形成经济规模较大、带动能力较强的外向型经济体系。

(三)重点任务

1.构建哈满俄欧铁路跨境运输体系

在开通中欧铁路国际班列的基础上,开展以哈尔滨为中心、以经济带覆盖和辐射地区为主要货源地的中(俄)欧跨境运输。推进建立统一全程运输协调机制,加快货运枢纽体系建设。组织物流企业向国内外目标客户推介中(俄)欧黑龙江通道跨境货物运输产品优势。开展招商引企,组织国内外货源,吸引大型商贸物流、货运企业通过"黑龙江通道"进行跨境运输。

2. 加快基础设施互联互通

加强与俄罗斯交通建设规划、技术标准体系对接,共同推进基础设施互联互通。完善黑龙江对俄铁路通道和区域铁路网。推进口岸界河公路大桥建设。拓展黑龙江省与我国东南沿海、俄远东地区、日韩、东南亚等江海联运和陆海联运新通道。进一步加强和巩固哈尔滨机场对俄远东地区门户机场功能,新增和加密通往俄罗斯、日韩及东北亚地区的国际航线、航班。

3. 加强配套服务设施建设

完善商贸物流体系,建设一批物流园区、节点和配送中心,培育一批大型物流集团和专业物流企业,打造现代智能物流产业集群。发展跨境电子商务,创建开放的跨境电子商务综合服务平台,打造跨境电商物流基地。提高金融服务水平,探索建立政府引导、社会参与的对俄合作投融资平台,引导社会资本进入金融服务领域。改善通关条件,加快电子口岸建设,不断提高口岸通关便利化水平。

4. 加大能源、资源、生态环境保护合作

深化能源、矿产资源勘探开发合作。拓宽农业合作领域,积极推进农业经济技术合作,深入开展土地资源、作物栽培技术、农林牧品种等领域的区域性合作。深化林业资源和生态环境保护合作。

5. 加强跨境产业园区、产业链建设

鼓励合作建设跨境经济合作区,以投资带动贸易发展。组建产业合作联盟,加强跨境投资合作。积极建设中俄双向贸易和加工基地,形成跨境产业良性循环。

6. 广泛开展人文科技交流合作

推动黑龙江省高校与俄罗斯高校开展教学科研合作,建设双方高校联盟,加快培养对俄语言、教育、文化、科技等领域人才。支持科研院所、高等院校和企业研发机构扩大对俄科技交流。加强文化旅游合作。

◆ 第四节 ◆
"一带一路"倡议下厦门发展的新机遇

一、福建省海上丝绸之路核心区建设规划

《愿景与行动》提出要支持福建建设"21世纪海上丝绸之路"核心区,推进福建海峡蓝色经济试验区,加强厦门、福州、泉州等港口建设。

福建省委省政府提出,福建应加快推进"21世纪海上丝绸之路"核心区建设,承接好商贸人文的历史辉煌,发挥好"海上海外"的特色优势,以东南亚为重点,坚持"走出去"与"引进来"结合、经济合作与人文融合并重,努力将福建打造成海上丝绸之路互联互通的重要枢纽、经贸合作的前沿平台、人文交流的重要纽带。

2015年11月7日,《福建省21世纪海上丝绸之路核心区建设方案》(以下简称《建设方案》)公布,明确了福建省"21世纪海上丝绸之路"核心区建设的四大功能定位、重点合作方向、主要任务等,具体内容如下:

四大功能定位:"21世纪海上丝绸之路"互联互通建设的重要枢纽、"21世纪海上丝绸之路"经贸合作的前沿平台、"21世纪海上丝绸之路"体制机制创新的先行区域、"21世纪海上丝绸之路"人文交流的重要纽带。

重点合作方向:打造从福建沿海港口南下,过南海,经马六甲海峡向西至印度洋,延伸至欧洲的西线合作走廊;从福建沿海港口南下,过南海,经印尼抵达南太平洋的南线合作走廊;结合福建与东北亚传统合作伙伴的合作基础,积极打造从福建沿海港口北上,经韩国、日本,延伸至俄罗斯远东和北美地区的北线合作走廊。

主要任务:一是加快设施互联互通,加强海上通道、航空枢纽和空中通道、陆海联运通道、口岸通关体系、信息通道等建设。二是推进产业对接合作,支持企业扩大境外投资,推进现代农业、主导产业、能源矿产、旅游等产业合作。三是加强海洋合作,积极发展远洋渔业,加强海洋科技、生态环境保护、海上安全等合作。四是拓展经贸合作,推进福建自贸试验区建设,努

力提高对外贸易水平,强化贸易支撑体系建设,加强投资促进工作。五是密切人文交流合作,丰富文化交流,推进教育、医疗卫生合作,拓展友好城市,扩大劳务合作。六是发挥华侨华人优势,激发侨商参与建设热情,加强华侨华人情感联系。七是推动闽台携手拓展国际合作,深化闽台经贸合作,扩大人文交流交往。八是创新开放合作机制,强化政府间交流机制,建立国内合作共建机制,打造重大合作平台。

省内布局上,充分发挥福建各地的地缘、人缘、历史文化及对外开放、产业发展等优势,形成整体参与和引领国际合作的新优势。支持泉州市发挥海外华侨华人、民营经济和历史文化积淀等优势,建设"21世纪海上丝绸之路"先行区。支持福州、厦门、平潭等港口城市发挥产业基础、港口资源、开放政策等优势,建设海上合作战略支点。支持平潭、厦门、漳州发挥对台优势,构建两岸携手建设"21世纪海上丝绸之路"的开放新格局。支持莆田、宁德发挥深水港口优势和妈祖文化、陈靖姑文化等纽带作用,促进经贸人文融合发展。支持三明、南平、龙岩发挥生态、旅游资源优势和朱子文化、客家文化等纽带作用,建设海上丝绸之路腹地拓展重要支撑。

侨、台优势是福建省建设海上丝绸之路核心区的独特优势。目前旅居世界各地的闽籍华侨华人达1 580万人,其中约80%集中在东南亚,达1 250万人。80%的台湾同胞祖籍是福建。闽台两地与东南亚地区习俗相似、文化趋同,民间交流量大、交流面广,无论是"请进来",还是"走出去",都有天然的优势和氛围。《愿景与行动》已明确提出:为台湾地区参与"一带一路"建设作出妥善安排。为此,福建省应发挥好侨、台优势,推进海上丝绸之路核心区建设。一要加强情感联系,激发侨商参与建设的热情。加强与海外华侨华人的交流交往,凸显华侨华人作为"21世纪海上丝绸之路"参与者、建设者和见证者的重要作用。进一步拓展侨务引资引智,积极发挥闽籍重点侨团的作用,主动对接重点侨商,邀请侨商来闽考察投资。吸引华商参与,促进"一带一路"沿线重要基础设施、产业园区等合作项目的建设。引导"一带一路"沿线国家和地区华侨华人和华侨社团加强与国内"走出去"企业的交流、服务,共同承担社会责任,实现与当地的和谐相处。二要深化闽台经贸合作,扩大人文交流。通过深化闽台交流合作促进核心区建设,通过核心区建设提升闽台交流合作水平。支持福建企业与"一带一路"沿线国家和地区的台资企业加强合作,携手共同拓展东盟等国际市场。加强祖地文化、民间文化交流,弘扬中华文化。深化两岸民间基层交流合作。构建两岸直接往来主通道,进一步方便人员往来。

福建省将重点打造四个方面、八个重大合作平台。一是重大综合性交流合作平台。按照《愿景与行动》关于建立"一带一路"国际高峰论坛的倡议,积极配合国家层面办好"一带一路"国际高峰论坛,推动建立"21世纪海上丝绸之路城市联盟",并在泉州设立秘书处。二是重大经贸合作平台。支持在福州举办的海峡两岸经贸交易会加挂"21世纪海上丝绸之路博览会",支持中国贸易促进委员会牵头成立海上丝绸之路多边商务理事会,并在泉州设立联络办公室。三是重大海洋合作平台。重点支持在厦门建设"中国—东盟海洋合作中心",支持福州加快建设完善中国—东盟海产品交易所。四是重大人文交流平台。重点支持福州承办丝绸之路国际电影节,支持泉州建设海上丝绸之路国际文化交流展示中心。

为落实《建设方案》,福建省将重点从八个方面保障核心区建设顺利推进。一是加强组织领导,发挥福建省"21世纪海上丝绸之路"核心区建设工作领导小组及其办公室作用。近期将进一步充实"海丝办"人员力量,推动《建设方案》落到实处。二是强化统筹协调,争取取得早期收获。目前,福建省发改委已研究制订了海上丝绸之路核心区建设三年行动计划,下一阶段福建省发改委将会同有关部门,按季度跟踪推动海上丝绸之路核心区建设,及时协调解决存在的困难和问题,形成分工协作、步调一致、共同推进的工作局面。三是加大政策扶持,积极争取中央投资、国内外贷款、丝路基金、中国—东盟海上合作基金等资金投入,支持核心区重大合作项目建设。四是突出项目带动,集中力量推动实施一批重大项目,形成示范带动效应。建立重大项目储备库,并在实施过程中对重大项目进行持续更新、滚动推进。五是重点拓展与东盟等国家和地区的经贸合作,创新利用外资方式和工作机制,加强与港澳台合作,推动优势产业产能"走出去"。六是加强境外投资风险防范,积极为企业提供境外投资信息服务,引导企业增强风险意识,加强风险防范。七是办好与海上丝绸之路有关的博览会、艺术节、电影节、旅游节等活动,形成经贸与人文交流的重要平台和纽带。八是强化人才支撑,大力培养和引进一批外向型、复合型人才。

福建省历来重视与东盟的合作，并于 2014 年 11 月 19 日提出争取到 2020 年与东盟贸易往来达到 1 000 亿美元的目标。目前福建提出的"对接东盟"的说法，是福建加快推进"21 世纪海上丝绸之路"建设的重点。

在与东盟的合作方面，福建提出：一要加快推进铁路、高速公路、港口、机场等基础设施的互联互通建设，尤其要加快海上互联互通合作建设。加快建设厦门东南国际航运中心，建设罗源湾、湄洲湾等大宗散货仓储物流集散基地和湄洲湾、漳州古雷等油品储备中转基地。加强与东盟国家在港口码头建设管理方面的合作，支持境外港航企业与福建合作建设港口物流园区、专业物流基地和物流配送中心，鼓励福建企业到东南亚、南亚等地区开展港口航运等合作。二要着力提升外资效益。加快改革，完善涉外投资体制机制，优化投资环境，依托特区、各类开发区等载体平台，吸引海上丝绸之路沿线国家的企业以增资扩产、股权并购、绿地投资等方式来福建省投资兴业。着力引进一批外资龙头项目和产业链缺失项目，做大龙头产业，延长产业链条，壮大产业集群；重点推进海上丝绸之路沿线国家拟在福建省投资 222.79 亿美元的 15 个合同项目转化升级，包括印尼三林集团码头项目、马来西亚云顶集团火电项目、新加坡新安三甲国际医院等。推动中东国家企业在福建省设立石化产业园，促进福建省石化产业加快发展。三要积极扩大双向贸易。密切跟踪中国—东盟自贸区升级谈判进程，争取尚未实现零关税的八类大宗商品列入降税安排。四要大力发展海洋合作。争取设立"中国—东盟海洋合作中心"，以远洋捕捞、养殖加工、海洋环保、航道安全、海上搜救等领域为重点，合作建立一批海洋经济示范区、海洋科技合作园区和海洋人才培训基地，带动船运、养殖、修造船等劳务技术输出。加快构建海上丝绸之路重要交通枢纽，着力厦门东南航运中心建设，打造国际集装箱干线港、区域性邮轮母港，争取与东盟国家开通贸易安全智能航线，降低查验率，提高通关便利化水平。完善和拓展中国—东盟海产品交易所功能，加快发展成东盟乃至海上丝绸之路沿线国家水产品交易中心、结算中心。五要引导企业对外投资。发挥自贸园区政策优势吸引企业进入园区设立对外投资总部。落实对外投资实行备案制管理等政策，支持福建企业在柬埔寨、斯里兰卡等国家建设产业园区，吸引福建纺织、服装、鞋、箱包等劳动密集型产业向境外转移；支持福建企业到"海上丝绸之路"沿线国家设立营销网络、物流中心或投资办厂,带动商品、成套设备出口;支持福建自然人利用自有金融资产进行对外直接投资、自由承揽工程和劳务合作项目。引导企业遵守所在国文化习俗,自觉履行社会责任,树立良好形象。在目前六省九市联合提出的海上丝绸之路捆绑申遗计划中,福建的福州、泉州、漳州均列其中,是申遗城市最多的省份。

福建省特别提出要大力发展"台湾接单—福建保税加工—销售东盟"(目前台湾地区商品进入东盟需征收8.9%的综合关税,而中国大陆几乎所有的商品都是零关税)和跨境电子商务等新型贸易方式。加大福建产品行销力度,开展"泉州品牌海丝行""漳州东盟行"等活动,提升海上丝绸之路沿线国家各类展会的效果。进一步扩大"海上丝绸之路"沿线国家原油、木材、水产品等能源及资源产品的进口。

福建省还特别强调了与东盟在海洋渔业产业方面的合作。福建与东盟的合作在海洋渔业产业等方面较为突出,建立了"中国—东盟海产品交易平台"等。东盟拥有丰富的渔业资源,而福建在养殖、水产加工、远洋渔业等方面有技术和资金优势,双方的渔业合作全国领先。2013年福建省水产品出口创汇跃居全国第一,海洋渔业已经成为福建发展海洋经济的优势产业。2013年福建水产品出口东盟达13.37亿美元,东盟成为福建最大的水产品贸易伙伴。在2013年"中国—东盟海上合作基金"首批18个项目中,中央部委项目有14个,地方项目仅有4个。而这4个地方项目中,福建省就争取到3个,其中2个是渔业项目,分别是印尼金马安渔业综合基地更新改造项目和中国—东盟渔业产业合作及渔产品交易平台。

2013年,福建在印尼、缅甸、毛里塔尼亚等国投资兴建了7个集渔船停泊、维修、制冰、加工等设施较为齐全的境外远洋渔业基地。远洋渔业作业区域不断拓展,分布在太平洋、印度洋、大西洋等公海海域和印尼、印度、缅甸、毛里塔尼亚、几内亚比绍等国家经济专属区海域。

福建与东盟的海洋渔业合作主要包括三个方面:一是建设海外养殖基地。水产养殖是福建的优势所在,应积极引导和鼓励有实力的企业和养殖大户走出国门,开发境外水产养殖基地。恒盛昌(福建)投资有限公司与印尼材源帝集团签订了共同开发协议,在印尼瑟兰岛投资建设3 000公顷的对虾养殖基地;平潭县远洋渔业集团有限公司获得印尼政府批准,与印尼当地企业合作开发位于印尼巴布亚省西部的凯马纳县阿丰那埃特纳海湾 7 500 公顷的网箱养殖基地；连江县南洋水产开发有限公司与印尼三林集团签订了共同开发协议，建设 100 公顷的新加朗岛网箱养殖基地。二是推动水产品出口贸易。2013 年，福建省水产品出口创汇 51.09 亿美元，居全国第一；在巩固日本、美国等传统市场的基础上，东盟和欧盟市场得到拓展。三是积极推动水产品交易电子商务平台建设。中国—东盟渔业产业合作及渔产品交易平台由福建东盟联合水产品投资管理有限公司承担运营。该平台包括东盟海产品交易所、东盟海产品仓储物流体系、东盟海产加工进出口物流园区、东盟海产品交易投融资平台、中国—东盟渔业协会及东盟渔业科学研究会。此外，福建还建立了"南洋文化节""福建省东盟政府官员研修班"等交流平台。截至 2014 年年底，福建实际利用东盟外资达到 90.46 亿美元，福建在东盟设立的境外企业和分支机构达 192 家，对东盟投资额超过 6 亿美元，东盟成为福建企业"走出去"的重要地区。2015 年，福建与东盟双边贸易额达 247 亿美元，东盟已成为福建第三大贸易伙伴和第四大外资来源地。

二、"一带一路"下厦门发展的新机遇

（一）"一带一路"倡议的提出将在新的高度、新的方向开启新一轮的对外开放

李克强总理提出，"中方愿意在货物贸易、服务贸易、投资合作等领域采取更多开放的举措，进一步提升双方贸易投资的自由化和便利化水平，力争到 2020 年与东盟国家的双边贸易额达到 1 万亿美元"。如果以李克强总理提及的 1 万亿美元为目标，中国与东盟的双边贸易额将有巨大的增长空间。

在欧美经济增长乏力、需求下降的情况下，东盟仍保持了年均 5% 以上的经济增长，是世界上经济增长最快的地区之一。"21 世纪海上丝绸之路"为开拓东盟和南亚市场，利用新兴国家资源，全面提升对外开放水平，改善贸易投资结构，乃至以此为契机的全面经济转型提供了难得的机遇。

（二）中国—东盟自贸区升级的机遇

2013 年 9 月，李克强总理在第十届中国—东盟博览会开幕式上提出打

造升级版中国—东盟自贸区。2014年8月,中国—东盟经贸部长会议正式宣布启动中国—东盟自贸区升级谈判。谈判前,中国与东盟90%～95%的税目产品已实现零关税,货物贸易自由化水平很高。因此,双方在此次升级谈判中,主要通过升级原产地规则和贸易便利化措施,进一步促进双边货物贸易发展。

经过四轮谈判,2015年11月22日,李克强总理在吉隆坡国际会议中心同东盟10国领导人共同见证标志着中国—东盟自贸区升级谈判全面结束的成果文件——《中华人民共和国与东南亚国家联盟关于修订〈中国—东盟全面经济合作框架协议〉及项下部分协议的议定书》(以下简称《议定书》)正式签署。《议定书》将为双方经济发展提供新的助力,加快建设更为紧密的命运共同体,推动实现2020年双边贸易额达到1万亿美元的目标,并推动《区域全面经济伙伴关系协定》谈判和亚太自由贸易区的建设进程。今后中国与东盟的经贸合作将达到更高水平,从而推进"一带一路"倡议的发展,尤其是海上丝绸之路战略与东盟相关国家的对接。中国与东盟间的关系从原来的"黄金十年",正向"钻石十年"迈进。

双方还对原产地规则进行了优化并完善了相关实施程序。中国—东盟自贸区原来的货物贸易原产地规则以"区域价值百分比40%"为主,标准比较单一,原产地的认定也比较复杂。这次升级谈判中,双方同意对46个章节的绝大部分工业品同时适用"4位税目改变"和"区域价值百分比40%"标准,涉及3 000多种产品,包括矿物、化工、木材纸制品、贱金属制品、纺织品和杂项制品等。这两种原产地标准,企业可自行选择适用,这将大大便利有关企业利用自贸区的优惠政策。

海关程序与贸易便利化领域方面,双方同意进一步简化海关通关手续,确保双方相关法律法规公开透明,运用自动化系统、风险管理等手段,为企业提供高效快捷的通关服务,解决通关阻碍,以便利合法贸易,并就预裁定、复议与诉讼制度及对程序定期审议等达成共识,保障货物流动畅通,共同提高便利化水平。

中国和东盟成员在自贸区升级谈判中启动并完成了第三批服务贸易具体减让承诺谈判。与前两批具体承诺相比,各国均作出了更高水平的承诺,进一步提升了服务贸易自由化水平,有利于双方服务部门的互利合作,扩大服务贸易。我国在集中工程、建筑工程、证券、旅行社和旅游经营者等部门作出改进承诺。东盟各国在商业、通信、建筑、教育、环境、金融、旅游、运输 8 个部门的约 70 个分部门向我国作出更高水平的开放承诺,主要包括:文莱在电信、旅游、航空等部门作出更高开放承诺,并新增教育、银行、航天运输、铁路运输等部门承诺;柬埔寨在广告、电信、金融等部门承诺中取消过渡期限制;印尼新增旅馆、餐饮、资产管理和证券管理服务等部门承诺;老挝新增计算机、建筑、教育、环境等领域 19 个分部门承诺;马来西亚在建筑和工程领域放宽外资股比限制,新增兽医服务承诺;缅甸新增教育、建筑、集中工程、城市规划、计算机等部门承诺,并在广告、印刷出版、视听、海运等分部门提升承诺水平;新加坡新增会议服务承诺,取消市场准入和国民待遇限制;泰国在教育、数据处理和数据库、税收、研究和开发、房地产等部门作出进一步开放承诺;越南在计算机、市场调研、管理咨询、教育、环境、旅游等部门承诺中取消过渡期限制。双方的具体改进措施包括扩大服务开放领域,允许对方设立独资或合资企业,放宽设立公司的股比限制,扩大经营范围,减少地域限制等。

在投资促进领域,双方同意通过包括组织投资促进活动、增强行业互补性和促进生产网络化、举办投资相关的研讨会和信息交流等方式促进相互投资。在投资便利化领域,双方同意简化投资批准手续,促进投资相关规则、法规、政策的信息发布,并在必要时建立一站式投资中心或相关机制,为商界提供包括便利营业执照和经营许可证发放的支持与咨询服务。

双方同意在农业、渔业、林业、信息技术产业、旅游、交通、知识产权、人力资源开发、中小企业和环境等 10 多个领域开展合作。双方还同意为有关经济技术合作项目提供资金等支持,推动更好地实施中国—东盟自贸协定。

此外,考虑到电子商务对双方经济发展的重要作用,双方还同意将跨境电子商务合作这一新议题纳入《议定书》,通过加强信息交流以促进双方的贸易和投资。

中国—东盟自贸区升级版带来以下机遇:一是原产地规则的变化使某些敏感产品的关税降低,并进一步削减贸易壁垒。涉及的产品大多数是厦门具有较强竞争优势的产品,将促进厦门优势产品出口,扩大贸易规模。二是贸易便利化将进一步压缩通关时间,减少手续环节,降低出口成本和出口风险。三是服务贸易自由化水平的提升有利于服务行业"走出去"。四是双方投资机制不断完善,各领域合作更加开放,有利于厦门与东盟双方投资增长。五是自贸区升级版将促进厦门和东盟经济技术项目的合作。

(三)互联互通政策的机遇

建设"21世纪海上丝绸之路"战略下,中国将加快实施《东盟互联互通总体规划》中的一些项目,中国与海上丝绸之路沿线国家和地区互联互通的基础设施建设也将迎来重大机遇。互联互通政策方面的机遇包括:一是进一步推动海上丝绸之路沿线国家和地区发展港口经济,加强相关联通建设,由此产生的港口格局重塑给厦门带来的机遇;二是推进自由贸易园(港)区建设给厦门带来的机遇;三是支持境外经济贸易合作区、海上驿站建设给厦门带来的机遇。

厦门应抓住这些难得的机遇,争取国家资源,进一步完善铁路、港口、航空等基础设施建设,依托厦门自贸区优势,将自身打造成海上丝绸之路核心区支点城市,借机大力推动现代物流业向国际化、信息化、高端化转型升级,增创厦门物流产业发展新优势,在更大范围、更高层次参与全球经济竞争合作。

(四)海洋经济合作与发展的机遇

"21世纪海上丝绸之路"战略强调与沿线国家的海洋合作,提出要加强与沿海国家在海洋产业、海洋科技、海洋防灾减灾、海洋生态环境保护等方面的合作,共同发展蓝色经济。厦门具备海洋经济发展的基础条件和独特优势,应利用这一机遇,积极发展与新加坡、马来西亚等国家的海洋科技合作和海洋金融合作,推进海洋生物制药、海洋环保方面产业的发展及与沿线国家在这些领域的合作。

(五)次区域合作的机遇

随着中国的全面开放,建设"21世纪海上丝绸之路"战略为构建辐射东南亚、南亚的次区域合作中心城市提供了大好机遇。东南亚等国对中国崛起有防范心理,而与国家间关系相比,次国家地区之间地位会更加平等,政治色彩不会太浓,因此在次国家地区间积极推进海上丝绸之路战略,加强次区域合作,有利于战略的初期推进。厦门应抓住机遇,积极推动成立各种与东盟、南亚的合作平台,发挥福建金融、产业、技术等方面优势,大力引进国内外高端资源,努力把厦门打造成辐射东南亚和南亚的经贸核心与投资中心。

"一带一路"涵盖65个沿线国家,且这些国家多数为新兴经济体和发展中国家,总人口约44亿,经济总量约21万亿美元,分别占全球的63%和29%。"一带一路"中蕴含着丰富的矿产资源、巨大的市场潜力、低廉的成本等多种机遇,"一带一路"倡议的实施将进一步推进互联互通、深化合作交流,为厦门企业"走出去"创造难得的历史机遇。

三、厦门自贸试验区带来的发展机遇

2014年12月31日,国务院正式批复设立中国(福建)自由贸易试验区。中国(福建)自由贸易试验区成为中国继上海自贸试验区之后的第二批自贸试验区。中国(福建)自由贸易试验区的总面积为118.04平方千米,包括平潭、厦门、福州3个片区。其中平潭片区面积为43平方千米、厦门片区面积为43.78平方千米、福州片区面积为31.26平方千米。

按区域布局划分:平潭片区重点建设两岸共同家园和国际旅游岛,在投资贸易和资金人员往来方面实施更加自由便利的措施。厦门片区重点发展两岸新兴产业和现代服务业合作示范区、东南国际航运中心、两岸区域性金融服务中心和两岸贸易中心。福州片区重点建设先进制造业基地、"21世纪海上丝绸之路"沿线国家和地区交流合作的重要平台、两岸服务贸易与金融创新合作示范区。

按海关监管方式划分:海关特殊监管区域重点探索以贸易便利化为主要内容的制度创新,开展国际贸易、保税加工和保税物流等业务。非海关特殊监管区域重点探索投资制度改革,推动金融制度创新,积极发展现代服务业和高端制造业。

对厦门而言,设立自贸试验区,推进体制机制创新,营造更加国际化、市场化、法治化的营商环境,对增强发展软实力,实现政府管理经济方式转变,推动长远发展具有重大意义。自贸区呈现出日新月异的发展变化并不断释放创新活力。各领域的开放、全方位的改革创新举措不断释放创新红利,激发市场活力。厦门片区作为福建自贸区的三个片区之一,规划土地面积为43.78平方千米,占福建自贸区规划土地总面积的37.1%,但其经济总量指标却占据福建自贸区的半壁江山。2015年,厦门片区企业数占福建自贸区企业数的76.9%,其中新增企业数占福建片区的53.9%,从业人员数占福建片区的59.1%。从企业密集度来看,2015年厦门片区平均每平方千米有214家企业,比福州多131家。效益指标领先全省,2015年厦门片区营业收入同比增长26.9%,增幅高于福建自贸区9.9个百分点;厦门片区营业利润同比增长29.0%,增幅高于福建自贸区46.9个百分点;厦门片区营业税金及附加同比增长88.6%,增幅高于福建自贸区49.8个百分点。①

四、厦门"一带一路"建设的优势与挑战

(一)厦门的比较优势

厦门的优势主要包括:(1)厦门与海上丝绸之路沿线国家的贸易基础比较好,与东盟的贸易总额、投资规模等在全国处于上游水平。(2)区位优势明显。厦门的海洋资源丰富,拥有全国排名第七的重要港口,海洋经济发展基础好,已经形成了现代化的综合交通运输体系。(3)具有一定的产业优势。光电、计算机、飞机维修等产业走在全国前列,已经形成较强的国际竞争力,拥有一批龙头企业和产业集群。(4)具有明显的人文优势。福建是我国著名的侨乡,现在福建籍的华人华侨在世界各地有1 200多万,其中80%在东南亚国家。东盟国家的华侨华人中祖籍福建的有近一半。

(二)厦门"一带一路"建设的困难与挑战

1.国际政治经济环境

(1)东盟、南亚等"一带一路"沿线国家对海上丝绸之路战略仍存在疑虑南海争端将在一个较长时期内客观存在,中国与东盟之间还存在政治

---

① 自贸试验区厦门片区发展状况调研报告[R/OL].2016-08-05.http://www.xm.gov.cn/zfxxgk/xxgkznml/gmzgan/tjfx/201607/t20160726_1350833.htm.

互信不足的问题。"一带一路"沿线国家一些人士对中国的"一带一路"倡议仍抱持疑虑，担心这一倡议背后隐含某种特别的政治意图。一些学者甚至误认为"一带一路"会附加条件，从政治、经济甚至安全上对东南亚地区施加压力。政治互信不足阻碍了海上丝绸之路建设的推进。

东盟国家方面，东盟组织和大多数东盟国家官方对中国提出的共同建设"21世纪海上丝绸之路"战略的反应是比较积极的。新加坡、马来西亚、印尼、泰国、缅甸、柬埔寨、老挝、越南等国的官方均作出了较为积极的回应。马来西亚还准备成立由首相直接领导的高级委员会，专门管理中马合作与交流。印尼也专门推出一系列吸引外资的政策，如中国商人在印尼投资超过100万美元，将获得10年免税的优惠。由于南海问题，菲律宾政府反应比较冷淡。但是从非官方部门（包括非政府组织、商界和学界等）看，除新加坡和文莱之外，印尼、菲律宾、马来西亚、泰国和越南均对与中国的经济一体化持怀疑或谨慎态度，害怕与中国的经贸往来会损害其自身利益。2010年1月7日和28日，印尼爆发了两次大规模的游行和集会，抗议中国—东盟自由贸易区的全面运行。印尼工会认为中国—东盟自由贸易区会造成印尼劳动密集型产业大量工人失业，而这个观点也得到了一些国会议员和部长级官员的支持。总的来看，东盟多数国家政府对中国提出的共同建设"21世纪海上丝绸之路"战略较为认可，希望从中国的经济增长中获得本国利益。但是在政治、安全方面，一些东盟国家仍然对中国缺乏信任，对中国和平崛起存在疑虑和恐惧。一些非官方部门出于自身利益和落后观念，也对中国存在恐惧感。

南亚国家方面，印度前总理辛格曾表示，印中应继续促进两国经贸合作，印方将积极参与孟中印缅经济走廊和"21世纪海上丝绸之路"建设。新任印度总理莫迪非常希望重振印度经济。斯里兰卡、巴基斯坦、孟加拉政府也均表达了参与建设"21世纪海上丝绸之路"的积极意愿，表示愿与中方加强有关合作。但是，印度一些方面尚对中国存在戒心，认为海上丝绸之路会挤压印度的战略空间。中国在南亚地区的合作倡议前景很大程度上取决于中国与印度的关系。由于历史遗留等问题，中印关系仍存在一些不确定因素。

此外，东盟和南亚等沿线国家的隐性贸易保护壁垒仍然较多，加上近年来东盟国家对中国的贸易开始出现逆差,这将不可避免地引发一些摩擦与矛盾,如印尼、泰国和马来西亚等国家均对中国钢铁产品发起反倾销调查。一些东盟国家的某些部门对中资企业较多的资源开发、较少产业投资和合作表示不满,认为中方掠夺资源,不关注其民众利益。而且东盟和南亚等沿线国家国内的劳资关系问题、宗教问题、社会问题等较为复杂,对企业投资不利。

(2)发达国家企业的竞争

一是日本企业的有力竞争。目前中日关系恶化,日本更加积极地拉拢东盟等国家。东南亚是日本长期以来的重要市场,日本在印度甚至在非洲,都有针对性地跟中国竞争。日本跨国企业在技术实力、企业经营管理方面都具有优势。二是美国、欧盟等发达国家企业的竞争。欧美国家的跨国企业在东南亚、南亚和西亚等市场经营多年,已经具备了丰富的经验并建立起较为成熟的运营和销售网络,厦门企业"走出去"面临不小的压力和激烈的竞争。

2.经济新常态的影响

从厦门本身来看:一是本土生产成本不断上升,传统产业竞争优势弱化。厦门市地价、水电价格高涨,人民币持续升值,导致企业生产成本增加,传统劳动密集型优势产业竞争力出现下滑。相比之下,东盟国家廉价劳动力优势凸显,导致贸易逆差进一步扩大。二是厦门高新技术产业的国际竞争力仍然较弱,高新技术产品对东盟市场的开拓力度不足,新的产业优势尚未建立。尽管厦门市加快了产业升级步伐,但本土高新技术和自主产业发展仍然滞后,尚未实现错位竞争格局。三是厦门市整体工业规模、生产能力、技术相对深圳、上海等一线城市还较为落后,竞争力强的跨国大型企业较少。四是厦门与东盟、南亚等国家的贸易发展迅速,但是相互投资和产业合作滞后于贸易发展。

3.厦门企业的竞争力仍需提高

从企业方面看:一是目前对海上丝绸之路沿线国家投资的更多还是民营企业,其海外经营能力较弱,而且国内企业对劳工权益和环保问题的忽视也经常被质疑。这种质疑不仅关乎商业上的成败,而且会影响国家形象。二是不少民营企业对中国—东盟自贸区优惠政策缺乏了解,使用率不高。

由于政策宣传不足,福建很多企业对中国—东盟自贸区相互开放投资市场和服务贸易市场的政策缺乏深入了解。三是厦门企业开拓东盟市场的营销方式相对落后,主要通过贸易批发商品。而日本、韩国的跨国公司是在投资国培养和雇用当地人才,建立完备的销售网络。四是厦门企业在东盟、南亚等国家和地区开拓市场的压力仍然很大。一些企业认为经济比较落后的国家的消费者对商品的要求不高,产品可以轻易地占领当地市场。而实际上,一些经济比较落后的东盟国家的市场竞争也十分激烈,日、韩、欧、美的产品在当地已经有数十年的市场经验并占领了大量市场份额,因此企业开拓市场的压力依然很大。

第二章

厦门"一带一路"经贸合作的现状

◆ 第一节 ◆
厦门"一带一路"经贸合作的总体情况

一、厦门与"一带一路"沿线国家的贸易

(一)厦门对外贸易的总体情况

厦门市作为经济特区,具有沿海和台湾海峡西岸的地理位置优势。改革开放以来,厦门大力引进外资,拓展对外贸易,对外开放和开放型经济获得了迅速的发展,对外贸易不断增长,外贸竞争力显著提升,取得了许多辉煌的成就。

如表 2-1 所示,2006 年厦门的进出口总额为 327.9 亿美元。除 2009 年受全球金融危机影响出现回落外,厦门的进出口总额一直稳步增长到 2013 年,达到 840.9 亿美元的高峰,2014 年以后逐步回落。2006 年到 2016 年,厦门市外贸进出口总额年均增长达 10.7%,其中出口额年均增长 10.7%,进口额年均增长 10.6%。

表 2-1 厦门市货物贸易进出口情况(2006—2016 年)

单位:亿美元

年份	进出口总额	增长(%)	出口	增长(%)	进口	增长(%)
2006	327.9	14.8	205.1	18.8	122.8	8.7
2007	397.8	21.3	255.5	24.6	142.3	15.8
2008	453.9	14.1	294.0	15.0	159.9	12.4
2009	433.1	−4.5	276.7	−5.9	156.4	−2.1
2010	570.4	31.7	353.2	27.7	217.2	38.7
2011	701.7	23.0	426.4	20.7	275.3	26.8
2012	745.0	6.2	454.0	6.5	291.0	5.7
2013	840.9	12.9	523.5	15.3	317.4	9.1

续表

年份	进出口总额	增长(%)	出口	增长(%)	进口	增长(%)
2014	835.5	−0.6	531.6	1.6	303.9	−4.3
2015	832.9	−0.2	535.0	0.6	297.9	−1.8
2016	5 091.6	−1.5	3 094.2	−6.7	1 997.4	8.0

资料来源：历年《厦门特区统计年鉴》和厦门市商务局，其中2016年数据单位为亿元人民币。

2016年厦门市进出口总额为5 091.6亿元人民币，同比下降1.5%。其中出口额为3 094.2亿元，同比下降6.7%；进口额为1 997.4亿元，同比增长8.0%。2016年厦门市外贸结构进一步优化，进口增幅分别高出全国、全省水平7.4个百分点和7.3个百分点，顺差率同比下降8.8个百分点，贸易更趋平衡。一般贸易比重同比上升1.8个百分点，加工贸易国内增值率同比上升5.6个百分点，服务贸易比重同比上升1.7个百分点，贸易附加值进一步提高。

在传统外贸竞争力弱化的同时，新型贸易方式已成为厦门外贸新的增长点。以外贸综合服务、跨境电商、融资租赁、保税进口展示等为代表的新型贸易方式呈现强劲发展势头。2016年厦门市新型贸易方式出口额同比增速达14.2%，拉动全市出口额同比上升1.2个百分点，主要表现在以下几个方面：一是跨境电商。2016年厦门跨境电商交易额达1 103亿元，占全市外贸比重的21.7%。跨境电商产业园进出境货值增长迅猛，同比增长40%；全市出入境货邮达10.6万吨，同比增长18.1%。二是融资租赁。2016年厦门融资租赁业务发展迅猛，截至2017年3月，厦门累计引进31架租赁飞机，进口额超32亿美元，基础设施建设、船舶、大型设备等领域的融资租赁业务也不断发展。三是保税展示。截至2016年年底，已有19家进口商品直销中心开业，全年销售额达4亿元。酒类保税展示交易价格优势明显，进口量快速增长。2016年全市酒类进口额为16.8亿元，同比增长59.1%，东南红酒交易中心红酒进口增幅更是接近80%。四是外贸综合服务。嘉晟入选全国首批外贸综合服务试点企业，"一达通"正式落户厦门。

在服务贸易方面，2016年厦门市实现服务贸易进出口额90.23亿美元，同比增长 19.2%。其中，出口额为 52.38 亿美元，同比增长 27.4%；进口额为 37.85 亿美元，同比增长 9.4%；实现服务贸易顺差 14.53 亿美元。2016 年全年离岸服务外包合同金额为 18.4 亿美元，执行金额为 16.0 亿美元，分别同比增长 35.0% 和 22.3%，增幅分别高出全国平均水平 13 个百分点和 8 个百分点，规模占全省比重分别达 93.4% 和 93.2%，区域性服务外包中心地位更加凸显。2016 年全市服务外包企业增至 427 家，从业人员增至 8.16 万人，分别同比增长 32.6% 和 49.2%，服务外包企业纳税额超过 30 亿元。自贸片区、软件园等服务外包示范园区进一步做大做强，软件和信息系统运营维护外包、工业研发设计外包、供应链管理外包、专业业务外包、动漫游戏研发和运营外包、金融保险外包等特色服务外包业务加快集聚。①

（二）厦门市与"一带一路"沿线国家的贸易情况②

1.总量情况

2007 年以来，厦门与"一带一路"沿线国家的进出口贸易一直在稳步增长，甚至在金融危机爆发的 2009 年也取得了 5.3% 的增长。2007 年厦门与"一带一路"沿线国家的进出口总额为 85.4 亿美元，2016 年达到 263.1 亿美元，约为 2007 年的 3 倍，2007 年到 2016 年年均增长 13.9%，超过厦门对外贸易总额增速 3.2 个百分点。2014 年以来，在全球贸易萎缩和中国对外贸易整体下滑的背景下，厦门对外贸易总额也连续三年出现下降，但是厦门与"一带一路"沿线国家的贸易却连续三年实现正增长。2015 年，厦门与海上

---

① 数据来源于厦门市商务局（http://www.xmtdc.gov.cn/jmzx/xwdt/201702/t20170203_1514122.htm）。

② 一般认为，"一带一路"沿线国家的范围涵盖 65 个国家，具体包括：(1)中国、蒙古、俄罗斯；(2)东南亚 11 国：印尼、泰国、马来西亚、越南、新加坡、菲律宾、缅甸、柬埔寨、老挝、文莱、东帝汶；(3)南亚及南太平洋 8 国：印度、巴基斯坦、孟加拉国、斯里兰卡、阿富汗、尼泊尔、马尔代夫、不丹；(4)西亚北非 16 国：沙特阿拉伯、阿联酋、阿曼、伊朗、土耳其、以色列、埃及、科威特、伊拉克、卡塔尔、约旦、黎巴嫩、巴林、也门共和国、叙利亚、巴勒斯坦；(5)中东欧 16 国：波兰、罗马尼亚、捷克共和国、斯洛伐克、保加利亚、匈牙利、拉脱维亚、立陶宛、斯洛文尼亚、爱沙尼亚、克罗地亚、阿尔巴尼亚、塞尔维亚、马其顿、波黑、黑山；(6)中亚 5 国：哈萨克斯坦、乌兹别克斯坦、土库曼斯坦、吉尔吉斯斯坦、塔吉克斯坦；(7)独联体其他 6 国：乌克兰、白俄罗斯、克鲁吉亚、阿塞拜疆、亚美尼亚、摩尔多瓦。也有学者认为，"一带一路"是开放的，只要愿意参与都可以算是"丝路国家"。本书从统计角度按照 65 国计算。

丝绸之路沿线国家贸易额达 207.38 亿美元,同比增长 4.4%,其中出口额为 140.04 亿美元,同比增长 10.1%。2016 年,厦门与海上丝绸之路 9 个重点国家(新加坡、马来西亚、泰国、印尼、菲律宾、印度、伊朗、越南、斯里兰卡)的贸易总额逆势增长,同比增长 1.3%。

此外,"一带一路"沿线国家在厦门对外贸易中的重要性不断上升。2007 年,厦门与"一带一路"沿线国家的进出口额占厦门对外贸易总额的 21.5%。此后,该比重逐年增长,到 2016 年已经上升到 31.7%,10 年来平均每年提高 1 个百分点。其中,出口额比重从 2007 年的 20.8% 提升到 2016 年的 35.1%,年均提高 1.4 个百分点;进口额比重从 2007 年的 22.6% 提升到 2016 年的 27.2%,年均提高 0.5 个百分点。"一带一路"沿线国家已经成为厦门对外贸易的重要伙伴。(见表 2-2)

表 2-2　厦门与"一带一路"沿线国家贸易情况(2007—2016 年)

单位:亿美元

年份	进出口额	增长	比重	出口额	增长	比重	进口额	增长	比重
2007	85.4		21.5%	53.2		20.8%	32.2		22.6%
2008	102.9	20.5%	22.7%	68.5	28.8%	23.3%	34.4	6.8%	21.5%
2009	108.4	5.3%	25.0%	72.5	5.8%	26.2%	35.9	4.4%	22.9%
2010	137.0	26.4%	24.0%	89.5	23.4%	25.3%	47.5	32.3%	21.9%
2011	188.5	37.6%	26.9%	119.7	33.7%	28.1%	68.8	44.8%	25.0%
2012	207.0	9.8%	27.8%	134.4	12.3%	29.6%	72.6	5.5%	24.9%
2013	244.0	17.9%	29.0%	162.0	20.5%	30.9%	82.0	12.9%	25.8%
2014	249.5	2.3%	29.9%	166.3	2.7%	31.3%	83.2	1.5%	27.4%
2015	257.5	3.2%	30.9%	178.2	7.2%	33.3%	79.3	−4.7%	26.6%
2016	263.1	2.2%	31.7%	181.3	1.7%	35.1%	81.8	3.2%	27.2%

资料来源:根据历年《厦门特区统计年鉴》和厦门海关数据计算。

2.主要贸易商品

2006—2016 年,厦门对"一带一路"沿线国家的出口商品以工业制成品为主,主要包括液晶显示板、花岗岩制品、服装、鞋靴、大理石制品、伞及鱿鱼、墨鱼等,如表 2-3 所示。厦门对"一带一路"沿线国家的进口商品以石油原油和工业原料为主。其中,石油原油进口额占全部进口额的 46.52%。其他进口商品主要包括特大型飞机及其他航空器、集成电路、原石材料、烟煤、对二甲苯、计算机硬盘、棕榈液油、聚乙烯等,如表 2-4 所示。

表 2-3 厦门对"一带一路"沿线国家主要出口商品(2006—2016 年)

商品编号	商品名称	比重
9013803090	其他液晶显示板	3.01%
6802939000	花岗岩制品	1.91%
9013803000	液晶显示板	1.88%
6103230099	合纤制针织或钩编男便服套装	1.86%
6402200000	将鞋面条带栓塞在鞋底上的鞋	1.67%
6402992900	塑料制鞋面的鞋靴	1.54%
6802919000	大理石制品	1.35%
6601990000	伞	1.28%
6104230099	其他合纤针织或钩编其他女便服套装	1.25%
8528511000	液晶监视器	1.23%
307490000	冻、干、盐制的墨鱼及鱿鱼	1.20%

资料来源:厦门海关。

表 2-4 厦门对"一带一路"沿线国家主要进口商品(2006—2016 年)

商品编号	商品名称	比重
2709000000	石油原油	46.52%
8802402000	特大型飞机及其他航空器	6.85%
8542310000	用作处理器及控制器的集成电路	5.41%
2516110000	花岗岩原石	3.00%

续表

商品编号	商品名称	比重
2515120000	大理石原石	2.68%
2701129000	烟煤	2.08%
2902430000	对二甲苯	1.95%
8471701000	计算机硬盘驱动器	1.73%
1511901000	棕榈液油	1.57%
3901200090	聚乙烯	1.12%

资料来源：厦门海关。

近年来，厦门与"一带一路"沿线国家的贸易结构不断优化。2015年，厦门对"一带一路"沿线国家高新技术产品和机电产品进出口额大幅增长。其中，高新产品出口额为15.81亿美元，进口额为10.04亿美元，分别同比增长19.45%和71.56%。厦门对"一带一路"沿线国家的出口逐渐呈现出以技术、标准、品牌、质量、服务为核心的对外经济新优势。其中，手机零件出口额为6.3亿美元，同比增长3.3倍；工程机械及零件出口额为1.28亿美元，同比增长53.7%；客车出口额为2.77亿美元，同比增长32.2%；飞机发动机及零件出口额为1.08亿美元，同比增长67.7%。"一带一路"外贸出口对稳定经济增长、牵引产业升级的作用日益明显。

3. 贸易方式情况

2006年以来，厦门的贸易方式结构不断优化。2006年厦门进出口中一般贸易方式占比重仅为38.12%，2016年一般贸易方式占比达49.8%。2006—2016年，厦门与"一带一路"沿线国家的贸易以一般贸易为主，一般贸易方式占比达76.09%，进料贸易方式占比为11.57%，修理物品方式占比为4.22%，来料加工方式占比为3.35%，保税仓库方式占比1.91%，保税区仓储转口方式占1.89%，如表2-5所示。

表 2-5　厦门对"一带一路"沿线国家的贸易方式情况(2006—2016 年)

贸易方式代码	贸易方式	比重
0110	一般贸易	76.09%
0715	进料非对口	7.15%
0615	进料对口	4.42%
1300	修理物品	4.22%
0214	来料加工	3.35%
1233	保税仓库货物	1.91%
1234	保税区仓储转口	1.89%
6033	物流中心进出境货物	0.18%
5015	区内进料加工货物	0.16%
0664	进料料件复出	0.15%
4561	退运货物	0.10%
5034	区内物流货物	0.09%
3422	对外承包出口	0.05%
2600	暂时进出货物	0.05%
4600	进料成品退换	0.03%
2225	外资设备物品	0.03%
2025	合资合作设备	0.02%
5014	区内来料加工	0.02%
4400	来料成品退换	0.02%
3339	其他进出口免费	0.01%
9900	其他	0.01%
4500	直接退运	0.01%
1371	保税维修	0.01%

资料来源:厦门海关。

4.服务贸易情况

在全国货物贸易下滑的背景下,厦门市服务贸易实现了连续增长。2016年,厦门实现服务贸易进出口额90.23亿美元,同比增长19.2%。其中,出口金额为52.38亿美元,同比增长27.4%;进口金额为37.85亿美元,同比增长9.4%;实现服务贸易顺差14.53亿美元。

2016年,厦门市服务外包企业接包合同签约金额为27.52亿美元,同比增长44.73%;执行合同金额为22.15亿美元,同比增长31.89%。其中,离岸服务外包接包合同签约金额为18.39亿美元,同比增长34.98%;执行合同金额为16.03亿美元,同比增长22.31%;在岸服务外包接包合同签约金额为9.13亿美元,同比增长69.37%;执行合同金额为6.11亿美元,同比增长66.04%。

厦门承接"一带一路"市场业务规模稳步扩大。2016年,厦门实现业务执行额2.61亿美元,同比增长17.3%,占全市离岸外包执行总额的16.3%。厦门服务外包"一带一路"市场中,新加坡、阿联酋、以色列和俄罗斯最为重要。2016年,新加坡市场发包业务执行额为2.27亿美元,同比增长24.09%,占"一带一路"市场的87.0%;阿联酋市场执行额为1 028万美元,占"一带一路"市场的3.9%;以色列市场执行额为557万美元,占"一带一路"市场的2.1%;俄罗斯市场执行额为359万美元,占"一带一路"市场的1.4%。

(二)厦门市与"一带一路"沿线国家贸易发展存在的问题

1.传统外贸优势减弱,厦门对外货物贸易进入低速转型期

近年来,厦门综合营商成本快速上涨。全国范围的"人口红利"效应减弱在厦门体现得更加明显,厦门人工成本增长速度高于全国水平。从2015年7月起,厦门的企业最低工资标准调整为每人每月1 500元,非全日制用工最低工资标准调整为每小时16元,均为全省最高。此外,厦门房地产价格的快速上涨进一步推动厦门综合营商成本上涨。在此背景下,厦门传统外贸优势开始减弱,部分企业将生产加工环节转移到外地,一些国际采购商也将部分订单分流至东南亚等成本更低的国家和地区。

2014年,厦门对外贸易额出现自2009年以来的首次下降,当年进出口总额同比下降0.6%,其中进口额同比下降4.3%,出口额同比增长1.6%。

2015年厦门进出口总额同比下降0.2%,其中进口额同比下降1.8%,出口额仍保持正增长,但增速回落至0.6%。2016年厦门进出口总额降幅扩大至1.5%,进口额恢复正增长,增速达8.0%,但是出口额同比下降6.7%。厦门自2014年以来连续三年贸易总额下降,可以说,厦门对外货物贸易进入了一个低速转型期,而且可能将持续较长时间。

2."一带一路"沿线国家市场开拓力度不足,竞争激烈

厦门的外贸出口市场比较集中,主要为中国香港、美国、日本及西欧国家(主要是英国、德国、荷兰、法国)等。2014年以来,厦门对这几个主要出口市场的出口量约占厦门外贸出口总量的50%。过于集中的市场降低了厦门对外贸易的抗危机能力。尽管2014年以来,厦门加大了对"一带一路"沿线国家和地区市场的开拓力度,但是目前来看,这些国家在厦门外贸出口中占比仍然不高。目前,厦门对"一带一路"64个国家和地区的贸易额占厦门对外贸易总额的31.7%,其中东盟占比为63.4%。厦门对"一带一路"沿线国家和地区的市场开拓仍有较大的潜力。

当前,欧美、日韩等发达国家的跨国公司的贸易和投资已经遍布各个有市场潜力的国家,厦门企业开拓市场面临着激烈的竞争。以越南为例,日本和韩国近年来持续加大对越南投资的力度。韩国已经成为越南最大的直接投资来源地,其次是日本。2011年至2015年,日本企业在越南的直接投资达到90亿美元,是之前4年的3倍多。2014年和2015年,韩国在越南的投资总额为26亿美元,比之前两年高出30%。厦门企业对"一带一路"沿线国家和地区的市场开拓面临着欧美、日韩等大型跨国公司的激烈竞争,没有一定的核心竞争力将步履维艰。

3.外贸企业盈利能力下降,并面临不少亟待解决的问题

2014年以来,随着企业各项成本的上升和出口市场需求的减少,厦门外贸企业的盈利能力普遍出现下降趋势。目前厦门外贸企业面临的主要困难包括:(1)政府各外贸相关部门的贸易便利化措施仍然需要改善。厦门外贸企业反映,目前税务部门出口退税效率已经大大提高,但是总的来说,退税程序仍比较烦琐、退税周期较长,存在不少退税周期超过6个月甚至长达1年的情况,影响了外贸企业的资金周转;厦门海关和检验检疫等部门的通关效率已经大幅提高,但企业进出口出现了一些新品类商品,而海关和检验检疫等部门的商品目录更新不够及时,影响了企业进出口的通关效率;不同口岸的通关时效、查验比例、报关材料的要求均不相同,执法尺度也时有差别,使外贸企业难以把握;在营改增税收改革实施过程中,一些企业在注册地同一区域内成立的分公司与母公司不被认定具有相同资质,给企业带来额外经营成本。(2)企业经营成本上升过快。近年来人民币汇率波动风险较大,同时厦门市原材料、厂房租金、招用工成本等上升过快,而厦门相关金融机构对外贸企业进出口融资支持力度不足。(3)发展空间不足。由于供地供房不足,厦门一些企业难以实现就地增资扩产。部分企业因厂房面积严重不足,无法继续扩大再生产,直接限制企业承接更多国际订单。(4)海外市场开拓困难。不少厦门企业反映海外市场开拓困难、竞争激烈、贸易保护主义盛行,迫切需要厦门市政府在展会补贴、信用保险、海外市场政策和法律咨询及设立海外分支机构等方面提供更大的支持力度。

二、厦门市与"一带一路"沿线国家的投资

(一)厦门市对"一带一路"沿线国家"引进来"的情况

利用外资是推动经济发展的主要动力之一。改革开放以来,厦门已经形成了全面的对外开放格局,外资利用对厦门市经济、社会的发展起到了极为重要的作用。

截至2015年年底,"一带一路"沿线国家在厦门累计投资项目1 120个,合同利用外资金额为28.7亿美元,实际利用外资金额为21.6亿美元。"一带一路"沿线国家和地区中,东盟一直是除中国香港、中国台湾、日本和美国外厦门利用外资的主要来源地区之一。其中,新加坡是"一带一路"沿线对厦门投资最多的国家,累计在厦门投资523个项目,合同利用外资16.2亿美元,实际利用外资11.8亿美元,占全市实际利用外资比重的3.729%;其次为马来西亚、菲律宾、印尼、泰国、文莱等,如表2-6所示。

表2-6 截至2015年年底厦门市累计引进"一带一路"主要国家(地区)外资情况

单位:万美元

国别(地区)	项目数(个)	合同利用外资	实际利用外资	实际利用外资占全市比重(%)
新加坡	523	162 115	117 703	3.729
马来西亚	141	55 739	48 894	1.549
菲律宾	202	38 908	28 164	0.892
印尼	45	8 302	6 750	0.214
泰国	35	9 424	6 709	0.213
文莱	51	7 089	5 430	0.172
约旦	7	1 533	973	0.031
匈牙利	4	461	135	0.004
土耳其	19	673	250	0.008
孟加拉国	3	229	2	0.000
伊朗	11	294	58	0.002
印度	14	355	112	0.004
波兰	6	91	16	0.001
俄罗斯	6	91	49	0.002
巴基斯坦	1	50	51	0.002
以色列	6	58	87	0.003
叙利亚	4	46	30	0.001
越南	3	40	15	0.000
埃及	5	116	19	0.001
黎巴嫩	5	88	70	0.002
吉尔吉斯斯坦	1	25	0	0.000
阿富汗	1	20	20	0.001

续表

国别（地区）	项目数（个）	合同利用外资	实际利用外资	实际利用外资占全市比重（%）
阿联酋	1	20	22	0.001
捷克	3	196	20	0.001
乌克兰	2	17	7	0.000
沙特阿拉伯	2	14	4	0.000
伊拉克	1	10	10	0.000

资料来源：厦门市统计局。

"一带一路"沿线国家在厦门的投资以通信设备、计算机及其电子设备为主，服务业投资近年来有增加的趋势。2016年以来，厦门服务业已成为吸引"一带一路"沿线国家外资的主要动力。

（二）厦门市对"一带一路"沿线国家"走出去"的情况

本土企业"走出去"，到境外直接投资，对充分利用国内、国外"两个市场、两种资源"，加快拓展海外市场，稳定资源保障，规避贸易壁垒，都具有十分重要的作用。随着"一带一路"倡议的推进及厦门经济实力的不断增强，厦门企业走出海外的步伐明显加快。

1.当前厦门企业"走出去"的情况

自对外投资管理体制从"审批制"转向"备案制"以来，厦门市境外投资呈现迅猛发展态势，企业"走出去"的意愿和紧迫感不断增强，企业"走出去"的项目数量和金额都有大幅度的增长。2014年全市新批境外投资项目101个（占全省的44%），同比增长56.9%；总投资10.5亿美元，同比增长66.5%。其中，中方投资额10.1亿美元（占全省的36.5%），同比增长230%；实际投资额5.6亿美元（占全省的40.6%），同比增长290%。截至2014年年底，厦门市累计审批境外投资项目646个，分布在55个国家和地区，协议投资总额为36.4亿美元，其中中方投资额为27.8亿美元。

2015年以来，厦门市企业对外投资更是出现井喷式增长。2015年，厦门市累计备案对外投资项目103个，协议投资总额27.3亿美元，同比增长

147.7%,其中中方投资额 23.1 亿美元,同比增长 153.9%。2016 年,全市境外投资额突破 50 亿美元大关,跨国并购迅猛增长,投资结构向多领域齐头并进,境外投资规模占据全省半壁江山,区域性"走出去"集聚区初步形成。2016 年厦门市累计备案对外投资项目 391 个,同比增长 240%;协议投资总额 58.7 亿美元,同比增长 185.6%,其中中方投资额 55.3 亿美元,同比增长 179%。并购为厦门企业对外投资最主要的方式,项目数共 133 个,中方投资额为 27.9 亿美元,同比增长 323%。截至 2016 年 10 月末,厦门全市累计登记境外投资项目 1 098 个,分布在 67 个国家和地区,协议投资总额为 115.2 亿美元,其中中方投资额为 103.9 亿美元。①

2.厦门对"一带一路"沿线国家"走出去"的情况

近年来,厦门企业前往海上丝绸之路沿线国家的投资总额和项目规模均有大幅提升,主要投资领域集中在农林渔业、制造业和商务服务业。除东盟地区外,非洲也成为厦门制造业"走出去"新的热点地区。

2014 年,厦门实现对"一带一路"9 个重点国家的投资项目 15 个,投资额为 4 814 万美元,分别同比增长 50% 和 121.9%。其中,对印尼和印度投资均实现"零"的突破(除设立办事处外),且占全年 9 个海上丝绸之路重点国家投资总额的 74%。2015 年以来,"一带一路"沿线国家已经成为厦门市对外投资增长最快的区域。2015 年,厦门对海上丝绸之路沿线国家投资项目共 25 个,实际投资额为 4.56 亿美元,同比增长 8.5 倍。2016 年上半年,厦门市对海上丝绸之路沿线国家投资增长迅猛,中方投资额达 8.5 亿美元,同比增长 5.4 倍,占厦门对外投资总额的 25.3%;并购方式下,中方投资额达 17.4 亿美元,同比增长 2.5 倍,占厦门对外投资总额的 51.7%。

厦门对"一带一路"沿线国家投资的产业结构也逐步多元化,但批发和零售业依然占据主导地位。厦门市属于贸易型经济结构和外向型城市,境外投资行业中批发和零售业投资项目占据主导地位,但近年来对"一带一路"沿线国家投资的领域也逐步呈现多元化的趋势,主要涉及贸易、金融服务、农业开发、旅游服务、资源开发等行业。2016 年,厦门对"一带一路"沿线国家投资额排名前五的行业是批发零售业、房地产业、租赁和商务服务业、

---

① 数据来源于厦门市商务局。

制造业、资源类(农业、林业、渔业、采矿业),五个行业合计占全年境外总投资额的91%。其余项目涉及交通运输业、软件和信息服务业、金融业、科研和技术服务业等多元领域。

(三)厦门市企业向"一带一路"沿线"走出去"存在的一些问题

1. 对外投资体量规模较小,投资主体优势未能很好发挥

从全国同类城市比较来看,厦门市对外投资体量规模较小。其原因在于:(1)厦门市外资企业产值比重较高。外资及港澳台企业在厦门市工业体系中占据主导地位,近五年产值平均占全市的80%,而目前"走出去"的主要力量是民营和国有企业。(2)厦门市拥有一批具备一定比较优势和竞争力的骨干生产企业和行业龙头企业,而这些企业尚未实质性介入境外投资领域。

2. 投资项目数量方面还有提升空间

尽管在境外投资金额总量方面,厦门市在全省中拥有绝对优势,但是在投资数量增速方面,厦门市低于全省平均水平。2014年全省新批境外投资项目230个(同比增长62.0%),泉州新批项目26个(同比增长225%),而厦门市新批项目101个(同比增长56.9%)。其主要原因在于,厦门市的民营企业数量相对较少,制造型企业力量不强,大部分企业还没有能力进行对外投资。

3. 厦门境外投资中生产型项目比例偏低

近年来厦门市境外投资大部分为贸易型项目,生产型项目仅占28%。这与厦门市本身的经济结构有关,但是从全球化资源配置的角度看,厦门境外投资中生产型项目比例相对偏低。中国经济的转型、国际经济环境的变化和"一带一路"的实施都要求厦门企业,尤其是制造业树立全球视野,加快"走出去"的步伐,厦门市需要进一步推进企业生产型项目的对外投资。

4. 国际化人才储备不足

厦门市城市规模偏小,经济规模无法与上海、北京和深圳相比,事业平台相对狭窄,因此对国际化管理人才相对缺乏吸引力。在国际市场中,人才的质量及其才能的发挥效果在很大程度上决定了一个企业竞争力的强弱。厦门市政府十分重视高层人才建设。从"万人计划""千人计划""百人计划",到"双百计划"和"海纳百川"计划,厦门市政府在高层人才引进方面作了巨大努力,但是依然缺乏"走出去"方面的人才。不仅缺乏具有跨国管理经验的人才,还缺乏擅长跨国经营的经营型人才。近几年来,因缺乏相关支撑人才和储备人才,厦门市一些海外投资项目出现搁浅或者亏损等问题。

5.对外投资的扶持力度和服务水平尚需提升

近年来,厦门市进一步完善了"走出去"公共服务体系,建立了"厦门境外投资服务平台"和"厦门走出去服务联盟",并在印度、南非设立了海外投资贸易服务联络点,大大提升了厦门的境外投资服务水平。但从总体上来看,厦门仍处于境外投资发展初期。随着近年来境外投资的迅速发展,企业在投资过程所面临的服务欠缺的问题也日益突出,如投资信息服务、中介服务、法律服务、金融服务等,亟须政府不断完善境外投资的服务平台,拓展服务领域并拟定解决方案,协助企业解决境外投资过程中可能面临的各种问题。

6.厦门"走出去"企业海外融资困难

厦门"走出去"企业由于贷款通则等制度的约束,无法将国内获得的贷款拿到国外去。同时,对外投资企业从境外获得融资比较困难,其主要原因是中国的金融企业还没能真正"走出去"。例如,华为作为一个通信制造装备企业,在100多个国家和地区有业务覆盖和投资,而作为我国国际化程度最高的中国银行,仅在41个国家和地区设立了分支机构。

金融企业没有真正"走出去",严重制约了其他企业"走出去"的步伐。其主要表现为:(1)厦门对外投资企业缺乏长期的外汇资金支持。目前支持"走出去"企业的外汇贷款期限多为3~5年,10年以上的长期贷款较少。(2)境内母公司向境外子公司在境外融资提供担保的审批门槛较高。(3)中国商业银行尚未真正建立起全球授信业务体系。(4)境外投资的政策性金融支持服务不足。目前中国"走出去"政策性金融服务集中于中国进出口银行,但其未能对境外投资提供充分的金融支持。政策性金融机构当前主要侧重于国家确定的一些境外投资重点行业及项目,对其他行业投入较少。对国有企业、大中型企业的支持相对较多,对中小型民营企业海外投资活动的支持偏少。同时,提供政策性金融支持的条件和程序较为严格,很多有志于海外扩张的企业很难真正享受到上述机构提供的金融支持。(5)中国商业银行提供的跨境金融服务不能满足企业需求。中国商业银行境外分支机构的能力不足,布局不合理。中国的银行主要在发达国家和地区设立分行,与中国企业在新兴市场国家的投资存在错位。(6)出口信用保险发展滞后。目前中国出口信用保险对出口及对外投资的支持与发达国家有很大差距,只有中国出口信用保险公司从事这方面业务,缺乏竞争、业务范围狭窄、业务规模较小、保费费率过高,这些都制约了其对境外投资提供的金融支持力度。

7.投资中介机构数量及服务不足

"走出去"企业迫切需要能够提供法律、税务、会计、资产评估、调查、咨询等投资综合信息服务的各类专业中介机构的帮助。中国本土的中介服务机构发展却严重滞后,多数机构在专业能力、信息渠道、人才队伍、国际化服务网络等方面均不能与国际知名企业相抗衡。2013年,国内的会计事务所国际业务额为37亿美元,只占全行业业务总额的7.3%。国际业务几乎被"四大"所垄断。此外,厦门企业"走出去"的一些发展中国家也非常缺乏投资中介服务机构。缺乏投资中介服务和客观的境外投资评估等导致企业疑虑重重,不敢贸然向外发展。

8.企业与东道国政府、社会团体组织等沟通不足

企业在对外投资的过程中,与当地政府、社会团体组织等的沟通交流非常重要。目前来看,中国企业与当地社会组织的沟通尤其不足,造成许多投资项目受到东道国一些社会团体组织的反对而最终失败。

9.投资信息获取渠道不足,反馈机制不健全

国外政府都非常重视信息方面的服务,采取了各种方式为企业搜集海外信息、发布信息,并设立了专门的机构为企业提供咨询服务。例如,美国设立了五个部门专门提供信息和咨询服务,韩国设立了海外投资调查部、海外投资洽谈中心等。中国政府虽然也通过各种途径为企业提供信息,但总体来说还不够完善,在搜集海外企业的信息方面,职责不明确、分工未协调到位,驻外使馆所提供的服务也非常有限,致使企业过分依赖海外中介机构。

厦门企业"走出去"面临着东道国陌生的法律制度、财税制度、环境保护制度,以及新的产业环境、市场环境、文化环境、政治环境、社会环境等一系

列复杂的因素,需要大量的相关信息。目前,不论是厦门还是全国,均缺乏获取海外投资信息的相关渠道,未建立专业的海外投资信息研究分析机构和相应的反馈机制,欠缺专业的对外投资信息服务。

◆ 第二节 ◆
厦门与东盟的经贸合作

一、厦门与东盟的贸易合作

(一)贸易总额的增长情况

1995—2001年,厦门与东盟双边贸易额由7.89亿美元增至10.16亿美元,总增幅为28.8%。其中,厦门各年对东盟的出口贸易额分别为4.81亿美元、4.72亿美元、4.42亿美元、2.54亿美元、2.71亿美元、4.39亿美元、4.73亿美元;厦门从东盟进口贸易额分别为3.07亿美元、4.26亿美元、5.41亿美元、3.73亿美元、3.98亿美元、4.07亿美元、5.43亿美元。

2001年以来,厦门与东盟贸易额增长较快。2001—2016年,厦门与东盟进出口额年均增长20.19%,比全市进出口总额增速高出约3个百分点。其中,厦门对东盟出口额年均增长25.4%,比全市出口总额增速高出2.5个百分点。2009年,受金融危机的影响,厦门进出口总额比2008年下降4.5%,其中出口额下降5.9%,但是对东盟贸易却表现良好,进出口总额逆势增长7%,其中出口额逆势增长15.7%,进口额下降3.1%。

自2010年中国—东盟自由贸易区正式启动以来,厦门对东盟进出口贸易额取得大幅增长,大大高于厦门市平均水平。在中国—东盟自贸区政策的带动下,2011年,厦门市与东盟贸易总额达91.6亿美元,同比增长40.7%,高出全市平均增速17.7个百分点。其中,出口额为50.4亿美元,进口额为41.2亿美元,分别同比增长37.5%和44.8%,分别高出全市出口、进口平均增速 16.8 个百分点和 18 个百分点;进出口额、出口额、进口额占全市比重分别达 13.0%、11.8%和 15.0%,较上年分别提高 1.6 个百分点、1.4 个百分点和 1.9 个百分点。东盟继续稳居厦门市第三大贸易伙伴,仅次于欧盟和美国。

2013 年,厦门与东盟的贸易总额达 120.6 亿美元,同比增长 16.6%。其中,出口额为 75.4 亿美元,进口额为 45.2 亿美元,分别同比增长 23.7%和 6.4%。东盟超越美国成为厦门第一大贸易伙伴。同期,厦门与美国、欧盟的贸易额分别为 120.3 亿美元和 118.5 亿美元,分别同比增长 10.3%和 19.2%。美国与欧盟分居厦门第二和第三大贸易伙伴。

2014 年以来,受全球贸易萎缩和国内经济新常态的影响,厦门对外贸易总额出现连续三年的下降,但是厦门与东盟的贸易额却在 2014 年小幅下降后,连续在 2015 年和 2016 年取得超过 10%的增长,如表 2-7 所示。

表 2-7 厦门与东盟进出口总额发展情况(2000—2016 年)

单位:亿美元

年份	进出口总额	同比增长率(%)
2000	8.5	——
2001	10.2	20.16
2002	16.6	63.18
2003	20.0	20.67
2004	24.1	20.36
2005	28.0	16.32
2006	34.0	21.44
2007	42.5	25.01
2008	46.9	10.19
2009	50.2	7.05
2010	65.0	29.50
2011	91.5	40.70

续表

年份	进出口总额	同比增长率(%)
2012	103.0	12.53
2013	121.0	17.49
2014	114.8	−5.15
2015	129.6	12.89
2016	143.5	10.73

资料来源:作者根据厦门市商务局提供的相关数据及相关年份的《厦门经济特区统计年鉴》计算得出。

2009年以来,厦门与东盟贸易总额在厦门对外贸易总额中的比重不断增加。2009年,厦门与东盟贸易总额在厦门对外贸易总额中的比重为11.65%,2013年为14.34%,平均每年增加0.54个百分点。2014年,在全国外贸出现下滑的情况下,厦门与东盟贸易总额也略有下降,较2013年下降了5.15%。2015年,厦门与东盟贸易总额达129.6亿美元,同比增长12.89%,占厦门同期对外贸易总额的14.59%,如表2-8所示。东盟成为厦门的第二大贸易伙伴,仅次于美国。

东盟国家中与厦门贸易量较大的国家包括菲律宾、马来西亚、泰国、越南、新加坡和印尼这六个国家。2015年,这六国的贸易额占厦门对外贸易总额的14.28%。其中,菲律宾、马来西亚、泰国三个国家的贸易额占东盟与厦门贸易总额的64%。

(二)货物贸易的商品结构

目前厦门与东盟的贸易中,自东盟进口的商品主要为高新技术产品和大宗原材料,包括计算机硬盘驱动器、计算机自动数据处理设备、液晶显示板、化工原料、植物油、矿产品等;向东盟出口的商品则以高新技术产品和劳动密集型产品为主,包括农产品、纺织品、液晶显示板、伞、已加工大理石等,如表2-9所示。

表 2-8 东盟国家占厦门贸易总额的比重 (2009—2015 年)

单位：亿美元

年份 国别 (地区)	2009 进出口额	2009 比重(%)	2010 进出口额	2010 比重(%)	2011 进出口额	2011 比重(%)	2012 进出口额	2012 比重(%)	2013 进出口额	2013 比重(%)	2014 进出口额	2014 比重(%)	2015 进出口额	2015 比重(%)
马来西亚	14.03	3.24	16.24	2.85	18.96	2.70	20.76	2.79	27.89	3.32	27.31	3.27	25.73	3.09
泰国	10.66	2.46	13.93	2.44	17.19	2.45	17.64	2.37	17.05	2.03	15.30	1.83	25.10	3.01
新加坡	7.65	1.77	8.54	1.50	10.28	1.47	11.86	1.59	12.98	1.54	13.79	1.65	13.64	1.64
菲律宾	7.62	1.76	10.69	1.87	16.12	2.30	23.94	3.21	29.20	3.47	26.94	3.22	28.94	3.47
印尼	6.11	1.41	9.25	1.62	17.67	2.52	15.50	2.08	15.03	1.79	14.25	1.71	14.24	1.26
越南	4.10	0.95	5.72	1.00	10.25	1.46	12.03	1.62	16.45	1.96	14.41	1.72	15.04	1.81
柬埔寨	0.25	0.06	0.35	0.06	0.36	0.05	0.56	0.08	0.70	0.08	0.84	0.10	1.14	0.14
缅甸			0.24	0.04	0.49	0.07	0.70	0.09	0.99	0.12	1.54	0.18	1.33	0.16
文莱			0.09		0.20	0.03			0.26	0.03	0.29	0.03	0.11	0.01
老挝									0.48		0.13	0.02		
合计	50.42	11.65	65.05	11.38	91.52	13.05	102.99	13.83	121.03	14.34	114.80	13.73	125.27	14.59

资料来源：作者根据相关年份《厦门经济特区统计年鉴》计算得出。

表 2-9　2006—2016 年厦门与东盟的主要贸易商品

国别(地区)	主要贸易商品
东盟	计算机硬盘驱动器、计算机自动数据处理设备、镍矿砂及其精矿、棕榈液油、褐煤、对二甲苯、液晶显示板、未漂白全棉平纹府绸及细平布、柑橘、伞、已加工大理石及蜡石及制品(包括已加工石灰华及制品)
菲律宾	未漂白全棉平纹府绸及细平布、将鞋面条带栓塞在鞋底上的鞋、橡胶或塑料制外底及鞋面、伞、濒危冻鱼、(千克)镍矿砂及其精矿、集成电路、计算机硬盘驱动器、计算机自动数据处理设备、褐煤
马来西亚	液晶显示板、柑橘、神香及其他通过燃烧散发香气制品、棕榈液油、集成电路、数字式单片集成电路、计算机硬盘驱动器、计算机自动数据处理设备、5-7 号燃料油
印尼	柑橘、液晶显示板、合金钢角材、型材及异型材、伞、蒜头、褐煤、对二甲苯、棕榈液油、镍矿砂及其精矿
新加坡	合金钢角材、型材及异型材(艘)载重量不超过 15 万吨散货船、已加工花岗岩及制品、计算机硬盘驱动器、计算机自动数据处理设备、液晶显示板、聚乙烯、石油沥青、1,2-乙二醇、5-7 号燃料油
泰国	液晶显示板、含野生动物皮的鞋面及其零件、伞、计算机硬盘驱动器、计算机自动数据处理设备、天然橡胶烟胶片、摄像机及摄录一体机的零件、对二甲苯、天然胶乳
越南	纺织原料及纺织制品、机器、机械器具、电气设备及其零件；录音机及放声机、石料、石膏、水泥、石棉、云母及类似材料的制品；陶瓷、无烟煤、塑料及其制品；橡胶及其制品

资料来源：厦门市商务局外贸处。

(三)国别结构

厦门与东盟的贸易中,厦门与新加坡、马来西亚、菲律宾、泰国、印尼和越南的贸易额占厦门与东盟贸易总额的 90% 以上。2000 年以来,新加坡所占比重呈下降趋势,菲律宾与越南所占比重上升趋势比较明显。2000 年,越南与厦门贸易额占东盟与厦门贸易总额还不到1%,2013年,该比重已经达到13.6%。目前,越南已经超过印尼和新加坡,成为厦门在东盟中排名第四的重要贸易伙伴。

2000年,新加坡是厦门在东盟中最大的贸易伙伴。当年厦门与新加坡的进出口额占与东盟贸易总额的三成左右。但之后新加坡与厦门的贸易额增速开始逐渐低于越南、菲律宾等国;其所占比重也不断下降,2008年首次低于20%,2015年为10.89%,低于菲律宾、马来西亚、泰国、越南和印尼。

2003—2011年,马来西亚代替新加坡成为厦门在东盟国家中最大的贸易伙伴。而2009年以来,厦门与菲律宾的贸易增长迅速。2009年,厦门与菲律宾贸易额为7.6亿美元,2015年已经增长到29亿美元,6年时间翻了近4倍。2012年,菲律宾与厦门的贸易额占东盟与厦门贸易总额的23.24%,首次超过了马来西亚。目前,菲律宾已经成为厦门在东盟中最大的贸易伙伴,具体见表2-10。

表2-10 主要东盟国家与厦门的贸易额占东盟与厦门贸易总额的比重(2000—2015年)

年份	新加坡	马来西亚	菲律宾	泰国	印尼	越南
2000	33.09%	26.95%	11.91%	16.53%	11.51%	0.00%
2001	29.28%	27.47%	17.35%	13.63%	11.14%	1.13%
2002	27.97%	27.14%	22.41%	12.56%	8.15%	1.77%
2003	28.28%	32.02%	17.36%	12.96%	8.28%	1.12%
2004	25.86%	31.06%	16.52%	14.39%	10.02%	2.15%
2005	26.20%	29.91%	16.52%	15.06%	9.83%	2.48%
2006	27.11%	26.59%	17.83%	15.22%	8.86%	4.38%
2007	25.68%	26.24%	20.91%	13.90%	8.87%	4.39%
2008	17.26%	29.48%	16.24%	20.55%	11.74%	4.72%
2009	15.25%	27.96%	15.19%	21.24%	12.18%	8.17%
2010	13.00%	24.96%	16.43%	21.41%	14.22%	8.80%

续表

年份	新加坡	马来西亚	菲律宾	泰国	印尼	越南
2011	11.23%	20.72%	17.61%	18.78%	19.31%	11.20%
2012	11.52%	20.16%	23.24%	17.13%	15.05%	11.65%
2013	10.73%	23.04%	24.13%	14.09%	12.40%	13.60%
2014	12.02%	23.78%	23.47%	13.33%	12.41%	12.55%
2015	10.89%	20.54%	23.10%	20.04%	11.37%	12.01%

资料来源:作者根据相关年份《厦门经济特区统计年鉴》计算得出。

二、厦门与东盟的投资合作

截至2015年年底,东盟成员国中的新加坡、马来西亚、菲律宾、泰国、印尼、文莱、越南、柬埔寨8个国家在厦门有投资活动,共投资1 000个项目,合同外资金额为28.2亿美元,实际利用外资金额为21.4亿美元。

以上东盟国家2003—2015年在厦门投资的行业分布为:第一产业占2.3%,第二产业占82%,第三产业占15.7%。

东盟在制造业投资涉及的行业有食品、纺织服装、医药、光学玻璃、轴承、模具、专用设备、汽配、电气机械、计算机及电子器件(含光电子器件)。其中比重最大的是计算机及电子器件制造业,该行业合同外资金额占制造业合同外资总额的38%;其次为电器机械,占11%;再次为专用设备,占8.7%。

截至2015年年底,在厦门投资金额最多的东盟国家是新加坡,共投资523个项目,实际利用外资达到11.8亿美元,占东盟在厦门总投资的55%;其次为马来西亚和菲律宾,分别占22.9%和13.2%,具体见表2-11。

2014年以来,随着国家"一带一路"倡议的推进,厦门市对东盟国家投资也呈现大幅增长的趋势。2014年,厦门新增对东盟投资约4 600万美元,同比增长120.3%,其中对印尼的投资实现"零"的突破。较大的项目有厦门南太渔业公司与马来西亚YDS集团合资项目、厦门三达公司在新加坡独资设立的三达投资控股有限公司、厦门信达安贸易有限公司在新加坡独资设立的信达安资源有限公司、厦门新长诚钢构浪板有限公司在越南独资设立的新长诚(越南)有限公司、厦门峰合投资有限公司并购的印尼甬金投资有限公司等。

表2-11 东盟国家在厦门投资情况（截至2015年12月）

国别（地区）	项目数（个）	合同利用外资（万美元）	实际利用外资（万美元）
新加坡	523	162 115	117 703
马来西亚	141	55 739	48 894
菲律宾	202	38 908	28 164
印尼	45	8 302	6 750
泰国	35	9 424	6 709
文莱	51	7 089	5 430
越南	3	40	15
柬埔寨	0	47	0

资料来源：厦门市商务局。

三、交通方面的交流合作

（一）航空领域

在航空方面，厦门一直以来都是中国重要的口岸机场之一，主要国际航线覆盖的正是东南亚地区。在主动融入"一带一路"建设中，东南亚地区成为厦门拓展空中航线网络的重点方向。因航班密度大、签证便捷，厦门机场的东盟旅客市场已逐步成形。目前厦门机场国际旅客吞吐量已经突破2 000万人次，排名全国第10位。其中东南亚航线排名全国第4，是中国东南沿海面向东南亚的区域性航空枢纽。厦门市已开通6条东南亚国际飞机航线，周航班量达到120个架次。厦门设有菲律宾、新加坡、泰国领事馆，办理出国签证最快只需2天。

在厦门的东南亚国际航线中，厦航是"主力军"。近几年来，厦航持续加大东南亚方向航线布局力度。2013年10月，厦航开通厦门—雅加达航线，恢复厦门—曼谷航线。2014年，厦航新开柬埔寨暹粒航点，加密吉隆坡和新加坡航线。2015年3月，厦航新辟厦门—马尼拉、泉州—马尼拉航线。目前，厦航在东南亚的航线涉及马来西亚、新加坡、印尼、泰国、柬埔寨、菲律宾

6个国家,这些都是"21世纪海上丝绸之路"沿线的重点国家。2016年,厦航开通了厦门—胡志明航线、福州—哥打基纳巴卢(沙巴)航线,此外还大幅优化调整了东南亚曼谷、吉隆坡、雅加达等地的航线网络布局,加密厦门—巴厘岛、厦门—吉隆坡、厦门—新加坡、福州—新加坡这4条市场需求旺盛的国际航线,持续增大东南亚市场运力投放,构建区域桥梁枢纽。

航空货运方面,2010年7月,海西地区首条东盟全货机航线正式开通,并在厦门空港顺利实现首航。该航线为香港—厦门—香港—曼谷,投放机型为波音737,是继国航、澳航、胜安、华信航空等的东南亚航线之后,厦门空港首次开通的全货机东南亚航线。该航线的开通将有效缓解厦门空港目前运力不足的问题,同时改善厦门空港货运航班此前以欧美线为主的运输结构。

(二)海运领域

厦门目前已经开通的与东盟国家的海上航线共有17条(含经停),包括厦门—马尼拉、青岛—厦门—雅加达、青岛—厦门—马尼拉、香港—厦门—宁波—新加坡、连云港—厦门—新加坡—雅加达、厦门—西贡—曼谷、厦门—香港—海防、厦门—雅加达—林查班、厦门—胡志明—林查班、上海—厦门—马尼拉—林查班、胡志明—香港—厦门—釜山、林查班—香港—厦门—新加坡—雅加达、厦门—釜山—上海—宁波—马尼拉、海防—香港—厦门—釜山、釜山—香港—海防—蛇口、香港—厦门—仁川—海防、马尼拉—香港—厦门—大阪—东京—马尼拉等,每月超过200个航班靠港作业。预计到2020年,厦门港与"21世纪海上丝绸之路"沿线国家和地区的海上航线将达40条以上。

2015年5月,厦门港与马来西亚巴生港签署了友好港意向书,双方将围绕"一带一路"倡议、福建自贸试验区及厦门邮轮母港建设等方面展开合作。厦门港为"21世纪海上丝绸之路"的重要枢纽港,也是海西港口群的龙头港。2016年,厦门港集装箱吞吐量达960万标箱,位列全国第7位、世界第16位。巴生港被称为海上丝绸之路的重要驿站,是马来西亚最大的港口、海上门户。2016年,巴生港集装箱吞吐量约为1 100万标箱,位列世界第12位。

四、其他方面的交流合作

(一)旅游领域

新加坡、马来西亚、泰国等东盟国家一直是厦门人最青睐的旅游目的地。厦门旅游局多次到东盟主要国家进行旅游推介活动。从接待的过夜外国旅游者的情况看,2000 年厦门接待东盟国家旅游者 7.9 万人次;2008 年接待人数达到 18.7 万人次,增长了 1 倍多;由于金融危机的影响,2009 年接待人数又回落到 18.5 万人次,2009 年以来,厦门接待的东盟国家旅游者的人数快速增长,2016 年达到 29.4 万人次。具体见表 2-12。

表 2-12　厦门接待东盟国家过夜旅游者情况(2000—2016 年)

年份	过夜旅游者人次(万人次)
2000	7.9
2001	9.6
2002	11.3
2003	12.4
2004	13.5
2005	16.1
2006	17.9
2007	18.3
2008	18.7
2009	18.5
2010	19.9
2011	21.7
2012	23.1
2013	25.3
2014	23.9
2015	26.7
2016	29.4

资料来源:厦门市旅游局。

2016年,厦门开通了海上丝绸之路东盟友好旅行线路,以及厦门和东盟邮轮母港互为母港的邮轮航线,这将进一步促进厦门与东盟在旅游领域的往来。

(二)文化教育领域

厦门大学在马来西亚设立了中国第一所海外大学。2014年10月,厦门大学马来西亚校区破土动工,标志着中国第一所海外大学正式诞生。厦门大学马来西亚分校位于马来西亚首都吉隆坡西南45千米处,占地约911亩,总建筑面积计划为47万平方米,在校生总规模为1万人,包括本科生、硕士、博士三个教育层次。其中,生源以马来西亚等东南亚国家为主。2015年秋季,厦门大学马来西亚分校首批招收了203名学生。分校设立了信息科学与技术学院、海洋与环境学院、经济与管理学院、中国语言与文化学院和医学学院五个学院,采用英语教学,所授学位得到中国和马来西亚两国教育部的认证。2016年4月,厦门大学马来西亚分校又在当地招收了308名预科生。2016年7月,厦门大学马来西亚分校首次招收440名中国留学生。

厦门大学南洋研究院(前身为南洋研究所)创办于1956年,是中国最早设立的东南亚研究机构,也是中国最早设立的国际问题研究机构之一。1996年,该研究所升格为研究院。随后,南洋研究院成为国家"211工程"建设子项目的机构。2000年9月,在此基础上组建的厦门大学东南亚研究中心被教育部批准为人文社会科学重点研究基地。2004年11月,研究院入选国家"985工程"哲学社会科学创新基地。厦门大学南洋研究院常年与东盟国家进行各种留学生交流、学术访问等教育学术交流活动。此外,厦门社会科学院、厦门理工学院设立的"21世纪海上丝绸之路与厦门发展研究中心"也积极与东盟国家相关研究机构进行各种学术交流活动。

2012年以来,厦门已经举办了四届南洋文化节。南洋文化节由厦门市人民政府外事办公室、菲律宾驻厦门总领事馆、新加坡驻厦门总领事馆、泰国驻厦门总领事馆联合主办,中国外交部参与并直接指导,东盟10国全员参会。2014年南洋文化节推出了"2014南洋研讨会",为中国与东盟的全面深入合作提供高端平台,并举办南洋商品展、南洋美食节、南洋文艺会演等三大活动。

此外,厦门市还举办了"国际海洋周"。厦门"国际海洋周"由中国国家海洋局、厦门市人民政府、联合国开发计划署驻华代表处、东亚海域环境管理区域项目组织和厦门大学共同举办。该活动自2005年创办以来,已发展成为一个公众广泛参与的海洋文化节日,一个全球海洋政策、科学技术、决策和行动的交流平台,并且已经成为厦门蜚声国际的一张"烫金名片"。厦门还将在此基础上举办"中国—东盟海洋合作论坛"。

◆ 第三节 ◆
厦门与南亚国家的经贸合作

一、厦门与南亚国家的贸易合作

厦门与南亚四国(印度、巴基斯坦、斯里兰卡、孟加拉)的贸易以印度为主,厦门与印度的贸易总额约占厦门与南亚四国贸易总额的70%。2007年,厦门与印度的贸易总额为6.6亿美元,2015年已经达到16.4亿美元,年均增长11.5%。但是横向比较来看,印度市场在厦门对外贸易总额中的比重变化不大,近年来基本维持在2%左右,所占比重不高,未来仍有相当大的潜力。

巴基斯坦与厦门的贸易总额是南亚国家中增长最快的。2007年巴基斯坦与厦门的贸易总额仅为3 700万美元,2015年已经增长到4.4亿美元,8年时间增长了约11倍,年均增长近40%。同时,巴基斯坦市场在厦门对外贸易总额中的比重也从0.09%提高到0.53%。2007年斯里兰卡与厦门的贸易总额为2 400万美元,2015年增长到1.1亿美元,年均增长约23%。2015年斯里兰卡与厦门的贸易总额占厦门对外贸易总额的0.13%。2007年孟加拉与厦门的贸易总额为3 900万美元,2015年增长到2.4亿美元,年均增长约28%。2015年孟加拉与厦门的贸易总额占厦门对外贸易总额的0.28%,

具体见表 2-13。

表 2-13 厦门与南亚四国的贸易情况

单位：万美元

年份	印度			巴基斯坦			斯里兰卡			孟加拉		
	进出口额	增长(%)	比重(%)	进出口额	增长(%)	比重(%)	进出口额	增长(%)	比重(%)	进出口额	增长(%)	比重(%)
2007	66 002			3 713			2 359			3 879		
2008	80 278	21.6	1.77	4 019	8.2	0.09	2 631	11.5	0.06	5 870	51.3	0.13
2009	86 786	8.1	2	4 936	22.1	0.11	2 789	5.9	0.06	6 259	6.5	0.14
2010	115 026	32.7	2.02	7 593	53.5	0.13	3 803	36.4	0.07	11 986	92.7	0.21
2011	146 578	27.5	2.09	14 043	85.3	0.2	6 215	63.4	0.09	10 844	−9.5	0.15
2012	139 448	−4.7	1.87	19 315	37.5	0.26	6 884	10.8	0.09	13 263	22.3	0.18
2013	151 022	8.3	1.8	26 936	39.5	0.32	6 806	−1.1	0.08	16 402	23.7	0.2
2014	175 746	16.4	2.1	34 302	27.3	0.41	7 630	12	0.09	19 337	17.9	0.23
2015	164 389	−6.1	1.97	44 421	29.5	0.53	11 103	46	0.13	23 500	21.6	0.28

资料来源：作者根据相关年份《厦门经济特区统计年鉴》计算得出。

厦门向印度出口的主要商品包括液晶监视器、伞、发动机零件、液晶显示面板、鞋靴和电话机等，厦门从印度进口的主要商品包括花岗岩原石、铁矿砂、棉纱、皮革等；厦门向巴基斯坦出口的主要商品包括鞋靴、瓷砖制品、纸尿裤、服装、铝箔等，厦门从巴基斯坦进口的主要商品包括大理石原石、棉布、大米、皮革、铜等；厦门向斯里兰卡出口的主要商品包括鱼及鱼罐头、伞、聚酯弹力丝、服装、纸尿裤、客车等，厦门从斯里兰卡进口的主要商品包括橡胶轮胎、红茶、锆矿砂、花岗岩原石等；厦门向孟加拉出口的主要商品包括圆形针织机、聚酯弹力丝、伞、橡胶轮胎、织物等，厦门从孟加拉进口的主要商品包括皮革、黄麻、螃蟹等。

二、厦门与南亚国家的投资合作

厦门与南亚国家的投资合作还处于起步阶段,目前双向投资金额都比较小。截至 2015 年年底,厦门吸引印度投资项目 14 个,合同金额为 355 万美元,实际利用金额为 112 万美元;吸引孟加拉投资项目 3 个,合同金额为 229 万美元,实际利用金额为 2 万美元;吸引巴基斯坦投资项目 1 个,合同金额为 50 万美元,实际利用金额为 51 万美元。

印度是厦门的重要贸易伙伴。2014 年双方贸易额达 17.6 亿美元,居金砖国家首位。近年来,印度作为世界的主要新兴经济体,成为国际投资的热点,厦门企业也纷纷前往印度考察投资。随着"一带一路"建设的推进,厦门企业向印度"走出去"也取得了初步的成果。厦门姚明织带有限公司于 2013 年在印度投资设立了瑞贝丝公司,成为厦门企业赴印度投资的"领头羊"。该项目拉开了厦门企业对印度投资的序幕。

2015 年,厦门首个海外投资贸易服务联络点在印度孟买成立。该联络点借助姚明织带在印度投资设立的瑞贝丝公司,发挥服务平台的作用。联络点主要职能包括:建立与当地官方招商引资和贸易促进部门、民间主要商会、知名展会平台、知名企业的常态化联系机制;配合厦门在当地举办的招商引资、贸易促进、旅游推介等活动;协助到访当地的厦门开拓国际市场和招商引资团组开展工作;组织当地商会、企业团组到厦门参访洽谈;推荐当地矿产资源、农业渔业合作、制造业等项目与厦门对接;进行重点行业市场调研;发布当地投资贸易信息等。姚明织带已经在印度站稳脚跟,生产规模正不断扩大,近年来每年在印度的销售额增长在 30%～50%。[①] 2017 年 3 月,中国—印度贸易投资旅游推介会在厦门举行,进一步向国内企业展示印度当前的投资机遇,推进双方的投资合作。

---

① 叶子申.厦门这家公司再投 2 亿赴印度设厂,欲做"织带大王"[N].海西晨报,2017-02-15.

◆第四节◆
厦门与中东欧国家的经贸合作

一、厦门与中东欧国家的贸易

中东欧是"丝绸之路经济带"沿线的重要区域。中国近年来与中东欧关系发展很快,厦门与中东欧的 12 个国家都有贸易往来。2008 年,厦门与中东欧进出口额为 10.5 亿美元,2015 年增长到 19.5 亿美元,占厦门对外贸易总额的 2.35%。厦门与中东欧国家的贸易,以波兰、斯洛伐克、匈牙利和捷克四个国家为主,这四国占厦门与中东欧贸易总额的 80% 以上。波兰是厦门在中东欧最大的贸易伙伴。2015 年,波兰与厦门进出口总额达 8.3 亿美元,占全市对外贸易总额的 1%,如表 2-14 所示。总体来看,厦门与中东欧贸易自 2013 年以来有了较大的增长,但在厦门对外贸易中所占比重不高,仍有很大的发展潜力。

表 2-14　厦门与中东欧国家的贸易情况(2008—2015 年)

单位:万美元

国别(地区)	2008	2009	2010	2011	2012	2013	2014	2015	2015 年占全市比重(%)
波兰	27 256	27 890	36 583	49 461	38 373	71 466	71 792	83 093	1.00
斯洛伐克	24 702	17 899	19 194	19 372	16 633	37 284	41 962	39 313	0.47
匈牙利	11 903	14 440	20 804	18 354	27 065	28 663	27 341	24 802	0.30
捷克	12 135	6 812	8 458	10 913	9 181	9 548	17 959	14 067	0.17
罗马尼亚	5 589	6 032	7 174	9 561	7 890	9 365	8 774	8 096	0.10
斯洛文尼亚	2 898	2 546	3 600	5 380	5 378	7 267	7 656	6 635	0.08
保加利亚	2 189	1 656	2 969	5 260	2 195	2 963	3 985	4 291	0.05
克罗地亚	13 233	11 565	8 181	9 516	7 156	7 815	4 347	4 227	0.05

续表

国别（地区）	2008	2009	2010	2011	2012	2013	2014	2015	2015年占全市比重（％）
拉脱维亚	1 450	—	1 182	2 411	3 636	4 033	4 698	3 969	0.05
爱沙尼亚	1 046	1 065	1 101	1 230	1 723	1 738	1 483	1 529	0.02
阿尔巴尼亚	—	—	693	1 053	1 297	1 605	1 503	1 995	0.02
立陶宛	2 167	1 358	1 510	3 350	2 972	3 848	4 175	3 240	0.04
合计	104 568	91 263	111 449	135 861	123 499	185 595	195 675	195 257	2.35

资料来源：作者根据相关年份《厦门经济特区统计年鉴》计算得出。

厦门向中东欧国家出口的主要商品包括液晶显示板、电视机、石材、箱包、鞋靴、纺织物等，厦门从中东欧国家进口的主要商品包括机器零部件、硬盘驱动器、机械设备、木材、原石、矿产品等。

二、中欧（厦门）班列

2015年8月，中欧（厦门）班列正式开始运营，它是全国自贸试验区开出的首条中欧班列。中欧（厦门）班列发展迅速，从最初的一周一班，加运到每周两班乃至三班。2016年4月，中欧（厦门）班列通过海铁联运延伸至台湾地区，推进与东盟国家物流对接，将海上丝绸之路与陆上丝绸之路连接起来。2016年10月，厦门作为枢纽节点列入国家《中欧班列建设发展规划（2016—2020年）》，获海关总署支持建设多式联运监管中心，并开通德国纽伦堡和荷兰蒂尔堡两个新的终点站。截至2016年12月31日，中欧（厦门）班列累计发运103列，共2 789大柜（5 578标箱），累计货值14.22亿元人民币。得益于班列的迅猛发展，2016年厦门对波兰的铁路运输出口货值同比增长了10倍，铁路运输首次超过空运成为厦门第二大出口运输方式。

2016年12月，中欧（厦门）班列作为加入"安智贸"项目的首条铁路航线正式运营，为福建及周边地区，乃至中国台湾及东南亚地区的企业搭建起一条通往欧洲贸易的绿色通道。"安智贸"项目全称"中欧安全智能贸易航线试点计划",是全球第一个全面实施世界海关组织《全球贸易安全与便利标准框架》的国际合作项目,通过中、欧海关及海关与企业间合作,实现对集装箱及箱内货物的全程监控,建立安全、便利、智能化的国际贸易运输链。

"安智贸"项目可以使企业在中、欧海关获得三大便利:一是监管互认。出口国对货物实施查验的,进口国原则上不再实施查验,节省了企业通关成本,提高了物流全链条通关时效。二是优先通关。有"安智贸"标识的货物可优先办理海关手续,企业通关便捷。三是降低由恐怖主义事件引发的全球供应链中断的风险。一旦恐怖事件发生,"安智贸"能帮助企业贸易在最短时间内恢复,并给参与企业一定的经济支持。[①]

三、厦门与中东欧的投资合作

厦门与中东欧国家的投资合作才刚刚起步。截至 2015 年年底,匈牙利、波兰等中东欧 5 国在厦门共投资 15 个项目,合同利用外资金额为 802 万美元,实际利用外资金额为 176 万美元,在厦门利用外资总额中占比很小,其中匈牙利是中东欧国家中在厦投资最多的国家。厦门企业赴中东欧投资目前也很少,双向投资仍有很大的发展空间,具体见表 2-15。

表 2-15　中东欧国家在厦门投资情况(截至 2015 年年底)

单位:万美元

国别	项目数(个)	合同利用外资金额	实际利用外资金额
匈牙利	4	461	135
波 兰	6	91	16
捷 克	3	196	20
罗马尼亚	1	5	5
拉脱维亚	1	49	0
合 计	15	802	176

资料来源:作者根据相关年份《厦门经济特区统计年鉴》计算。

---

① 李晓平.中欧(厦门)班列再升级[N].厦门日报,2017-01-17.

◆ 第五节 ◆
厦门与俄蒙中亚国家的经贸合作

一、厦门与俄蒙中亚国家的贸易合作

厦门与俄蒙中亚国家的贸易总量较小,且相对东盟等区域来说,整体增长较为缓慢且波动较大。俄罗斯是厦门在俄蒙中亚国家中最大的贸易伙伴。2008年,俄罗斯与厦门的贸易总额为5.9亿美元,2015年增长到9.2亿美元,占厦门对外贸易总额的1.11%,年均增长约8.0%;其次为乌克兰,2008年,乌克兰与厦门的贸易总额为3.3亿美元,2015年增长到5.2亿美元,占厦门对外贸易总量的0.62%,年均增长约8.2%;第三位是吉尔吉斯斯坦,2008年吉尔吉斯斯坦与厦门贸易总额为1.1亿美元,之后呈现缓慢下降趋势,2015年双方贸易额为0.8亿美元,约占厦门对外贸易总量的0.1%。此外,蒙古、哈萨克斯坦、格鲁吉亚、塔吉克斯坦、阿塞拜疆、白俄罗斯等国家与厦门均有贸易往来,但贸易总量很少,厦门与俄蒙中亚国家的贸易总额仅占厦门对外贸易总额的2%,仍有很大的发展潜力,具体见表2-16。

表2-16 厦门与俄蒙中亚国家的贸易情况(2008—2015年)

单位:万美元

国别(地区)	2008	2009	2010	2011	2012	2013	2014	2015	2015年占全市比重(%)
俄罗斯	58 781	43 147	70 710	89 264	102 903	124 524	127 977	92 099	1.11
乌克兰	33 321	21 889	23 525	36 798	27 311	32 810	51 488	51 961	0.62
吉尔吉斯斯坦	10 881	8 018	3 443	9 050	7 791	7 166	10 731	8 281	0.10
蒙古	—	—	385	2 464	—	—	—	—	

续表

国别(地区)	2008	2009	2010	2011	2012	2013	2014	2015	2015年占全市比重(%)
哈萨克斯坦	—	—	1 251	2 202	1 717	5 034	7 201	4 448	0.05
格鲁吉亚	568	591	532	1 952	2 788	2 221	1 219	1 537	—
塔吉克斯坦	10	20	1 042	1 816	56	43	18	20	—
阿塞拜疆	86	61	467	1 540	365	275	197	100	—
白俄罗斯	1 462	402	615	1 350	599	2 518	1 244	1 410	—
乌兹别克斯坦	211	310	294	580	2 715	1 494	1 230	4 061	0.05
合计	105 320	74 438	102 264	147 016	146 245	176 085	201 305	163 917	1.93

资料来源：厦门海关。

厦门向俄蒙中亚国家出口的主要商品包括液晶监视器、已加工大理石、飞机零件、蘑菇罐头、无线电话机、钼丝钨丝、鞋靴和橡胶轮胎等；厦门从俄蒙中亚国家进口的主要商品包括飞机零件、棉花、皮革、原石、纺织原料、木材等。

二、厦门与俄蒙中亚国家的投资合作

俄蒙中亚国家在厦门的投资金额较小。截至2015年年底，仅有3国在厦门有投资存量：俄罗斯在厦门有6个投资项目，合同金额为91万美元，实际利用外资金额为49万美元；乌克兰在厦门有2个投资项目，合同金额为17万美元，实际利用外资金额为7万美元；吉尔吉斯斯坦在厦门有1个投资项目，合同金额为25万美元。

◆ 第六节 ◆
厦门与西亚非洲国家的经贸合作

一、厦门与西亚非洲国家的贸易合作

厦门与西亚非洲国家的贸易增长很快。2008年,厦门与西亚非洲国家的贸易总额为23.7亿美元,2015年增长到77.9亿美元,约占厦门对外贸易总额的9%,年均增长33%,增速超过东盟等增长较快的区域。西亚非洲国家中,阿联酋是厦门最大的贸易伙伴。2008年厦门与阿联酋的贸易额为4.5亿美元,2015年达到17亿美元,7年时间增长约3倍,占厦门对外贸易总额的2%左右,超过印度、俄罗斯等大国与厦门的贸易额,如表2-17所示。厦门向阿联酋出口的商品以工业制成品为主,包括服装、鞋靴、大理石、液晶监视器、发动机等;厦门从阿联酋进口的主要是石油与化工原料,包括石油原油、铝合金、聚乙烯、液化丙烷、聚丙烯和甲醇等。

表2-17 厦门与西亚非洲主要国家的贸易情况(2008—2015年)

单位:万美元

国别(地区)	2008	2009	2010	2011	2012	2013	2014	2015	2015占全市比重(%)
阿联酋	44 882	53 349	56 189	66 786	97 292	133 329	138 188	169 966	2.04
沙特阿拉伯	32 347	48 486	53 546	65 633	66 186	73 064	70 290	76 610	0.92
南非	23 152	31 339	50 251	56 666	74 761	81 466	66 415	73 109	0.88
土耳其	31 701	27 506	55 508	75 786	72 929	89 893	90 784	74 387	0.89
伊朗	—	—	—	—	77 924	94 631	63 956	59 230	0.71
埃及	20 374	27 190	29 082	50 646	68 595	74 666	70 928	64 198	0.77
以色列	14 322	14 127	17 296	24 750	26 805	30 656	30 370	38 597	0.46
伊拉克	—	—	—	—	18 795	32 488	30 585	19 382	0.23

续表

国别(地区)	2008	2009	2010	2011	2012	2013	2014	2015	2015占全市比重(%)
尼日利亚	12 903	9 789	13 420	16 817	14 411	18 150	23 988	44 537	0.53
科威特	7 589	9 633	10 572	10 931	20 455	22 323	18 678	26 645	0.32
约旦	3 157	5 721	4 991	8 212	9 363	12 452	15 552	31 552	0.38
卡塔尔	5 462	5 173	6 958	8 987	8 941	13 256	13 748	11 703	0.14
合计	195 889	232 313	297 813	385 214	556 457	676 374	633 482	689 916	8.27

资料来源：厦门海关。

沙特阿拉伯、南非、土耳其、伊朗、埃及这5个西亚非洲国家与厦门的贸易增长也比较快，这些国家2015年与厦门的贸易额均在6亿～7亿美元。这5个国家加上阿联酋与厦门的贸易额占厦门与西亚非洲国家贸易总额的66%。厦门向西亚国家出口的主要商品包括服装、鞋靴、大理石、液晶监视器、箱包、发动机、蘑菇罐头等，从西亚进口的主要商品包括石油原油、铝合金、矿产品、聚乙烯、液化丙烷等。

南非是厦门在非洲国家中最大的贸易伙伴[1]，厦门与南非的贸易增长很快。2008年厦门与南非的贸易额为2.3亿美元，2015年增长到7.3亿美元，年均增长率达30%。此外，埃及、尼日利亚也是厦门在非洲国家中重要的贸易伙伴。厦门向非洲国家出口的主要商品包括服装、客车、鞋靴、玻璃器皿等，从非洲进口的主要商品包括花岗岩原石、皮革制品、矿产品等。

二、厦门与西亚非洲国家的投资合作

截至2015年年底，西亚非洲国家中在厦门投资最多的是约旦，共有投

---

[1] 有学者认为，"一带一路"是开放的，并未限定哪些是"一带一路"国家，哪些不是，只要愿意参与，都可以纳入"一带一路"范畴。虽然南非未列入"一带一路"65国之内，但是作为金砖国家，作者将其列入"一带一路"范畴。

资项目7个,合同利用外资1 533万美元,实际利用外资973万美元,占西亚非洲在厦门实际投资金额的67%;其次是南非,投资项目6个,合同利用外资276万美元,实际利用外资170万美元;以色列投资项目6个,合同利用外资58万美元,实际利用外资87万美元;黎巴嫩投资项目5个,合同利用外资88万美元,实际利用外资70万美元。西亚非洲国家合计在厦门投资项目51个,合同利用外资2 614万美元,实际利用外资1 443万美元,具体见表2-18。

表2-18 西亚非洲国家在厦门的投资情况（截至2015年年底）

单位:万美元

国别（地区）	项目数（个）	合同利用外资金额	实际利用外资金额
约旦	7	1 533	973
南非	6	276	170
伊朗	11	294	58
喀麦隆	1	100	0
以色列	6	58	87
叙利亚	4	46	30
埃及	5	116	19
黎巴嫩	5	88	70
阿联酋	1	20	22
沙特阿拉伯	2	14	4
伊拉克	1	10	10
埃塞俄比亚	1	49	—
卡塔尔	1	10	—
合计	51	2 614	1 443

第三章

厦门与东盟经贸合作的潜力分析

◆ 第一节 ◆
东盟是"21世纪海上丝绸之路"战略的核心区域

一、东盟国家的总体情况

东南亚地区共有 11 个国家：越南、老挝、柬埔寨、泰国、缅甸、马来西亚、新加坡、印尼、文莱、菲律宾、东帝汶，区域面积共 449 万平方千米。其中，越南、老挝、缅甸与我国陆上接壤，菲律宾、文莱、马来西亚和印尼与我国隔海相望。除东帝汶外，其余十国为东盟组织（ASEAN）成员。2016 年，该地区 GDP 为 24 795.5 亿美元，占全世界总量的 3.2%；人口达 62 417.6 万，占世界总人口的 8.7%；人均 GDP 为 4 058 美元。[①]

东盟大部分国家是新兴经济体国家，近年来经济增长趋势较好。从产业结构上看，东盟制造业较为发达。印尼、菲律宾、越南、泰国等多数国家的制造业主要集中在服装加工、农产品加工等低端行业上，新加坡、马来西亚则主要集中在电子制造加工业上，处于价值链高端地位。

2015 年年底，东盟宣布正式建成东盟经济共同体。这个有着 6.2 亿人口、代表着东南亚区域经济一体化成就的大市场，是亚洲历史上首个次区域共同体。东盟经济共同体的建立预示着地区乃至全球经济新一轮增长机遇正在加速到来。东盟共同体将为包括中国在内的区域各国带来巨大的合作机遇。它将建成充满竞争力、发展平衡、与国际接轨的单一市场与生产基地。

二、东盟是"21世纪海上丝绸之路"的核心区域

东盟是"21世纪海上丝绸之路"建设的重点和优先地区。中国和东盟地缘相近，血缘相亲，守望相助，共生共荣。东盟是"21世纪海上丝绸之路"的

---

① 数据来源于东盟秘书处。

必由之路,既是陆路起点站,又是海路桥头堡,地位举足轻重。因此,一方面,共同建设"21世纪海上丝绸之路",应成为中国发展与东盟关系的重中之重;另一方面,能否与东盟国家在建设"21世纪海上丝绸之路"层面达成共识,携手推进,也是"一带一路"倡议能否顺利推进并取得预期效果的关键所在。

2003年,中国加入《东南亚友好合作条约》,同东盟建立起"面向和平与繁荣的战略伙伴关系"。这是中国首次与地区国家组织建立国际战略伙伴关系,显示了东盟在中国外交中的重要地位。中国和东盟抓住机遇,乘和平与发展的大势而上,开创了合作的"黄金十年"(2003—2013年)。在这十年间,中国与东盟双边贸易额由784.3亿美元猛增至4 439.1亿美元,增长了约4.7倍。2010年,中国与东盟建成了发展中国家最大的自贸区。2011年,东盟超越日本,成为中国第三大贸易伙伴。东南亚地区国家与中国地域相邻,经济结构相似,资源互补,文化相通。2014年,东盟与中国贸易量达4 805亿美元,占对我贸易总额的11%,仅次于欧盟和美国。中国已成为越南、泰国、缅甸、马来西亚、新加坡、印尼等国家的第一大贸易伙伴。东南亚地区也是中资企业"走出去"的起点,中国在上述国家设立的投资企业已达4 138家,截至2015年年底双边投资达到1 500亿美元。①

中国一直视东盟为周边外交优先方向、建设"21世纪海上丝绸之路"的核心地区、构建以合作共赢为核心的新型国际关系的重要伙伴。中国和东盟将进一步围绕政策沟通、设施联通、贸易畅通、资金融通、民心相通,推进基础设施、自贸区升级版、海洋经济、人文交流等合作,把"21世纪海上丝绸之路"建设打造成中国—东盟战略伙伴关系发展的新亮点、新动力。

2015年8月,中国外交部长王毅提出深化中国—东盟合作的十项建议:一是设计好明年中国—东盟建立对话关系25周年纪念活动,将2016年定为"中国—东盟教育交流年";二是完成《落实中国—东盟面向和平与繁荣的战略伙伴关系联合宣言行动计划(2016—2020)》的制订;三是设立工作组探讨商签《中国—东盟国家睦邻友好合作条约》;四是开展国际产能合作,打造中国与东盟各国经济互补发展、共同振兴的重要引擎;五是深入推进互联互

---

① 数据来源于中国商务部。

通,中方愿与东盟探讨制订《中国与东盟互联互通总体规划》;六是办好今年"中国—东盟海洋合作年",营造海上合作新亮点;七是推进澜沧江—湄公河合作,支持东盟共同体建设;八是尽快签署《东南亚无核武器区条约》议定书;九是加强防务安全合作,在华举行中国—东盟防长首次非正式会议;十是共同维护南海和平稳定。①

期待中国与东盟的合作会有更加广阔的发展前景,继"黄金十年"之后,共同打造"钻石十年"。

◆ 第二节 ◆
印尼和马来西亚海洋经济的合作潜力

一、印尼海洋经济发展情况

纵观世界经济的发展,工业化、城市化、全球化带来的资源瓶颈和环境压力逐渐显现。由于陆域资源的衰竭和人类发展空间的限制,人们开始把目光瞄准拥有巨大潜力的海洋,于是一种新型的海洋经济应运而生。海洋经济的发展早已引起世界各国的重视,也成为新一轮大国角逐的重点。国际海洋经济的竞争也早已从单纯的渔业等传统产业转向海洋公共服务业等现代战略性新兴海洋产业。21世纪是海洋的世纪。进入新世纪以来,世界各沿海国家纷纷调整海洋战略,制定海洋发展政策,促进海洋经济的可持续发展。作为世界上最大的群岛国家,印尼70%以上的国土面积为海洋滩涂,每年经济潜力可达1.2万亿美元,可吸收的投资超过255亿美元。印尼目前的海洋资源收入约占国内生产总值的22%。② 印尼政府正在制订并实施海

---

① 覃博雅,肖红.王毅就中国—东盟合作提出10项新建议[OB/OL].2015-08-06. http://world.people.com.cn/n/2015/0806/c1002—27421179.html.

② 数据来源于东盟秘书处。

洋综合管理计划,积极推动"蓝色经济",整合政府资源,加强中央、地方政府的统筹协调,推动国际交流与合作,加快海洋综合开发,保持海洋资源可持续发展,并推出多项政策措施,积极推动海洋经济发展。

(一) 加强水产养殖,促进渔业可持续发展

渔业是印尼国民经济的重要支柱产业。印尼是世界第七大渔业国,仅次于中国、秘鲁、日本、智利、美国和印度。2010年印尼渔业出口创汇近60亿美元,2011年渔业产值占印尼GDP的3.5%。苏门答腊东岸的巴干西亚比亚是世界著名的大渔场,勿里洞沿海产海参,马鲁古群岛沿海产珍珠,马都拉岛沿海产海盐。印尼政府正计划投入更多资源发展渔业,以振兴国内经济,应对全球日益激烈的渔业竞争压力,保持印尼的世界渔业大国地位。

印尼国土面积的三分之二是水域,海洋渔业资源丰富,目前只开发利用了不到10%,仍有极大的发展空间,是印尼具有比较优势的一个行业。印尼政府已开始逐步重视渔业,并从资金、技术和政策上推动渔业发展。近年来,印尼的渔业生产能力有了一定的提高,近海捕捞技术日益成熟,远海捕捞量持续增加。2010年,印尼海洋渔业产量首次突破1 000万吨,达到1 083万吨,比前一年增长10.29%,2011年增加至1 226万吨。2012年,印尼海洋渔业产量达1 526万吨,超过1 487万吨的原订目标,创历史新高。其中,海洋捕鱼581万吨,增长7%;海水养殖鱼产量945万吨,增产35%。2015年,印尼海洋渔业产量达2 239万吨,比2010年的产量提高106%。

渔业的快速发展极大地推动了印尼海产品出口创汇。2012年,尽管全球经济放缓,但印尼海产品出口创汇39.3亿美元,渔业方面享受的贸易顺差达5.2亿美元。2015年,印渔产品出口41.3亿美元,成为印尼大宗出口商品。[①] 同时,印尼国内的渔产品消费量也大大增加,每年每人达35.62公斤。印尼海洋渔业部表示,未来将加强国际合作,力争在以下五个方面取得新进展:确立渔业优先发展项目,引导印尼企业积极争取外国投资,加强人力资源培训和管理,加强渔业经济宣传并争取社会支持,加大国际合作力度。

---

① 数据来源于中国水产网(http://www.fishfirst.cn/article-55273-1.html)。

（二）力推造船成为竞争性产业

印尼国内目前拥有 250 家大型的船舶制造企业，主要分布在廖内群岛的巴淡地区、楠榜省的坦哥目斯县和东爪哇省的南望安县。印尼造船业的发展状况很不错，能够生产、维修各种类型及容量的船只。本地造船厂能建造 5 万载重吨（DWT）的船只，修理 15 万 DWT 的船只。印尼造船业年产能达到 80 万 DWT，修理能力达到 1 000 万 DWT。目前，巴淡地区的船厂可建造制造 7 万 DWT 船只的设备。印尼国内正在计划建造 3 000～5 000 艘 150～200 DWT 的挖泥船。此外，渡船和油船、液化天然气（LNP）船等其他船舶也有很大的需求量。长期以来，印尼对造船业进口零配件征收 10% 的增值税，而对船舶进口免征进口税，这给印尼国内造船业的造船积极性造成重大冲击。为了鼓励和推动国内船舶工业的发展，印尼政府计划为国内船舶企业提供财政补贴等优惠政策。印尼工业部将采取两项措施，一是为进口船舶零配件提供免征增值税优惠，以减少国内造船厂的生产成本，提高国内船舶竞争力；二是把船舶建造列为基础设施工业，实施更低的税率。同时，为加快发展和振兴印尼的造船业，印尼造船业者呼吁，除了已有的财政激励措施外，印尼政府还应该降低贷款利率，取消对本地船厂征收的 10% 的增值税。另外，由于地价较高，本地船厂生产用地无法得到保证，造船业者还呼吁印尼政府为本地造船厂建设专业造船工业区。

（三）海洋油气资源的开发

印尼目前的油气勘探、开采重点已经转移到海上，海洋石油天然气产量不断增加，成为油气产量中的重要组成部分。印尼为石油净进口国。印尼目前石油储藏量为 37 亿桶，仅占全球已探明储量的 0.2%，为世界第 28 大产油国。印尼能源消耗十分依赖石油并且尚未发现大储藏量的油田。根据当前开采速度，印尼石油将在未来 11 年内耗尽。印尼国内估计，其石油储藏量不超过 40 亿桶，每天开采 84 万桶，只够用 10 年而已。印尼的天然气储藏量约为 31 万亿立方米，虽然更多，但也只够用 35 年。为了增加油气储藏量，印尼正在加速海上油气资源勘查，寻求新的资源。目前印尼仍严重依赖油气产业，该行业对印尼 GDP 贡献率高达 7%。

印尼拥有亚太地区最大、世界第 11 大的天然气田，已探明的天然气储量达 33 万亿立方米。虽然过去的 10 年中，印尼原油产量一直在下降，但天然气产量却在逐年增加并超过了原油。印尼天然气大部分(60%)产自东加里曼丹、南苏门答腊、北苏门答腊和南纳土纳海的近海气田。许多成熟气田，如拥有印尼最大的液化天然气工厂的阿伦和邦坦等地的产量已大不如前。预计将有新的陆上和近海气源投产，以保证印尼国内市场天然气的持续供应。印尼油气上游工业管理局已批准了 10 个天然气项目，这些项目 2011 年到 2014 年间每天生产天然气 5.3 亿标准立方米。这些天然气项目共耗费 47.3 亿美元的投资。深水天然气储量是另一个具有潜力的领域。由雪弗兰公司领导的一个财团正在印尼进行第一笔风险投资。他们在距离东加里曼丹不远的深海区勘探，目标是日产 3.4 亿标准立方米的天然气和 31 000 桶的凝析油。日本国际石油开发公司也正在阿拉弗拉海上开发马塞拉项目，该海域的天然气储量估计为 4.3 万亿立方米。基于这些新建项目，能源与矿产资源部预计 2015 年到 2020 年期间，17 个新气田和现有气田的天然气产量有望达到每日 15.6 亿标准立方米。

（四）大力发展海岸旅游，做大做强海洋旅游业

印尼海洋旅游资源丰富，海洋旅游业每年可创汇 35 亿美元，并为 420 万人带来就业机会。2012 年，到访印尼的外国游客数量创历史新高，达到 804 万人次，同比增长 5.16%，而全球旅游增长率仅为 4%；全年印尼旅游业外汇收入达到 90 亿美元，同比增长 6%。2014 年印尼接待的外国游客达到 950 万人，比 2013 年增长 8%。旅游业为印尼贡献了 4% 的 GDP，吸收就业 853 万人，吸收就业人数占国内劳工总数的 7.72%。巴厘岛是印尼著名的旅游胜地。巴厘岛以其独特的热带岛屿风光与丰富多彩的人文景观成为世界各地游客的热门旅游目的地，并连续多年位居世界海岛名胜旅游目的地首位。巴厘岛充分发挥自身优势，大力发展休假游、游轮游、潜水游、渔民生活体验游等多种旅游方式，旅游文化开发涉及乡村旅游、养生旅游、特色旅游商品开发和旅游人才培训等多方面。近年来，巴厘岛旅游业发展势头迅猛，2013 年接待的国际游客量达到 327.87 万人，比 2012 年的 289.20 万人增长 13.37%；酒店平均入住率达到 90%；人均停留 7.5 天；人均消费 147.2 美元/天。巴厘岛的旅游收入占印尼旅游总收入的四分之一。2016 年，巴厘岛接

待外国游客400万人,旅游外汇收入达63亿美元。与此同时,巴淡岛正在成为印尼国内仅次于巴厘岛的第二大旅游目的地。巴淡岛拥有5 600间客房,其中60%为星级酒店和海滨度假村。巴淡岛占地面积为415平方千米,拥有6个国际标准高尔夫球场和2个游艇码头,人口约52万。中北部是山丘,有原始森林;南部、西南部及西北部沿海是平原,海滩景色幽美。全岛海岸线曲折,有许多海湾和小港口。岛上规模最大的行业是电子及信息产品。近年来,旅游业在巴淡岛得到较大发展。此外,印尼旅游和创意经济部将投入1.99万亿印尼盾改造印尼旅游产业。从2012年开始,印尼海洋旅游开始向绿色创意旅游业发展,将多姿多彩的自然景观与绿色生态游、民俗风情游、休闲度假、冲浪潜水、海洋探险等集为一体,突出环保意识。北苏拉威西省的布纳肯号称世界八大潜水胜地之首。印尼航空公司巴达维亚开通了中国广州至北苏拉威西省首府万鸦老的航线,以吸引更多中国游客到这个举世闻名的"潜水天堂"旅游。此外,与巴厘岛隔海相望,相隔仅30千米的龙目岛拥有得天独厚的圣吉吉海滩、湛蓝的海洋、珊瑚、鱼类和潜水等旅游资源。近年来,印尼政府开始着力发展龙目岛的旅游业。印尼总统佐科维2015年4月视察龙目岛时表示,政府将致力于改善龙目岛的基础设施建设水平,打造新的旅游经济增长点。印尼政府2015年已经通过印尼旅游开发机构为龙目岛上的旅游建设拨款2 500亿印尼盾,未来龙目岛将具备更完善的旅游业配套设施。除新建酒店、餐馆外,龙目市的国际机场设施也将得到改善,机场跑道将加长加宽,以适应大型客机的安全着陆和起飞。另外,印尼政府正计划提高全国15个旅游区的发展潜力,包括把巴厘岛和龙目岛开发成旅游休闲中心,挖掘东南苏省瓦卡托比海洋旅游区、东努省科莫多和克里穆杜岛、千岛群岛等滨海旅游业的发展潜能。

印尼旅游部长阿里耶夫·叶海亚在2016年潜水商业论坛开幕式上表示,作为世界上最大的群岛国家,印尼拥有漫长的海岸线和丰富的海洋景观,但由于长期以来缺乏发展战略,大多数海洋旅游景区在交通、酒店等基础设施方面建设落后。未来印尼将在其国内外市场加强海洋旅游的宣传,开辟10个海洋旅游优先开发区,并加大政策支持和人力资源培养力度。

（五）大力发展港口基础设施建设，改善海上运输物流系统

目前，印尼共有 1 324 个港口和码头。为降低国内工业生产成本，印尼政府计划采取措施改善物流系统，提高物流效率。而这不仅需要改进港口基础设施，改善硬件设施，还需要提高港口管理能力和运输船队服务能力，以增强海上运输软实力。港口是海洋交通运输的重要基础设施。为适应日益增长的对外贸易需求，印尼一些主要港口的扩建工程全面展开。印尼将在今后几年内重点发展 29 个国际港口，扩大港口吞吐量，使港口进一步现代化。2015—2020 年，印尼将启动 131 项港口建设项目，包括 78 项新港口工程和 53 项旧港改扩建工程。其中，108 个港口在印尼西部，23 个港口在东部。印尼第一港口公司拟投资 1.5 万亿印尼盾（约合 1.54 亿美元）在亚齐省马拉哈雅蒂港口兴建集装箱码头和其他基础设施，年吞吐量为 24 万集装箱。印尼政府特别计划扩建雅加达、泗水、棉兰等主要城市的 29 个国际性港口用于改善海上物流系统，这些项目所需资金达 130 亿美元。其中，雅加达丹绒布禄港的吞吐量将于 2017 年前从 590 万集装箱扩建至 1 100 万集装箱。此外，印尼政府准备近期动工兴建 3 个国际港口，分别为位于西爪省的加拉璜、苏北省棉兰的库瓦拉丹绒及邦加勿里洞省的勿里洞港口。由于这三大国际港口工程耗资庞大，无法单靠国家收支预算拨款，印尼政府拟吸引国内外投资参与建设。

（六）加强海洋开发的国际与地区合作

2008 年 9 月，印尼与韩国签署了一项租用印尼 2.5 万公顷海岸水域的意向书。该水域将被用来培养可加工生产乙醇燃料的海藻。这份意向书由两国食品、农业、林业和渔业部门共同签订。所生产的海藻不仅可以用来制造食物产品，随着原油和天然气价格的上涨，还可以用于大力发展生物乙醇燃料。韩国许多大型企业纷纷参加该项目。

印尼正在积极推进与亚洲国家的海洋旅游合作。印尼已同新加坡和马来西亚达成协议，共同投资 5.7 亿美元，将三国沿海地区开发成国际旅游度假胜地，建成"东方加勒比旅游区"。此外，印尼还与缅甸签订了旅游合作协定，共同推进巴厘岛—额布里海滩—维桑海滩旅游线路的建设，并推动印尼婆罗浮屠和缅甸帕敢这两个佛教圣地发展成友好城市。

目前,印尼正积极与周边国家就发展海洋经济、保护海洋资源进行合作,其中一项重要工作就是实施"珊瑚礁三角区倡议"(CTI)。该倡议于2009年由印尼、马来西亚、菲律宾、东帝汶、巴布亚新几内亚、所罗门群岛共同发起,旨在加强保护珊瑚生态系统的国际合作。由于CTI发起国海洋生物的多样性极高,故又被称作"海上亚马孙倡议"。CTI由五个行动计划构成:一是加强海洋产品的管理,二是在渔产品加工过程中推广使用环保方法,三是保护海洋环境,四是帮助沿海社区应对气候变化,五是保护海洋珍稀物种。

二、中国与印尼"蓝色海洋经济"的合作

(一)渔业合作

印尼是中国的海上邻居、重要的水产品贸易伙伴和远洋渔业发展基地。中印已签署《渔业合作协定》,中国与印尼在渔业捕捞、水产技术交流、海洋生物资源开发与养护及水产品贸易等方面的合作不断增强。随着中国消费水平的增长和食品工业的发展,中国对渔产品的需求不断增加。印尼出口至中国的渔产品逐年增加,中国已成为印尼重要的渔产品出口国。根据印尼海洋渔业部的统计,2009年印尼出口至中国的渔产品为14.9万吨(出口值为9 700万美元),2010年为21.3万吨(1.503亿美元),2011年为24.24万吨(2.21亿美元),2012年为29.54万吨(2.847亿美元),2013年为33.6万吨(4.09亿美元)。2016年印尼出口至中国的渔产品金额达4.3亿美元,印尼成为中国第五大渔类产品供应国。印尼向中国出口的渔业产品包括螃蟹、石斑鱼、鱿鱼、章鱼、红鱼、带鱼、海藻、金枪鱼等。[①]

渔业资源的开发是近年中印经济合作的重点领域之一。中国与印尼的渔业合作已有十多年的历史。印尼是目前中国远洋渔业渔船最多、产量最高且效益也较好的国家,在中国远洋渔业中占有重要位置。中国准备在印尼邦加乌里洞、龙目岛、亚齐、西伊里安查雅等地投资建立渔港,进行渔业资

---

① 资源来源于中国商务部网站(http://www.mofcom.gov.cn/article/i/jyjl/j/201607/20160701358935.shtml)。

源的开发。

在海洋渔业合作方面,福建省与印尼已取得重要进展,走在全国前列。平潭安达远洋渔业有限公司(简称安达公司)与印尼 Artha Graha Network(简称 AG 集团)合作建立了两个渔业基地。其中,图尔渔业基地已投运,纳土纳基地正在筹建中。在图尔渔业基地内,它们建设了一座日处理能力为 200 吨的水产品加工厂、一座年产能力为 2 000 吨的鱼糜加工厂及一座日产能力为 20 吨的鱼粉加工厂。这一系列配套设施可为企业运回自捕鱼提供保障。目前安达公司以该渔业基地为平台,共有 45 艘远洋渔船赴印尼海域生产,每年运回自捕鱼 1 万多吨,产值 1 亿多元。此外,福州恒盛昌(福建)投资有限公司与印尼材源帝集团签订了共同开发协议,在印尼瑟兰岛投资建设 3 000 公顷的对虾养殖基地;平潭县远洋渔业集团有限公司获得印尼政府批准,与印尼当地企业合作开发位于印尼巴布亚省西部的凯马纳县阿丰那埃特纳海湾 7 500 公顷的网箱养殖基地;连江县南洋水产开发有限公司与印尼三林集团签订了共同开发协议,建设 100 公顷的新加朗岛网箱养殖基地,第一批渔民已出国奔赴基地生产作业。① 厦门近两年筹建了 12 条远洋渔业船队,前往印尼海域捕捞深海黄鱼、白带鱼、石斑鱼等,发展远洋渔业。2015 年,厦门市南海远洋渔业公司计划在印尼投资设立水产养殖和渔业综合基地项目。

但是,与印尼开展渔业合作也应注意相关风险。2015 年 1 月,印尼单方面宣布废止与中国签署的渔业协议,禁止所有外国渔船在印尼领海的大型捕鱼活动。而根据之前中国与印尼签订的协议,中国公司如果与印尼公司合资,并且中国公司在合资公司的股份不超过 49%,就能在印尼海域捕鱼。印尼扣留了一部分福建渔业企业在印尼投资公司的渔船,导致相关企业遭受损失。

从基本条件看,印尼海域辽阔、渔业资源丰富、地理位置与中国相近,但其渔业发展仍缺少技术和资金的支持,尤其是渔产品加工行业比较薄弱。同时,印尼与中国并没有领土和领海纠纷。中国与印尼渔业合作潜力巨大,中国与印尼仍然有可能通过进一步谈判逐步建立一个双赢的渔业发展

---

① 郭熙婵.福建开拓"新海上丝绸之路",培育本土跨国企业[EB/OL].2014-02-12. http://www.chinanews.com/gn/2014/02-12/5828458.shtml.

体系。

（二）海洋生态环境保护合作

中国和印尼都是重要的南海周边国家,在海洋领域有许多共同关注的话题,并长期开展密切的合作。2010年11月9日,位于厦门的中国国家海洋局第三海洋研究所(简称"海洋三所")与印尼科学院海洋研究中心签署海洋科技合作备忘录。根据签订的合作协议,双方将在海洋生物多样性保护与生态系统管理、海洋环境保护与监测技术、海洋生物资源开发与利用三个领域开展合作和交流,海洋三所还将为印尼科学院海洋研究中心提供上述相关领域的技术培训。双方同意在南中国海和印度洋联合开展海洋生态环境合作调查研究,印尼方将提供船只及后勤保障服务,中方将提供调查设备及包括船只在内的大部分调查经费。双方还就成立联合指导委员会、共同向相关国际组织和各自所在国政府相关管理部门申报合作项目和合作成果的知识产权等问题达成了一致意见。

（三）海洋旅游业合作

滨海旅游业是近年来海洋产业的一个新的发展方向,并成为很多国家增加财政收入的重要产业。中国历史悠久,景点众多,是全世界首选旅游目的地国之一。2011年,印尼到中国的游客人数为60.87万人次,2012年游客人数增加到为62.2万人,同比增长2.2%。中国也已成为印尼重要的旅游客源国。2011年,中国前往印尼的游客人数达57.4万人次,占到访印尼游客总人数的7.5%,而2001年该比重仅为0.6%。2012年,中国到访印尼的游客增加到71.4万人次,同比增长23.3%。2013年,中国到访印尼的游客进一步增加到80万人次。

巴厘岛是中国游客到印尼旅游的首选地。2011年3月,到巴厘岛的中国游客总数超过日本游客,名列第二,仅次于澳大利亚游客。2012年,中国大陆游客人数仅次于澳大利亚游客和日本游客,居巴厘岛外国游客的第三位。2013年,中国赴巴厘岛游客达38.75万人,占巴厘岛接待外国游客总数的11.82%,超过日本成为该岛第二大旅游客源国,澳大利亚仍为第一大旅游客源国。中国政府已决定,将在巴厘岛设立中国总领事馆,这将极大方便巴厘岛的居民就地办理中国签证,也将进一步促进中国居民赴巴厘岛旅游。2015年6月,印尼政府对中国游客实施免签政策,进一步推动了中国游客赴印尼旅游的增长。2015年中国赴印尼游客增长20%,达到143万人,2016年进一步增长到170万人,中国已经成为赴印尼游客人数最多的国家。①

(四)海上互联互通合作

近年来,中国和东盟把互联互通作为合作的优先领域和重点方向,而海上互联互通是中国—东盟互联互通的新亮点。2012年,中方成立了互联互通委员会,加强同东盟相关机构的机制化交流。中国设立总规模为100亿美元的中国—东盟投资合作基金,并宣布将提供250亿美元信贷支持东盟基础设施建设。互联互通项目包括交通运输、信息与通信技术等领域。中国和印尼于2012年12月举行首次海事合作委员会会议,建立中国和印尼海事合作基金。此外,印尼与中国联手建新船厂的计划早已启动。2009年5月15日,素有"船王"之称的印尼Barlian Lajn Tanker(简称BLT)船务集团公司与广西防城港务集团公司签订了两个合作项目:在防城港建设修造船基地,首期投资1亿美元;合资组建汇通物流(防城港)公司,首期投资7 500万美元。这两项合约的签订使广西与印尼在重点开展港口物流、产业对接等领域的合作迈出了坚实的一步。2013年10月,中国船企首次参加印尼海事展期间,中国企业与印尼船舶工业协会和印尼船东协会及其会员进行了交流,并展示了按照国际新标准、新规则设计、开发,并适合印尼航运特点的新型船舶。南通长青沙船舶工程有限公司专门设计的油驳受到了包括国际环球(印尼)集团有限公司、印尼卡阿特公司等航运企业的青睐和好评。浙江方圆造船有限公司与印尼合作伙伴在展会期间签署建造挖泥船协议。江苏苏美达船舶工程有限公司、上海久和船舶进出口公司和无锡瑞风船用推进器有限公司等十余家中国船舶及船舶配套设备出口企业都与印尼船东、采购商等进行了广泛接触,并达成了部分合作意向。印尼工商会已与中国达成协议,将从中国进口2 500艘船,价值50亿美元。这些船将从2013年开始进口,五年内全部到位,以期提升印尼国内诸多港口的物流能力。

---

① 资料来源于国家旅游局网站(http://www.cnta.gov.cn/xxfb/hydt/201610/t20161027_787652.shtml)。

三、马来西亚海洋发展的情况

按照专属经济区计算,马来西亚是一个管辖海域面积超过陆地面积的国家,其领土由不相连接的东西两块土地上的三个地区组成。东马和西马隔南海(相距 643 千米)相望。整个马来西亚地处亚洲东南部,介于太平洋与印度洋之间。西马西部是马六甲海峡,亦是欧、亚、澳、非四大洲海上航运的重要通道,战略地位重要。东马北部是南海,东北部是巴拉巴克海峡和苏禄海。马来西亚海岸线曲折,全长 4 192 千米。其中,西马海岸线长 2 000 千米。200 海里等深线内的大陆架面积为 41.8 万平方千米。若按大陆架面积计算,东马约占一半,但西马周围整个地区由水深 100 米或浅于 100 米的大陆架组成。

马来西亚的海洋资源丰富,海洋渔业相对发达,盛产各类鱼和虾;海洋油气资源储备充足,政府也在采取措施促进油气业的可持续发展;海洋交通运输业和海洋船舶工业近年来快速发展;独特的地理位置也提供了风景优美的旅游资源。

马来西亚还积极制定促进本国海洋经济发展的一系列政策措施。从 1991 年开始实施的"2020 宏愿"跨世纪发展战略明确提出,鼓励发展旅游业,促进交通等服务业的发展。

20 世纪 70 年代以来,马来西亚开始实行新经济政策。农业系统在发展种植业的同时,全面发展林、牧、副、渔,其中重点是发展海洋捕捞业。2015 年,马来西亚农业部宣布,2016 年将取消渔民柴油补贴。这一举措可能会造成渔民因捕鱼收入减少而选择转行,最终使得马来西亚的海洋捕鱼业无法持续发展。此外,马来西亚还投资 460 万林吉特开展鱼礁球海洋资源研究计划,旨在保护海洋生态系统的生物多样性。2013 年 11 月 1 日,马来西亚渔业局颁布新渔业执照法规,以保护渔业资源和海洋生态环境,促进渔业资源可持续发展。这些措施的发布都对马来西亚的渔业发展造成了一定影响。

在海洋油气资源开发方面,马来西亚政府积极引进海外先进的勘探技术进行深海勘探。目前马来西亚的技术水平还不足以勘探到深海的资源,所以学习深海勘探技术对其海洋油气业的发展将有重大突破,同时还促进国际投资。

在海洋交通运输方面,马来西亚一直在寻求加强与东盟国家乃至整个亚洲的合作,以维护海运交通的畅通,改善海运交通的承载量和基础设施。

马来西亚政府非常重视滨海旅游业的发展。据《南洋商报》2015年4月29日的报道,马来西亚政府采取了多种措施刺激旅游业的发展,如积极参加欧洲和美国市场的国际旅游展,并有针对性地在邻国进行促销活动。此外,马来西亚旅游部将通过国家关键经济领域平台开放更多公私领域合作,使旅游业更加多元化;同时积极改善酒店服务业质量,以吸引外国游客,使马来西亚的旅游业焕发新的生机。

(一)马来西亚主要海洋产业的发展

1.海洋渔业

马来西亚的领海和专属经济区面积为 66.5 万平方千米,沿海大陆架面积为 32.3 万平方千米。马来西亚渔业资源丰富,是东盟第六大渔业生产国,海洋捕捞量远远大于内陆捕捞量,海洋渔业产品合计占渔业总产量的 70% 以上,注册的渔船规模在东盟国家中排名第二,动力化程度排名第二。

2008—2012 年,世界总的渔业捕捞产量和水产养殖量保持着 3.3% 的速度平稳增长,其中亚洲地区的产量达到世界总产量的一半,而东南亚国家的渔业产量年平均增长速度在亚洲地区是最高的。2015 年,马来西亚的渔业产量和产值均居东盟国家第六,分别占东盟总量的 9.4% 和 9.6%。马来西亚的内陆捕捞产量占其总捕捞量的 0.3%,这说明马来西亚的渔业产量基本上集中在深海,这一点不同于东盟其他国家。此外,马来西亚的注册渔船数量达 54 235 艘,在东盟国家中仅次于印尼;渔业就业人数达 33 万人,在东盟国家中居第三。①

马来西亚可捕捞的渔业品种繁多,有 80 多种,西马东海岸渔业资源优势更加明显。马来西亚 1990—1998 年的年均渔获量在 91.3 万吨至 117.3 万吨之间,1998 年达到 115.4 万吨,名列世界第 16 位。2015 年,马来西亚的

---

① SEFAFDEC,Fishery Statistical Bulletin of Southeast Asia(SEFAFDEC,2014).

渔获量达 148 万吨。马来西亚的渔业多年来一直保持稳步小幅度增长,没有大起大落的波动。

2014 年,马来西亚渔业部门引进挪威先进的养殖技术,在开放的海域开展人工网箱养鱼,取得了很好的成效。马来西亚以这种网箱养鱼技术来应对近年来由于过度捕捞造成的海洋资源大幅下降危机,所以其海产品捕捞量并没有出现大幅度的下降。渔业养殖对促进马来西亚本国海产品加工制造业发展有很重要的影响。

2.海洋油气业

长期以来,马来西亚是东盟除印尼之外的第二大产油国。截至 2012 年 1 月,马来西亚探明石油储量为 40 亿桶,较 1994—1996 年高峰期的 43 亿桶有所下降。马来西亚石油储量大多分布在三个盆地:马来盆地、沙捞越盆地和沙巴盆地。马来西亚石油产量从 2006 年开始出现负增长,2010 年的平均产量为每天 66.48 万桶,而石油消耗为每天 52.39 万桶。照这个趋势发展下去,马来西亚未来将成为石油净进口国。截至 2012 年 1 月,马来西亚天然气储量居世界第 12 位,达 2.4 万亿标准立方米。虽然大部分石油储量在马来西亚半岛,但是天然气产量大多来自东马来西亚,特别是沙捞越州近海地区。[①]

根据美国能源信息机构的统计,截至 2015 年,马来西亚有 40 亿桶原油储备和 2.35 万亿立方米的天然气储备,而且原油质量很高。马来西亚有五个原油精炼厂,2013 年每天提供约 59 万桶石油,预计到 2020 年将上升为每天 89 万桶石油。

目前,为了满足日益扩大的能源需求,马来西亚国家石油公司及它的合作伙伴正在进行深水勘探,并在深海工业领域取得了巨大进展,但是海洋石油勘探技术仍存在很大的缺陷。马来西亚的政府部门越来越重视海洋油气产业的发展,并将其作为国家关键经济领域之一。目前马来西亚政府正在引进一些先进的勘探技术,并采取一些优惠的政策鼓励国际石油公司来马投资。

---

① 王海华.马来西亚油气工业现状及未来发展趋势[J].国土资源情报,2013(1).

3. 海洋交通运输业

马六甲海峡有近一半的水域属于马来西亚领海,每年约有7万艘轮船从这里经过,到2020年估计将达到11.4万艘,占世界海上贸易量的五分之一到四分之一。马来西亚内河运输不发达,海运80%以上依赖外航,总共有各类船只1 008艘,其中100吨位以上的注册商船508艘,注册总吨位175.5万吨;远洋船只50艘。马来西亚总共有19个港口,主要港口有巴生、槟城、关丹、新山等。马来西亚政府正大力发展远洋运输和港口建设,努力使马来西亚成为一个领先的海洋国家,做世界级的海上运输和物流。马来西亚国际航运公司(MISC)拥有亚洲最大的海上作业设施,目前该公司已经是全球最大的船运集团之一。联合国统计资料显示,2015年马来西亚的国际海运装货量为1.78亿吨,比2005年增长66.91%;国际海运卸货量为1.69亿吨,比2005年增长51.77%。

马来西亚是世界第二十大贸易国,其国际贸易大部分是通过各港口经海运运输的,因此不难看出港口运输对于马来西亚国际贸易的重要性。马来西亚的港口业相对于东南亚的其他国家(新加坡除外)而言,一直比较发达。其快速发展是20世纪90年代中期开始的。近年来马来西亚的港口运输也一直快速发展。2012年,马来西亚港口运输量达到2 087万标准集装箱,同比增长3.62%,2000—2012年的年平均增长率为13.35%。2015年2月,马来西亚交通部长廖中莱表示,马来西亚将在马六甲州打造一座国际水平的港口,以加强马中两国经济合作和配合中国海上丝绸之路建设。

马来西亚2011年开始创建已经被遗忘数十年的造修船业,还制定了到2020年前的造修船发展战略规划,旨在将马来西亚的造修船业从当前的状态提升到能为经济做出重大贡献的状态。2010年,马来西亚造修船业产值为73.6亿马来西亚林吉特,并将在2020年前实现约10%的年增长率,为国民生产总值(GNP)带来199亿马来西亚林吉特收入。马来西亚规划部门预计,作为劳动密集型行业的造修船业将成为马来西亚一个重要的创造就业的行业,给约5万人带来就业机会。

4. 滨海旅游业

滨海旅游业近年来成为海洋经济中一个越来越重要的产业,也是马来西亚第三大外汇来源。美丽的海岛风光、优良的港口优势无疑是推动马来西亚的滨海旅游业发展的动力。

世界经济论坛(WEF)《2015年旅游产业竞争力报告》显示,虽然在世界各国旅游竞争力指数排名靠前的国家中,东南亚地区只有新加坡排在第11位,但是报告仍然把东南亚地区当作国际旅游取得最显著增长的地区。这得益于其快速发展的经济和地区价格竞争力优势,以及签证政策的区域性合作。2015年世界旅游竞争力指数显示,在141个国家和地区的排名中,马来西亚在世界排名第25位,在亚洲排名第7,在东盟国家中排名第2,仅次于新加坡。地区安全、卫生环境、对外开放性、环境可持续性、基础设施等是影响马来西亚旅游竞争力最主要的问题。要想更好地促进马来西亚旅游业的发展就必须改善这些劣势方面。[1]

综上所述,马来西亚虽然属于一个海洋国家,但其海洋经济的发展还处于初级阶段,重点发展的还是渔业及相关初级海洋经济产业。对比东盟其他海洋国家的海洋经济发展现状(尤其是海洋渔业发展),马来西亚的海洋产业对经济的贡献还不是很大,还有很大的发展空间。

(二)马来西亚与其他国家的海洋经济合作

东盟国家的海洋产业合作是东盟互联互通战略的一个重要方面。自从2010年10月东盟推出《东盟互联互通总体规划》以来,互联互通就已经渗入东盟国家交往的各个方面。互联互通中的一些项目就包括海洋产业的合作,比如港口的建设、航道的联通、油气项目的合作及一些关于旅游方面的合作等。

2015年,来自印尼、老挝、马来西亚、缅甸、菲律宾、泰国、越南和柬埔寨这八个国家的代表被任命到东南亚渔业开发中心(SEAFDEC)秘书处工作,旨在加强SEAFDEC成员国之间的合作,包括制定一些关于渔业方面的政策措施、加强成员国之间的交流,以及加强渔业知识的交流和人员培训等。[2]

东盟在基础设施互联互通中,提出了海洋交通运输、综合运输走廊,以及能源基础设施的建设。目前,东盟正积极推进跨东盟国家输气管道系统建设,计划在2020年前把东盟国家主要天然气产区和消费中心连接起来。

---

① World Economic Forum. The Travel & Tourism Competitiveness Report 2015[R].
② SEAFDEC NEWSLETTER, Volume 38 Number 1 January—March 2015.

得益于优越的地理位置和发达的天然气基础设施,马来西亚成为该项目中线集散地的候选国家。连接马来西亚和新加坡的第一条管道于1991年开工,连接印尼西纳土纳和马来西亚的输气管道于2002年投入使用,连接泰国与马来西亚输气管道则于2005年投入使用。

在旅游方面,《东盟互联互通总体规划》提出,东盟仍需要进一步加强对该地区旅游部门的整合,包括统一签证规定、发展第三者责任险、旅游相关服务的标准化、旅游基础设施的升级、简化入境手续等。新加坡、马来西亚、泰国三个地方已经被整合成一条旅游路线来吸引游客。目前,这条路线已经成为一条很热门的旅游路线。

东南亚地区地形复杂,国家数量多,所以存在一些海上划界的争端。目前,东南亚很多国家都在努力寻求合作解决这些争端。比如,新加坡和马来西亚就将成立委员会解决海上划界争端。这种举措对于发展海洋渔业、加强周边国家的海洋产业合作有着重要意义。

互联互通已渐渐成为中国—东盟经贸合作的重点领域,未来海上互联互通有望成为双边合作的新亮点。中方已提出建立中国—东盟海洋合作伙伴关系的倡议,并设立30亿元人民币的中国—东盟海上合作基金。目前中方正在研究设计一批中国—东盟海上合作项目,以构筑海上新丝绸之路。

中马两国在海洋渔业方面的合作主要是在南中国海区域。中马双方在国际条约签订和区域性大型项目合作方面积极开展交流与合作。马来西亚欢迎有实力的中国公司到马来西亚投资,进行远洋渔业开发。马来西亚政府还准备颁发部分远洋捕捞执照给中马合资公司,以鼓励和支持双方在远洋渔业方面的合作。在油气资源开发方面中马两国也有合作。2013年,由中国航天科工控股的航天晨光股份有限公司承接的马来西亚国家石油公司17公里海洋平台输油管道穿插工程总承包项目在马来西亚海上油田现场顺利通过压力试验。

2013年11月19日,中马海洋科技合作联委会第二次会议在吉隆坡举行。双方就推动中马海洋科技务实合作达成五项共识,继续深化海洋科技合作和人才的培养。2014年,中马两国共建"两国双园"。钦州产业园区和关丹产业园区的建设运行,为加强中马两国各方面的合作创造了契机,开启了海上丝绸之路合作新模式。

东盟国家已经开始实行政策使签证更加便利化,旨在在未来几年实现持有任何一个东盟国家的签证就可以免费出入规定的 25 个国家,使游客在东盟国家旅游更加方便,从而更好地促进东盟国家旅游业的发展。

中国具有漫长的海岸线,海洋资源丰富。改革开放以来,中国的海洋经济快速发展,海洋产业已粗具规模,并成为国民经济的重要组成部分。马来西亚的海洋经济发展仍处于初级阶段,中马在海洋产业方面有着很大的互补性。中马可以借助"一带一路"的发展大浪潮,在海洋产业方面进行更深入、更广泛的合作。相信中马的海上合作将有助于进一步扩大中国—东盟经济合作的规模,扩展双边合作的领域,有利于维护南海和平,促进两国经贸合作和海洋经济的发展。

◆第三节◆
菲律宾的合作潜力

一、菲律宾近年来经济增长强劲

菲律宾自 2010 年以来外贸额持续增长,造船业、服务外包等领域发展迅速。继 2014 年超过印度成为全球最大的服务外包接包国后,2016 年 4 月菲律宾造船业新承接订单量以 59 万修正总吨居全球第一(韩、中、日分别为 53 万、29 万、15 万)。

菲律宾近年来经济发展趋势较好。2010—2016 年,菲律宾 GDP 年增长率分别为 7.6%、3.7%、6.8%、7.2%、6.2%、5.8%、6.7%,是东盟成员中经济发展最快的国家。

(一)菲律宾具备持续多年高增长的条件

除了中国和印度,如今亚洲增速较高的发展中国家还有一个,那就是菲律宾。菲律宾目前正受益于较低的通胀水平、良好的财政状况、不断减少的债务、充满活力的民营企业，因此菲律宾经济具备实现持续多年高增长的条件。马来西亚的《亚洲十强》杂志授予菲律宾"亚洲经济增长速度最快"奖。前世界银行行长金墉(Jim Yong Kim)曾称，菲律宾可能会成为"亚洲下一个经济奇迹"。国际货币基金组织(IMF)曾预测，菲律宾6%左右的增长速度将至少维持到2019年。若此预测成真，根据彭博数据分析，这将成为菲律宾1950年战后繁荣期以来最长的增长期。在WEF 2015年推出的《全球竞争力报告》中，菲律宾排名上升了33位。同年，在世界银行最新发布的《营商环境报告》中，菲律宾排名上升了49位。彭博社预言，2017年菲律宾将成为全球经济增速第二快的国家。德意志银行2015年9月发布的《每月菲律宾》报告称，菲律宾经济在国际经济下行的大背景下，仍保持了良好的经济增长前景，成为新兴市场中的一大亮点。该报告认为，尽管上半年菲律宾经济增速低于目标和去年同期，但私人消费和投资保持强劲，在服务业的驱动下就业形势被看好，商品价格下降，总体表现强于其他新兴市场。

菲律宾联络中心协会(CCAP)表示，在美国等传统英语国家市场持续强劲的需求拉动下，2013年菲律宾国内呼叫中心(call center，又称客户服务中心)产业收入创纪录地达到100亿美元，2016年更是达到了150亿美元。据分析，尽管美国仍是呼叫中心的主导市场，但英国、澳大利亚和新西兰等国家的需求也日益强烈。CCAP预测，2017年菲律宾呼叫中心产业收入有望继续增长14%～15%。经济的持续增长使得菲律宾在创造就业岗位和改善贫困人口生活等方面取得较大成效。从2013年10月至2016年10月，菲律宾新增超过300万个就业岗位，失业率从6.4%降至5.6%，达到近10年来的最低值，收入最低的20%群体的实际收入增速高于其他人口。菲律宾贫困人口中的失业率也显著下降。世界银行认为，如果菲律宾经济增长能保持在6%的水平，并实现包容性增长，菲律宾只需一代人的时间就能消除贫困。菲律宾央行报告显示，菲律宾外汇储备(GIR)在2014年12月达到798.06亿美元，足以支付10.2个月的货物和服务进口，也相当于菲律宾短期到期外债余额的8.4倍或短期外债余额的6倍。

菲律宾粮食生产近年来取得了较大成就。根据最新的全球市场数据，菲律宾已成为亚洲水稻生产进步最大的国家。菲律宾的稻米产量从2011

年的977万吨增长到2016年的1 200万吨。按照这个趋势,菲律宾的稻米产量将超越主要稻米出口国,包括中国和印度。玉米也是菲律宾重点生产的粮食之一。2014年,菲律宾玉米产量为780万吨,其中黄玉米550万吨,白玉米230万吨,自给率达到103%。菲律宾农业部鼓励维萨亚和棉兰老岛等白玉米主产区的农民以玉米为主粮,同时也积极寻求向韩国和中国台湾出口的机会。此外,菲律宾农业部将重点提高农产品质量标准和农产品竞争力,创造积极的商业环境,提高农民收入,具体工作主要包括:一是继续筹建农产品市场,减少农产品损失,减少中间环节,增加农民收入;二是推动玉米和甘蔗集群发展,提高两种作物的机械化率;三是推动信贷在农业领域的普及,提高资本使用率;四是推动棉兰老地区的农业发展,鼓励私营企业和个人参与政府推出的地区发展计划。

由于近年来菲律宾经济增长强劲,加之全球经济仍处疲态,近期菲律宾企业开始陆续开展海外并购业务。较为引人注目的是菲律宾食品企业:2015年,菲律宾最大快餐连锁公司Jollibee以1亿美元收购美国快餐公司Smashburger 40%的股权,后者在美国35个州拥有335个快餐店;同年,菲律宾大型食品公司Monde Nissin宣布以5.5亿英镑的价格收购英国肉类替代品生产厂商Quorn。[1]

同时,菲律宾与中国的经贸往来持续增长。尽管菲律宾与中国因南海问题一度出现关系紧张的局面,但是双方的经贸往来并未受到太大影响。菲律宾是与中国外贸增长最快的四个东盟成员国之一。即使发生了南海仲裁案与"海洋石油981事件",2014年1—8月,中国与菲律宾的贸易额同比还是增长了15%,中国成为菲律宾第二大贸易伙伴。2014年,中国对菲律宾投资也高于2013年。2016年,中国与菲律宾的贸易额更是大幅增长,中菲贸易总额达211.75亿美元,同比增长20%。其中,菲律宾从中国进口149.87亿美元的商品及服务,同比增长30.7%;菲律宾向中国出口61.88亿美元的商品及服务,同比增长0.2%。[2]

---

[1] 数据来源于菲律宾经济发展研究所(http://www.pids.gov.ph/)。
[2] 数据来源于菲律宾统计署(http://www.psa.gov.ph/)。

（二）菲律宾经济近年较快发展的原因分析

在不断发展的中产阶级和复苏的制造业的带动下，预计未来 15 年菲律宾经济将快速发展。菲律宾有望成为东南亚重量级国家中的一员。未来五年，菲律宾 GDP 可能平均每年增长 5.5%。如果这种发展能够持续，到 2024 年，菲律宾人均收入可能会翻番至每年 6 000 美元；到 2029 年，其经济规模有望超过 1 万亿美元，是 2015 年 3 100 亿美元的 3 倍多。

1. 带动经济增长的三驾马车——消费、投资和出口均有良好表现

从消费方面看，2015 年，菲律宾家庭最终消费支出在 GDP 中占比接近 70%，这意味着即使投资减少高增长也能持续。而家庭最终消费支出还在持续增长。高消费占比的背后，是菲律宾中产阶级的扩张。随着中产阶级的扩张，菲律宾国民的消费模式发生了许多变化，对房、车及贷款的需求都有所增加。消费的快速增长很大程度上也得益于海外劳工的汇款。2013 年，菲律宾海外汇款在其整体经济中占比达 10%，且总额创新高，达 230 亿美元。2014 年海外劳工汇款增加到 243 亿美元，2015 年进一步增加到 285 亿美元。

从投资方面看，菲律宾正处于基础设施建设大扩张的阶段。2015 年，菲律宾投资 128 亿美元(5 623 亿比索)用于基础设施建设，该投资额占其 GDP 的 4% 左右。2016 年，基础设施投资达 183 亿美元左右(8 029 亿比索)。除了政府投资，私人部门的投资也在迅速上升。2015 年，菲律宾建筑业投资增长尤为迅速，增速达 20.5%，大大高于当年整体 GDP 增长率。而且，该增长主要源于私人部门投资的增长，2015 年私人部门建筑业投资增长率达 25.7%。另外，还有一部分投资增长来自外国直接投资。菲律宾吸引的境外投资从 2010 年的 10.7 亿美元激增至 2015 年的 71 亿美元。

从出口方面看，无论是商品出口增速还是服务出口增速，2014 年均出现了大幅反弹。2013 年和 2014 年菲律宾商品出口增长率分别为 0.1% 和 12.1%；2013 年服务出口增速为 −5.7%，2014 年则为 12.2%。其中，服务出口主要以旅游业为主，2014 年旅游业在服务出口中占比达 15%。2016 年，菲律宾货物进出口贸易总额达到 1 373.91 亿美元，逆势增长 5.8%。[①]

---

① 数据来源于菲律宾统计署(http://www.psa.gov.ph/)。

2. 从长期来看,菲律宾未来还有着巨大的人口红利尚未释放

菲律宾统计署 2010 年进行的人口普查显示,当时菲律宾共有 9 234 万人口。而 2016 年 1 月 1 日,菲律宾的预测人口已经达到 1.73 亿。这说明菲律宾成为东南亚第二人口大国。菲律宾的人口增长率达 2%,在东南亚国家中是最高的。菲律宾人口结构明显优于地区邻国,在其他国家人口纷纷老龄化之时,菲律宾还有大量的年轻人涌入劳动力市场,这是一个巨大的优势。菲律宾人口普查显示,处于工作年龄(15~64 岁)的人口占总体人口比例达到 62%,到 2045 年,这一比例将上升至 67.5%。这与亚洲很多国家面临老龄化的困境形成反差。菲律宾年轻的人口在亚洲中很突出。随着其他国家劳动成本的上升,菲律宾将由于加入劳动力大军的人口充足而保持竞争力。

3. 公共基础设施投资加速

菲律宾公共交通和道路等基础设施薄弱,经常出现慢性交通堵塞和港口物流不畅等问题,阻碍了经济的进一步发展。近年来,菲律宾政府支出呈现加速势头,显示当局正加大投资以促进经济发展。值得注意的是,当局在新预算中大幅增加了对基础设施建设的投资。2010 年,菲律宾基建预算仅占 GDP 的 1.8%,2014 年为 3%,2015 年达到了 4%,2016 年则增至 5%。今后菲律宾将充分使用官民合作(PPP)方式促进基础设施建设投资。2015 年,菲律宾预算部用于公共基础设施建设支出的资金达到 7 665 亿比索(约 231 亿新元),与上年相比增长了 35%,与 2010 年相比则增长了 4 倍。2016 年,菲律宾政府又投入 3 000 亿比索(约 91 亿新元)用于修建公路及连接机场、海港和旅游景点的道路,建设和改善港口及机场设施,以及改善铁路系统。①

4. 服务外包业发展较好

菲律宾业务流程外包(BPO)行业的出口收入 2008 年至 2014 年间翻了一番,2014 年达到 180 亿美元。同时,信息技术业务流程外包(IT-BPO)行业员工总人数突破 100 万。2016 年,菲律宾的 IT-BPO 产业收入达到约 250 亿美元,从业人员达到 130 万人。这个行业的快速增长也推动了菲律宾一

---

① 数据来源于菲律宾经济发展研究所(http://www.pids.gov.ph/)。

些城市的经济发展,其中马尼拉和宿务排名全球领先的 BPO 中心之列。根据美国咨询投资公司 Tholons 公布的 2014 年全球服务外包城市前 100 名榜单,菲律宾有 7 个城市入选。其中马尼拉市取代印度孟买成为全球第二重要的 BPO 城市,宿务市名列第 8,达沃市列第 69 位,圣罗莎市列第 82 位,巴科洛德市列第 93 位,西米沙鄢列第 95 位,碧瑶市列第 99 位。[①] 服务外包业务对菲律宾 GDP 的贡献率达 3.6%。

5. 海外劳工汇款增长迅速

海外劳工对菲律宾经济至关重要。由于菲律宾人会英语,因此其国际流动性很高。虽然菲律宾国内人口刚过 1 亿,但在海外工作的菲律宾人就有大约 1 000 万。菲律宾已成为继中国、印度之后又一侨民大国。根据菲律宾海外雇佣管理局的数据,2013 年新增或重新雇佣的海外劳工就已超过 180 万,2014 年达到 232 万。每年汇回菲律宾国内的款项成为支持菲律宾经济的重要因素,2014 年达到 269 亿美元,2015 年增加到 285 亿美元。在菲律宾,海外劳工被视为当代英雄,也代表着菲律宾在海外的"脸面"。海外劳工的汇款直接支持消费开支和住房建设,成为菲律宾 GDP 增长的主要驱动力。

二、菲律宾经济潜力分析

(一)丰富的旅游业资源

菲律宾是千岛之国,地处热带,气候适宜,拥有大量的自然风光和具有民族特色的文化,旅游业发展具有十分优越的条件。菲律宾地处亚洲的中心,周围缺少像菲律宾这样拥有良好旅游资源的国家。此外,中国、日本、韩国的国民十分爱好旅游,这些都为菲律宾旅游业发展提供了很好的条件。一旦菲律宾国内治安得到整治,其国内外对旅游业的投资将迅速增加,国外游客也将蜂拥而至。

---

① 佚名.菲律宾七个城市入围全球重要服务外包城市名单[EB/OL].2014-01-27. http://www.mofcom.gov.cn/article/i/jyjl/j/201401/20140100475275.shtml.

（二）充足的人才资源

菲律宾教育事业发展良好,人才资源丰富。目前,菲律宾拥有IT及电脑科学专业人员7万人,工程师3.5万人,注册会计师10万人,商务管理人员10万人。此外,菲律宾每年新增38万大学毕业生,以补充专业队伍。菲律宾通用英语,采用西方模式的教育体系,全国文化普及率达94.6%,72%的人能流利使用英语,易接受外来不同文化。与其他国家相比,菲律宾技术人员精通英语,熟悉国际水平的专业知识及用户服务标准,具备良好的业务能力及职业道德,容易与外部沟通。调查显示,菲律宾服务人员的英语表达和理解能力优于印度、爱尔兰等国家。

（三）低廉的经营成本

菲律宾普通劳动力的平均成本为每月234美元,低于亚洲大多数国家,略高于印度、印尼,技术人员月薪在400美元左右,白领雇员平均工资水平仅为美国的四分之一。此外,菲律宾服务人员精通英语,熟悉西方的专业知识,还能节省上岗前的培训费用。在基础设施方面,菲律宾拥有充足的设施完备的办公区,现还有40万平方米的接纳能力。这些办公区租赁价格低廉,仅为美国、印度、中国香港的四分之一,而且大多由国际房地产公司管理,有合理的租赁协议。

（四）大量的海外劳工市场

菲律宾人才资源丰富,90%的菲律宾人会讲英语,可以到世界各地去就业。目前,每年在国外从事服务、建筑、机械、计算机等行业的菲律宾劳工达到千万,每年汇回国内的款项超过260亿美元。菲律宾劳工在海外已经树立了良好的形象,将来菲律宾劳动力的海外就业将有更广阔的市场。

（五）巨大的农业发展潜力

菲律宾具有丰富的土地资源、良好的生态环境、适宜农作物生长的气候条件。虽然目前菲律宾许多农产品处于短缺状况,但发展的条件很好,只要改善农业基础设施,依靠农业科技进步,菲律宾农业将有巨大发展。菲律宾具有很长的海岸线和广阔的海域,发展水产业更是具有得天独厚的优势。

目前菲律宾海藻生产已是世界第一,其他海产品发展也具有美好的前景。

(六) 前景广阔的采矿业

菲律宾拥有丰富的矿产资源,在世界矿产资源储量中占有重要的地位,铝、铜、镍、金、银都有很好的开发前景。据菲律宾矿产与地理科学局的报道,菲律宾金矿储量居世界第二,铜矿储量居世界第三。国外许多企业都看好菲律宾的矿产开发。近年来,菲律宾政府积极调整政策,改善矿业投资环境,加上国际矿产品价格的大幅度上升,菲律宾的矿业活动日趋活跃,越来越多的外资企业愿意到菲律宾进行投资与合作。

(七) 快速发展的对外贸易

近年来,菲律宾对外贸易一直保持着稳定发展的势头。其中,出口贸易增长尤为显著,使得菲律宾从高额贸易逆差变为顺差。这说明菲律宾具有许多优势产品。随着菲律宾贸易对象的多元化和中国—东盟自由贸易区的形成,菲律宾的对外贸易将得到长足的发展。

制造业是菲律宾最大的产业,占GDP的21%,但年增长率仅为3%。过去10年中,菲律宾对制造业的投资占总投资的38%,但其出口额占比却高达86%。目前,菲律宾政府的管理能力和宏观经济都有所改善,泰国和越南的生产成本增长也给菲律宾发展制造业创造了机会。菲律宾政府应制定制造业发展路线图,在行业规划方面寻求外国技术援助,成立制造业研究机构,培养专家,建立特别经济区试点以大力发展制造业。

菲律宾的主要出口产品是电子设备、机械和运输设备、服装、椰子产品和化工产品,主要进口产品为电子产品、机械和运输设备、石油和其他工业产品。美国仍旧是菲律宾的首要贸易伙伴,其他贸易伙伴为日本、韩国、新加坡、马来西亚和中国台湾。欧洲也逐渐成为菲律宾的重要进出口增长地。菲律宾曾经是全球最大的电子产品出口国,但后来其电子制造行业没落。为了提高投资建厂吸引力,菲律宾颁布了一系列措施支持外资企业的生产,例如给予免税期、对进口设备免税等。

菲律宾呼叫中心产业近年来发展迅猛,目前已拥有几十家呼叫中心。这些呼叫中心几乎全部设立在菲律宾首都马尼拉和第二大城市宿务。截至

2015年年底,该行业就业人数达到78.7万人。该产业发展前景良好,未来的5~7年里,菲律宾有望发展成为亚太地区最大的呼叫中心市场。

◆ 第四节 ◆
缅甸与越南的合作潜力

一、缅甸的合作潜力

(一)缅甸经济发展的总体情况

缅甸国土面积近68万平方千米,人口近6 000万。2015年缅甸人均GDP约1 200美元。缅甸的国土面积在东盟10国中仅次于印尼,位列第二。缅甸拥有极其丰富的资源:森林覆盖率高达52.28%;矿产资源种类繁多,宝石、玉石储量巨大,质地优良;江河纵横,渔业资源丰富,水资源蕴藏量居东南亚各国之首。

目前,缅甸经济发展水平较低。2015年,缅甸GDP总量仅为643.30亿美元,约占东盟总量的2.6%;工业生产落后,大量生活资料和生产资料需要进口。2015年11月,缅甸进行全国大选,昂山素季领导的全国民主联盟(民盟)总共获得886个席位,其中在联邦议会人民院获得255席,在民族院获得135席,在省邦议会获得496席,占据首位。民盟已经依法获得组建新政府的权力。新政府的政治、经济走向及中缅关系的发展备受世界关注。2016年3月30日,新政府正式就职。民盟在缅甸的执政及随后采取的一系列政策和做法,推动着缅甸走向社会转型和经济开放之路。一个拥有近6 000万人口的新兴市场正在从理论加速走向现实,其中所蕴藏的巨大历史性机遇也引起了各方的高度关注。亚洲开发银行、国际货币基金组织、世界银行等机构甚至纷纷预测2016年缅甸经济增长率将跃居世界第一。联合国贸易暨发展会议(UNCTAD)2016年6月24日发布的世界投资报告也预测,缅甸在三年内有望成为全球投资热点,位列吸引外资国家和地区的前15名。

(二)缅甸主要产业发展概况

2015—2016 财年,缅甸工业产值约占其 GNP 的 32%。主要工业有石油和天然气开采、小型机械制造、纺织、印染、碾米、木材加工、制糖、造纸、化肥和制药等。

成衣制造业目前已经发展成缅甸国民经济的支柱型产业之一,缅甸正逐步成为世界成衣出口的新兴国家。缅甸成衣业协会统计数据显示,目前缅甸共有成衣企业 300 多家,员工 36 万人,成衣出口占纺织产品出口总量的 10%~12%。2009 年缅甸成衣出口额约 4 亿美元,2013 年迅速增加至 12 亿美元,2016 年进一步增加至 17 亿美元。缅甸成衣产品主要出口到日本、韩国、欧盟、德国和中国。其中,出口到日本的最多,占出口总量的 48%;其次是韩国,占 33%;欧盟第三,占 14%。来自中国大陆、中国台湾、马来西亚、德国、日本、韩国等 20 个国家和地区的企业纷纷投资缅甸成衣制造业。缅甸成衣协会预计,未来 10 年内,缅甸成衣产品出口额将增加至 100 亿美元。

农业是缅甸国民经济的基础。缅甸可耕地面积约 1 800 万公顷,尚有 400 多万公顷的空闲地待开发。缅甸农业产值占其 GNP 的四成左右。主要农作物有水稻、小麦、玉米、花生、芝麻、棉花、豆类、甘蔗、油棕、烟草和黄麻等。2010—2011 财年,缅甸出口大米 84 万吨,创收 3.24 亿美元。2012—2013 财年,缅甸出口大米 130 万吨。2015—2016 财年,大米出口量达到了 200 万吨。缅甸拥有近 3 000 万公顷的林地,森林覆盖率达 41%,原始森林面积逾 100 万公顷。已发现 8 000 余种植物,主要林产品有柚木、花梨等各类硬木和藤条等。畜牧渔业以私人经营为主。缅甸政府允许外国公司在划定的海域内捕鱼,并向外国渔船征收费用。1990 年,缅甸开始同一些外国公司合资开办鱼虾生产和出口加工企业,水产品出口至多个国家和地区。2014—2015 财年前 10 个月,缅甸出口水产品 3.69 亿美元。

缅甸拥有丰富的旅游资源,风景优美,名胜古迹多。主要景点有世界闻名的仰光大金塔、文化古都曼德勒、万塔之城蒲甘、茵莱湖水上村庄及额布里海滩等。近年来,缅甸政府大力发展旅游业,积极吸引外资,建设旅游设施。2012年来缅甸的游客近106万人次,比2011年的81万人次增长29.72%。2014年进入缅甸的外国游客突破300万人次,创汇10亿美元以上。2015年进入缅甸的外国游客进一步增长到460万人次,其中70%为东南亚国家游客,其他主要来自英国、德国和中东。为适应外国游客的增长,缅甸政府有关部门和相关企业正在加紧完善旅游设施并提升服务质量,包括建设开发更多旅游景区和景点,增加酒店数量,加强交通基础设施建设和提升服务质量等。[①]

(三)缅甸的投资环境

2015年4月至2016年2月,中国在对缅甸投资的国家中居首位,投资额达150亿美元,共投资126个项目;新加坡居第二位,投资额为120亿美元,共投资199个项目。2015—2016财年,共有43个国家在缅甸投资,投资主要集中在油气领域,有151个开发项目,投资额超过190亿美元,来自欧洲国家的投资额达到60亿美元。其中,英国投资40亿美元,荷兰投资9.89亿美元,法国投资5.41亿美元。

1.投资缅甸的经济机遇

首先,缅甸的开放趋势比较明显。从目前的情况看,新政府基本延续了吴登盛政府积极对外开放引进外资的立场,新政府官员在各个场合都比较一致地传达了这一信息。2016年6月,缅甸新政府与世界银行代表、欧盟代表、缅甸工商联合代表等一道举行了缅甸贸易整合诊断研究报告(DTIS)发布仪式,借助国际经济组织的力量研究缅甸贸易领域的优势和不足,以推动国家经济发展和促进贸易相关政策出台。军方推荐的第一副总统吴敏瑞明确表达了对引进外资的渴望,他表示:"为了与世界经济尽快接轨,推动缅甸贸易发展和引进大量外资,给缅甸民众提供大量就业机会,政府正在积极努力推动各项措施的出台和实施。"

其次,缅甸开展区域经济合作的意愿较强。新政府积极开展区域经济合作。目前,缅甸正积极响应柬埔寨、老挝、缅甸、越南、泰国(CLMVT)东盟

---

① 数据来源于东盟秘书处。

五国的 2016 CLMVT 论坛精神,希望打造一个独特的 CLMVT 无缝区域,提高区域内的跨境贸易与投资。缅甸国内认为,CLMVT 应向被称为"欧盟发动机"的欧盟核心六国的方向发展,成为东盟的"发动机",推动东盟向一体化程度更高的命运共同体发展。作为这个计划的一部分,缅甸与其他 CLMVT 四国成员的旅游免签计划正在协商过程中,估计不久将落地。

最后,改革的综合性较强。总的来看,目前新政府所酝酿的改革政策并不是某一方面或几方面改革的简单叠加,而是表现出较强的综合性。其一,从机构设计上看,新政府在政府各部门之外专门新设了国家经济联合协商委员会这一机构,旨在评估和协商各政府部门实行的贸易、金融、财政和投资等经济方面的政策,避免政策相互矛盾或者改革顾此失彼。其二,从经济改革的内容上看,减免税赋、引进外资、建设证券市场、控制汇率、推进经济特区建设等方面的内容都已进入新政府的视野,缅甸的经济改革或在不久的将来迎来一系列重大突破。2016 年 6 月 13 日,缅甸计划与财政部长吴觉温在企业家见面会上表示,本届政府制定的经济政策将在不久后正式颁布,尽管"新制定的经济政策还不能透露,还需要向有关方面提交",但是政府"是不会限制和阻止任何企业家从商的,只会优先考虑向经商者(投资者)提供帮助"。这对缅甸国内的从商者或者国外的投资者而言,都无疑是一大利好消息。其三,从配套内容看,目前缅甸的改革在经济之外,还有打击各类刑事和经济犯罪、打击腐败、禁毒、推进高等教育改革、加强基础设施建设等内容,特别是在法治方面,新政府正试图理顺缅甸立法和司法之间的关系,以加强法治社会的建设。国外投资者过去经常遇到的如政府官员索贿、资产被无理扣押或没收等风险有望明显下降。

2.缅甸的主要投资优势

人力成本低廉。2015 年,缅甸的最低工资日薪为 3 600 缅元,按目前汇率计算约合人民币 20 元左右。2015 年部分工人罢工示威,要求将最低工资日薪提升至 4 000 缅元,约合人民币 22 元。但这相对于东南亚的其他国家依旧低廉得多,如已成为重要国际投资目的地的越南,最低月薪约为 270 万越南盾,约合人民币 800 多元,按每月 22 个工作日计算,平均日薪约为人民币 36 元。更重要的是,许多缅甸民众笃信佛教,纪律性好,性格温和,虽偶有罢工,但比起民风强悍的越南、马来西亚、菲律宾等国更便于管理。

市场潜力巨大。目前,缅甸经济总量中约 60%是农业经济。缅甸是一个正在走向开放但还未真正开始工业化的国家,工业产品市场潜力巨大。目前缅甸大部分家庭都没有电话,电脑只有少数富人才买得起,购买手机至少要 3 000 美元,买一张 SIM 卡也要约 2 000 美元。另外,缅甸的生活消费品供应也有限,相当一部分要依靠进口。

资源丰富,地理位置优越。缅甸海岸线漫长,陆地资源丰富,是著名的玉石、木材、橡胶和稻米生产国,各种工业原材料供应充足。

(四)缅甸的石油天然气产业发展

1.油气资源情况

缅甸油气资源丰富。法国新闻社评论称,缅甸已探明石油储量达 31 亿桶;天然气储量达 25 400 亿立方米,名列世界天然气储量前十。缅甸石油部长 2012 年年初曾表示,缅甸天然气储量为 6 371 亿立方米。这是 2011 年英国石油公司公布的 3 341 亿立方米的近两倍。缅甸已探明的陆上石油总量为 1.04 亿桶,海上石油总量为 3 500 万桶。目前,缅甸的石油日产量为 1.96 万桶,天然气日产量为 4 177 万立方米。自 1853 年仁安羌油田的石油出口到欧洲以来,缅甸已有百余年的石油开采历史。

缅甸石油天然气主要分布在若开山脉与掸邦高原之间的缅甸中部沉积盆地和沿海大陆架,全区总面积为 25.2 万平方千米(包括沿海大陆架 9.5 万平方千米),具体主要集中在德林达依、仰光、马圭及伊洛瓦底 4 个省份。出口至国外的大部分原油和天然气主要产自德林达依和伊洛瓦底 2 个省份。自 1988 年以来,缅甸共发现了 10 个油气田,其中在缅甸陆地发现了 7 个油气田,在缅甸近海发现了 3 个天然气田。缅甸全国现有 36 个油田,其中内陆地区 31 个,海洋地区 5 个。缅甸共有 14 个地质沉积盆地。根据缅甸的地质构造情况,缅甸石油与天然气勘探前景看好。虽然缅甸国内油气资源丰富,但是缅甸在石油的开采、加工和生产技术方面都十分落后。缅甸国内所需的石油几乎全部依赖进口。

2.缅甸油气产业发展

自 1871 年英国设立仰光石油公司以来,缅甸一直出产石油。仰光石油公司后来更名为伯马石油公司。缅甸从 20 世纪 70 年代开始生产天然气。

20 世纪 90 年代它向外国公司,如法国石油公司、英国的 Premier Oil 公司发放了在马达班湾的开采许可证,后来德士古(Texaco)公司和优尼科(Unocal,即现在的雪佛龙)公司也在耶德那和耶德贡获得了开采权。据估计,仅耶德那一地的天然气总量就超过 1 416 亿立方英尺,预计可持续开采至少 30 年。耶德贡的天然气储量是耶德那气田的三分之一。2004 年,缅甸又在阿拉干沿岸水域发现了一个新的大型天然气田——瑞气田。缅甸近海海面主要的国际合作天然气开发气田包括:

(1)耶德那(Yadana)天然气田:耶德那天然气田由法国 Total 公司(持股比例为 31%)、美国 Unocal 公司(持股比例为 28%)、泰国国家石油勘探公司(PTTEPI)(持股比例为 26%)和缅甸石油与天然气公司(MOGE)(持股比例为 15%)合作开发,并由法国 Total 公司负责运营。耶德那天然气田的储量约为 1 614 亿立方米。如果将在该区块内新发现的钻石和红宝石天然气田的储量也计算在内,其总储量达 1 841 亿立方米。在耶德那天然气田的开发计划中,用于生产的投资额为 5.08 亿美元,用于输气管道铺设工程的投资额为 5.87 亿美元,总投资额达 10.95 亿美元。耶德那天然气田已于 1998 年 7 月开始向泰国卖气,每天卖给泰国的天然气量为 1 487 万立方米。根据两国销售协定,卖气协定的有效期长达 30 年。目前,该天然气田的日生产量为 1 841 万立方米,其中,354 万立方米的气主要用于国内。为了满足缅甸国内对天然气的需求,缅甸铺设了一条土瓦至棉格礼的直径为 50.8 厘米的输气管道。目前,该输气管道已经铺设完毕,缅甸正通过这条管道向日产 4 000 吨水泥的棉格礼水泥厂和直通的天然气发电厂送气。此外,耶德那天然气田还通过锡唐地区向仰光送气,锡唐地区的工厂及仰光地区的达格达天然气发电厂均因此受益。

(2)耶德贡(Yetagun)天然气田:耶德贡气田的蕴藏量估计在 480 亿立方米,由跨国公司共同开发。美国的 Texaco 公司持股 50%,英国的 Premier Oil 公司持股 30%,日本的 Nippon 石油公司持股 20%。迫于英国政府和非政府组织的压力,Texaco 公司和 Premier Oil 公司分别于 1997 年和 2002 年撤出了在耶德贡气田的股份,Premier Oil 公司的股份被马来西亚的 Petronas 公司和缅甸的 MOGE 公司取代。目前耶德贡气田的持股公司分别是缅甸的 MOGE 公司、日本的 Nippon 石油公司、泰国的 PTTEP 公司、马来西亚的 Petronas 公司,持股比例分别是 20%、19%、19%、42%。耶德贡天然气田从 1992 年 11 月开始发现可供商业性开采的油气田,该气田开发计划已分别投资 3.3 亿美元用于开采活动,3.12 亿美元用于输气工程(包括一条长约 274 千米、直径约 61 厘米的管道),总投资达 6.42 亿美元。耶德贡的天然气从岸上泵出,并与耶德那输气管相连。2009 年开始,产自瑞气田的天然气也连入管道。

(3)若开近海地区 A1 作业区块:2000 年 8 月,韩国大宇公司和缅甸 MOGE 公司开始共同探测若开海岸的天然气。2004 年,大宇公司宣布在若开邦首府实兑海岸的 Shwe 海域发现了 A1 和 A3 区块,其中 A1 区块最大。该区块位于距缅甸原首都仰光 483 千米处,天然气储量为 3 962 亿立方米。目前,A1 区块由韩国大宇国际公司按照产品分成的合同方式进行开发,大宇公司作为该区块的操作者拥有 60% 的股份。A1 区块其他股份持有情况为韩国天然气公司 10%、印度天然气公司 20% 及印度盖尔天然气公司 10%。

(4)其他主要气田:2008 年 9 月 6 日,缅甸石油与天然气公司与俄罗斯 Closed Joint Stock Oil Company "Nobel Oil"公司在内比都签署合作协定,双方将合作按照产品分成的方式在缅甸内陆 A 区块(克钦邦户拱地区)和 B1 区块(克钦邦乌尤地区)开展石油与天然气勘探、开采和生产合作。同年 10 月 2 日,缅甸能源部下属的石油天然气公司与越南石油公司、Vietsovpetro 公司及缅甸 Eden 集团公司就合作勘探、开发缅甸莫达马海上石油天然气 M2 区块签署产品分成合同。目前,缅甸共有 25 个远海区域在勘探中,12 个位于莫达马海湾,6 个位于德林达依海岸,7 个位于若开海岸。缅甸从 1998 年开始成为天然气输出国。从 2000 年开始,缅甸已成为亚太地区通过天然气输送管道向国外出售天然气最多的国家。

3.世界各国对缅甸石油天然气产业的投资

缅甸的石油储量并没有得到有效的勘探和开发。从 1988 年开始,缅甸积极吸引外资开发能源资源,鼓励外国公司对其储量进行评估,并采取以产品分成为主的合作方式,鼓励外国公司开发其边缘地区的油气资源。

据缅甸官方的统计,缅甸已与中国大陆、中国香港、俄罗斯、新加坡、印尼、马来西亚、瑞士、印度和英国这 9 个国家和地区合作开发了 14 个内陆石油、天然气区块。缅甸石油天然气领域共有30家外国企业在52个区块投资。目前近海可供投资的区块只剩22个。

美、日、欧等国近期均表示愿意加大在缅投资。美国已放松对缅甸汇款制裁,允许使用信用证方式开展对缅业务,并准许美国公司赴缅甸投资包括石油、天然气在内的领域。通用电气(General Electric)、卡特彼勒(Caterpillar Inc.)、孟山都(Monsanto)、福特汽车(Ford)等公司纷纷表现出对缅投资意向。日本于2012年重启对缅甸的日元贷款,伊藤忠、丸红、三井、三菱、住友等商社计划在稀土矿、天然气等方面扩大在缅投资。挪威、德国、荷兰等国的公司也对缅甸丰富的石油和天然气资源表现出浓厚的投资兴趣。随着西方对缅甸长达数十年经济制裁的逐步解除,全球石油巨头包括雪佛龙、道达尔、埃克森美孚、壳牌等纷纷表示希望重新参与缅甸油气田开发。

二、越南的合作潜力

(一)越南经济发展总体情况

越南1986年开始实行革新开放。1996年,"越共八大"提出要大力推进国家工业化、现代化。越南是亚洲经济增长最快的国家之一。20多年来,越南经济始终保持着较快的增长速度。1990—2010年,越南GDP年均增长7.3%,经济总量不断扩大。2013年,越南GDP总量为1 700亿美元,比上年增长5.42%,人均GDP为1 900美元。2014年,越南GDP同比增长5.98%,达到1 800亿美元,人均GDP达2 060美元。2015年,越南GDP达1 906亿美元,同比增长6.68%,创五年来新高。其中,农林渔业增长2.41%,工业和建筑业增长9.64%,服务业增长6.33%。2015年,越南人均GDP已经达到2 200美元。

(二)越南的投资环境

1.人口众多,劳动力成本低,文化与中国相近,市场潜力大

截至2015年年底,越南人口达到9 000万人。其中,男性占49.5%,女性占50.5%;城镇人口占32.5%,农村人口占67.5%。

截至2015年年底,越南共有劳动人口6 700万,占总人口的69%,其中,15岁以上劳动力人口有6 536万人。越南劳动力素质较高、勤劳能干、工资低廉,具有较强的竞争力,但是也存在技术水平不足、熟练技工缺乏等问题。目前,越南劳动力人均月收入为422万越南盾(约合202美元),其中国有企业人均月收入为451万越南盾(约合264美元),外资企业人均月收入为418万越南盾(约合204美元),民营企业人均月收入为374万越南盾(约合178美元)。2014年,越南上调了最低工资标准,并统一了内外资企业标准。

越南有近亿人口,人力资源丰富,年轻人比例高,而且越南文化与中国相近,工人非常勤劳,能够适应中国式企业管理。越南工人的工资大约只有中国工人的三分之一,非常适合劳动密集型产业。越南劳动法允许工人每天工作12个小时,而工人往往也愿意加班赚取加班费。越南与中国在社会各个方面有很多相似之处,比如人情社会。越南甚至更讲究人情往来,中国投资者不用花太多时间就可以适应当地文化。

2.资源丰富

除了低廉的劳动力,越南还有丰富的农、林、矿资源。同时,越南的工业原料比中国便宜很多,酒精、煤炭、水等资源的价格也比国内便宜。此外,越南国内建有许多中小型水电站,工业用电和商业用电价格较国内更低。这些条件能使加工制造型企业获取更丰厚的利润。

3.工业园发展迅速

越南非常重视工业园区的发展。2006年,越南出台新的投资法,进一步开放市场。越南鼓励外商直接投资高新技术产业,尤其鼓励到高新技术开发区投资建厂。外商直接投资到高新技术开发区发展高新技术产业可以长期适用10%的企业所得税税率(区外高科技项目为15%,一般项目为20%~25%),并从盈利年度起享受4年免税和之后9年减半征税的优惠政策。越南将鼓励投资的行政区分为经济社会条件特别艰苦地区和艰苦地区两大类,两个地区分别适用不同的优惠政策。截至2016年6月,越南共有312个工业区和15个沿海经济区。2016年上半年,经济区和工业区吸引外资达69.6亿美元,累计协议资金达821亿美元。这些地区吸引了越南近一半的外资,创造了250万个工作岗位。

目前,中国在越南共投资建设了4个工业园区,包括铃中出口加工区(占地600公顷)、龙江工业园(占地600公顷)、厦门—海防经贸合作区(占地800公顷)和仁会工业区B区(占地450公顷)。铃中出口加工区效果较好,已经开始实施第三期项目。龙江工业园和厦门—海防经贸合作区为中国国家级境外经贸合作区。

(三)越南与中国的经贸合作

近年来,中越经贸关系发展迅速。截至2014年,中国已经连续10年成为越南第一大贸易伙伴。2011年10月,双方签订《中越经贸合作发展五年规划》。2013年10月,双方签订《关于建设发展跨境经济合作区的谅解备忘录》。2014年,越南超过新加坡成为中国在东盟的第二大贸易伙伴,位居马来西亚之后。2015年,中越双边贸易总额达到958.19亿美元,同比增长14.6%。其中,中方对越方出口额为661.43亿美元,同比增长3.8%;自越方进口额为296.76亿美元,同比增长49.1%。

从产品结构上看,中国自越南进口的前五位产品是电子、矿物燃料、棉花、机械和木制品。其中,电子是第一大进口产品。同期,中国对越南出口的前五位产品是电子、机械、钢铁、针织服装和非针织服装。此外,中国对越南的投资增长迅速。截至2015年年底,中国对越南直接投资存量为29.61亿美元。目前,中国投资主要集中于加工制造、房地产和建设行业,而在越南政府鼓励投资的高新技术、配套工业和基础设施方面投资额较小,尚有较大的发展潜力。目前,较大的投资项目有河内新希望集团公司、永新一期火电厂等。越南是中国在东盟的第三大工程承包市场。

(四)关注越南海防的投资机会

海防是越南第三大直辖市,规模仅次于河内市和胡志明市。它不仅是越南北部最大的港口城市,也是越北地区最重要的工业城市。得益于便利的地理区位和法属时期留下的工业基础,近年来海防发展迅速,已成为越南最热的投资地区之一。

海防与中国广西、云南紧邻,隔北部湾相望。海防市下辖的下龙湾、吉婆岛等地一直以来都是中国游客的旅游胜地。同时,各国企业均看好该市的投资环境,近年蜂拥而至,包括中国香港涂山、中国广东深越、中国台湾富士康等工业区纷纷落户于此。

1. 海防具有极佳的交通优势

港口交通方面,海防拥有125千米的海岸线。海防港口建港已有160多年的历史。海防港的码头长约5 000米,有60多个泊位,航道宽度120米,退潮时水深仍逾10米,万吨货轮可随时进出或停泊港内。2017年,能够通行10万吨级货轮的坜县(Lach Huyen)深水港也将投入使用。该港水深14米,可用于大型船只入港。未来船只可不在香港和新加坡中转,而直接将货物运往欧美,这将有望带来每个集装箱节省数百美元成本的效果。航空交通方面,海防的吉埠机场正在扩建为国际机场。2015年,吉埠机场开通了到东南亚各国和日本、韩国,以及中国的香港、南宁、广州、厦门、上海、昆明、重庆等地区的航班。高速公路方面,连接海防与河内的高速公路于2015年12月全线通车。这是越南国内距离最长、路况最好的高速公路,全线车程仅45分钟。铁路方面,中国和越南正在共同研究一条从河内至边境城市老街的铁路项目。该铁路将连接海防,全长381千米,投资额达44亿美元。

2. 海防是越南最佳投资城市之一

海防拥有越南最大的开发区,面积达2万公顷,海防的大型外商投资企业大都集中在这里。海防建设了近20个工业园区,如日本春木、新加坡淡马锡、丹麦亭武、越南长曳,以及中国广东深越、中国香港涂山、中国台湾富士康等。最近,海防市还设立了吉海—亭武经济开发区。

截至2016年9月,海防共有外资项目461个,总投资金额达137亿美元,其中日韩厂商投资最多,中国商人投资位居第三。在这些外资项目中,高达60%的项目为出口型加工制造业,产品远销欧美多国。目前,投资海防的企业包括韩国现代、韩国LG、韩国三星、日本春木、富士施乐及中国台湾的鸿海集团等。最大的外商投资企业为日本的普利司通,投资总额达12亿美元。

为了吸引更多的外商投资,近年来越南政府加大了政策的优惠力度。在海防市所设经济区外投资的企业,每年需缴纳22%的经营所得税,但在经济区内的企业每年经营所得税的比例仅为10%,并享有前4年经营所得税全免的政策优惠。

海防市围绕招商引资大环境,积极开展基础设施建设,如深水港、道路等的建设,并提供优惠机制,免税费,培训人才,第一时间提供合格劳动力。近年来,海防市更是实行行政改革,一个窗口办事,提升效率。

但是,越南基础工业较为薄弱,交通运输不便。由于越南国内钢铁、石化产业发展不足,工业机械大多依赖进口,设备维护成本较高。物流条件也制约了越南对外贸易的发展。

第四章
南亚国家的合作潜力

◆第一节◆
南亚国家概况[①]

南亚地区的国家包括印度、巴基斯坦、阿富汗、孟加拉国、斯里兰卡、尼泊尔、不丹和马尔代夫。这块次大陆上聚集了超过世界五分之一的人口,是世界上人口最多和最密集的地域,也是除非洲撒哈拉以南地区外全球最贫穷的地区之一。2015年,南亚八国GDP为26 078.7亿美元,仅占全世界总量的3.3%;人口达16.9亿,占世界总人口的23.5%;人均GDP为1 541美元。

南亚位于中国的西南周边,处于"一带一路"之间,北连中亚,南接印度洋。古丝绸之路的南线起自帕米尔山,由克什米尔进入巴基斯坦和印度。2013年5月,李克强出任总理后首次出访印度与巴基斯坦两国时就已经分别提出建设中巴经济走廊和孟中印缅经济走廊的倡议,这或可视为"一带一路"倡议的先声。

南亚作为中国的重要周边,而且是中国近年来经营较好的周边,形势相对稳定,部分地区的动乱局面总体上也向着较良性的方向发展。2015年4月,习近平主席访问巴基斯坦,双方发布联合声明强调中巴经济走廊是"一带一路"倡议的重大项目。中国高度重视南亚的地缘经济作用,希望打造和谐共赢的新周边。南亚有可能创造中国周边战略的新范式。

近几年,南亚地区国家经济保持较高增速。作为石油进口地区,受益于国际油价下跌的影响,2015年南亚地区国家的经济增速达6.3%。中国是南亚国家主要的贸易伙伴和外资来源国,并已成为印度、巴基斯坦、斯里兰卡、孟加拉国和阿富汗最大的贸易伙伴。

---

① 本节参考中国商务部国别指南(http://fec.mofcom.gov.cn/article/gbdqzn/)。

一、印度

印度是南亚次大陆最大的国家,首都是新德里。印度人口众多,目前已逾 12 亿,居世界第二。2015—2016 财年,印度 GDP 为 113.51 万亿卢比,增幅为 7.6%。自 1991 年印度政府推动经济改革以来,印度经济以平均每年 7% 的速度增长。特别是 2004 年至 2008 年间,印度经济平均增速高达 9%。2011 年全球经济下滑,印度经济增长速度也随之放缓。但随着莫迪新政府上台后在经济方面陆续出台利好政策,印度国家经济继续保持小幅稳步增长。

印度是中华人民共和国成立后首个与中国建交的国家,中印双边经贸往来已久,正式官方经贸合作始于 1951 年。进入 21 世纪,两国建立了面向和平与繁荣的战略合作伙伴关系,经贸合作突飞猛进。双边贸易总额在 10 年内增长了近 20 倍。中国已取代美国成为印度第一大贸易伙伴,印度也成了中国在南亚最大的贸易伙伴。截至 2015 年年底,中国对印度直接投资累计达到 37.7 亿美元。

二、巴基斯坦

巴基斯坦是英联邦成员国,国土面积 88 万平方千米,人口约 1.9 亿,是世界第六人口大国,95% 的人口信奉伊斯兰教,其中又以逊尼派为主。2015 年,巴基斯坦 GDP 为 2 468.8 亿美元,增长率为 4.14%,人均 GDP 为 1 512 美元。2008 年以来,受国际金融危机影响,巴基斯坦国民经济发展陷入滞胀。2009 年巴基斯坦的 GDP 出现负增长,此后多年,其通胀率一直保持在 10% 左右的高水平。随着近年来巴基斯坦国内政局趋于稳定,巴基斯坦国民经济复苏迹象明显,其 GDP 增长率在 2014 年达到 4.14%,为近五年来新高。

巴基斯坦是典型的农业国家。农村人口占总人口数的 66% 左右,农业吸收了全国 43.7% 的劳动力就业,农业产值占整个 GDP 的比重为 21.04%,国家外贸外汇收入的 42% 通过农产品出口实现。

2015年中巴双边贸易额达189亿美元,同比增长18.3%。其中,中国对巴基斯坦出口额为164.5亿美元,同比增长24.2%;中国自巴基斯坦进口额为24.77亿美元,同比下降10.11%。巴基斯坦主要对华出口棉纱、家用纺织品、服装、矿石和矿产品、铜、皮革制品、海产品、电子产品、医疗手术器械等;而中国主要对巴基斯坦出口涤纶及丝绸面料、化肥、轮胎、手机、通信产品、燃气涡轮机、摩托车零件、活塞式内燃机、家用电器、钢铁制品、机械制品等。目前,中国是巴基斯坦外商直接投资的第一来源。2015年全年,中方对巴基斯坦非金融类直接投资共3.21亿美元,对巴基斯坦存量投资共40.36亿美元。

三、孟加拉国

孟加拉人民共和国国土面积14.76万平方千米,人口共1.66亿,主要民族为孟加拉族,占人口总数的98%,官方语言为孟加拉语,国教为伊斯兰教。

2015年,孟加拉实际GDP总量为1 062亿美元。孟加拉以外向型经济为主导:经济纺织服务业是孟加拉的支柱产业,2015财年成衣出口额为255亿美元,占孟加拉总出口额的81.7%。皮革业是孟加拉传统优势行业,年均皮革产量约为1 394万平方米,约占世界总产量的2%~3%。2015财年皮革及皮革制品出口额为3.98亿美元,占孟加拉总出口额的1.3%。总体而言,孟加拉经济发展仍处于较低水平,基础设施不够完善,土地较为匮乏,能源相对短缺。

尽管孟加拉目前处于最不发达国家行列,但其经济一直保持稳定增长,GDP年均增速近9年维持在6%以上。孟加拉政府计划在2017年实现10%的GDP增速。未来,孟加拉政府将继续以外向型经济为主导,加快基础设施建设,大力吸引外资,鼓励出口贸易。借助其劳动力资源充足且价格低廉等优势,孟加拉有望于2021年脱离最不发达国家行列,进入发展中国家队伍。

近年来,中孟双边贸易额稳步攀升。2015年,中孟双边贸易额为147.08亿美元,同比增长17.3%,其中中国对孟加拉出口额为139.01亿美元,自孟加拉进口额为 8.06 亿美元。中国出口商品主要包括棉花、机械器具、电机、车辆等,进口商品主要包括纺织制品、植物纤维、皮革等。

2015 年,中国对孟加拉直接投资流量为 3 119 万美元。截至 2015 年年末,中国对孟加拉直接投资存量达 1.88 亿美元,主要投资企业包括中孟陶瓷公司、运城制版孟加拉国公司、利兹服装公司等。随着中孟印缅经济走廊和海上丝绸之路建设步伐的加快,未来中资企业赴孟加拉投资将更趋活跃。

四、斯里兰卡

斯里兰卡是一个热带岛国,位于印度洋上,西北隔保克海峡与印度相望,接近赤道,具有明显的热带气候特征,无四季之分,年平均气温 28℃。斯里兰卡国土面积 65 610 平方千米,人口共 2 048 万。斯里兰卡实行总统共和制,是英联邦成员国之一,首都为科伦坡。

斯里兰卡于 1978 年实行经济开放政策,推进私有化,逐步形成市场经济格局。斯里兰卡的货币是卢比。近年来,斯里兰卡经济保持中速增长,呈现出良好的发展势头,2011 年至 2013 年的经济增长率分别为 8.2%、6.3%、7.3%。2014 年,斯里兰卡 GDP 为 749.4 亿美元,人均国民收入为 3 631 美元;农业产值占 GDP 的 10.8%,同比增长 4.7%,以种植园经济为主,主要作物有茶叶、橡胶、椰子和稻米等;工业产值占 GDP 的 31.1%,同比增长 9.9%,但工业基础薄弱,以农产品和服装加工业为主;服务业产值占 GDP 的 58.1%,同比增长 6.4%,其中贸易、银行保险、房地产、运输和通信等产业增长较快。

在对外贸易方面,2014 年全年斯里兰卡货物进出口额为 303.4 亿美元,同比增长 11.9%。其中,出口额为 110.5 亿美元,同比增长 10.5%;进口额为 192.9 亿美元,同比增长 12.8%;贸易逆差为 82.4 亿美元,同比增长 40.5%。截至 2014 年 12 月底,中国是斯里兰卡第二大进口来源地,仅次于印度,并在斯里兰卡出口贸易中居第 15 位。2014 年,斯里兰卡对中国双边货物贸易额为 36.2 亿美元,同比增长 17.5%。其中,斯里兰卡对中国出口额为 1.7 亿美元,同比增长 42.9%,占斯里兰卡出口总额的 1.6%,同比上升 0.4 个百分点;斯里兰卡自中国进口额为34.5亿美元,同比增长16.6%,占斯里兰卡进口总额的17.9%,同比上升0.9个百分点。斯里兰卡对中国的贸易逆差为32.8亿美元,同比增长15.5%。中国从斯里兰卡进口的产品主要有橡胶及其制品、红茶、宝石和椰油等,向斯里兰卡出口的产品主要有纺织品、机电产品、建材、小五金、医药等。

◆第二节◆
印度的合作潜力

一、印度经济表现良好,潜力巨大

从2014年开始,印度经济表现出强劲的复苏势头。IMF数据显示,2014年,印度经济增速由2013年的5%上升至5.8%,2015—2016财年印度经济增长进一步达到了7.6%,创五年以来最高水平。世界银行预测,2016—2017财年,印度经济增速可能达到7%。印度已经成为世界上经济增长最快的大型经济体。印度经济总量约占南亚经济总量的70%。2014年12月30日,国际会计师事务所普华永道发布了题为《印度的未来》的报告,预测印度将在未来20年内实现年均GDP增长9%,即从目前的约2万亿美元增长到2034年的10.4万亿美元,从而成为一个10万亿美元级的经济体。

作为一个重要的新兴经济体,印度经济的确具备诸多快速增长的潜质。

(一)人口红利

当前,印度人口平均年龄为28岁,51%的人口在25岁以下。联合国报告称,到2035年,印度劳动力将达到近10亿,印度将成为全球最大的劳动力市场,这将为印度经济发展注入活力。

（二）强劲的国内需求

统计显示，国内消费在印度经济总量中约占 60%，与发达经济体水平相近。合理的总消费结构是印度经济可持续增长的保障。巨大的国内市场是拉动印度经济增长的重要引擎。

（三）有待振兴的制造业

"软件强，硬件弱"一直是印度经济的特点。落后的制造业既是印度经济发展的掣肘，也是未来的机遇。印度政府近期出台了"国家制造业计划"，提出重点发展制造业，主推汽车、化工、制药、纺织、信息技术、港口、航空、旅游、铁路、再生能源、采矿及电子产业等 25 个行业；同时，制订了德里—加尔各答工业走廊、东海岸工业走廊与清奈—班加罗尔工业走廊发展计划。为振兴制造业，印度政府还着手修订劳动法和税法，简化审批程序，为国内外企业提供一站式服务。印度政府的目标是，到 2022 年将制造业占 GDP 的比重从目前的 15% 提升至 25%。

（四）基础设施建设

基础设施欠发达是印度一个不争的事实，也拖累了印度经济的发展。印度政府认识到，仅靠软件、金融等服务业驱动的模式，难以实现"包容性增长"。为此，印度政府决心大力发展基础设施，构建更加平衡的发展模式。例如，在铁路方面，政府推出高铁战略，建设连接加尔各答、钦奈、孟买、德里四大城市的"钻石四边形"高铁网络。莫迪政府还决定提供 700 亿卢比的专项拨款，在全国范围内打造 100 座"智能城市"，并斥资 400 亿卢比开展廉租房建设，计划 5 年内为所有住房配备卫生设施。据估计，未来 5 年内印度基础设施的投资将达 1 万亿美元。

当然，印度经济发展还面临一些"结构性缺陷"，如劳工法律僵化、政府寻租现象突出、行政效率低下、商业环境欠佳等。世界银行发布的《2016 年营商环境报告》中，印度在 189 个国家中的排名不升反降，比上年下滑 3 位，排名第 134 位。印度亟须深化改革以弥补缺陷。

印度是亚洲甚至是世界主要经济体中经济增长最快的国家之一，被誉为继中国之后新的世界经济火车头，再加上印度多达 12.8 亿的人口，无论对哪个跨国企业来说都有巨大的吸引力。印度当前的人均 GDP 约为 1 500 美元,理论上有着极大的增长空间。年轻的人口结构与熟悉数码技术的新兴中产阶层,无疑将为印度实现经济和社会发展创造机会。印度的经济将如何实现持续快速增长,取决于其增长潜力的释放。

二、印度的"智慧城市"计划

随着大数据时代的来临,各国都在积极部署各项大数据应用,以大幅提高政府部门的行政效率,并为民众提供更好的信息服务。拥有世界第二多人口的印度,近两年也积极推动大数据应用的发展,期许打造出一座座更便利、更亲民的"智慧城市"。印度总理莫迪在 2014 年 5 月的大选之前承诺,将在 2022 年之前兴建 100 个"智慧城市",以吸引投资和应付人口暴涨。

印度联邦内阁于 2015 年 4 月 29 日批准在未来五年投资近 1 万亿卢比用于两个主要规划,即由莫迪提出的 100 个"智慧城市"建设及城市发展项目(AMRUT)。未来 5 年,"智慧城市"建设将获得 4 800 亿卢比支持。惠及 500 个城市及乡镇的 AMRUT 将最多获得 5 000 亿卢比的投资。上届政府曾为该项目批准了 9 年 4 290 亿卢比的投资预算,并实际投资 3 639.8 亿卢比。印度城市发展部表示,将引导这 100 个"智慧城市"在资产、资源和基础设施的有效利用和可获取程度方面采用智慧解决方案,目标是提高城市生活质量并提供清洁和可持续发展的环境。

AMRUT 通过项目的方式确保城市基础设施服务,包括供水、排污、排水、交通,以及满足儿童特殊需求的绿地和公园的发展。该规划基于上一年度项目执行情况,将预算分配的 10% 给予邦政府和中央直辖地区作为激励。该项目将在人口超过 10 万的 500 个城市和乡镇实施,覆盖主要河流沿岸城市、一些邦的首府,以及丘陵地区、岛和旅游地区的重要城市。

关于何为"智慧城市",各国的理解虽有不同,但大体相似:生态友好、技术领先、科学规划,利用信息科技提高城市运行效率,让城市生活更便捷、更具幸福感。2014 年印度莫迪政府执政伊始便提出打造百座"智慧城市"的口号。印度人所设计的"智慧城市"是什么样子的? 就目前来看,其中至少包括两条标准:电子政务有基础、招商引资潜力大。不过,落后的基础设施无疑对城市系统的运转形成了一定阻碍。

（一）电子政务水平是重要指标

2015年6月25日，印度城市发展部公布了"智慧城市"选拔标准及城市发展纲要，规定各邦及中央直属管辖区依据4大标准、13项条目给所属城市打分，得分靠前的城市将获百座"智慧城市"提名，其中各项综合评定领先的前20座城市将被纳入本财年城市发展规划。在今后5年中，这20座城市每年将各获得中央政府10亿卢比（约合1亿元人民币）的财政拨款，其余80座城市将被分成两批，在两年后择优获得政府拨款。2015年7月底，印度百座"智慧城市"评选活动的第一阶段结束，印度各邦将提名各自得分靠前的城市参与第二阶段的国家层面"智慧城市"选拔。

从印度百座"智慧城市"第一阶段评选标准来看，城市电子政务发展水平成为最重要的评选指标，13项评选条目中有8项涉及网络化办公。例如，评选的第一大标准"城市现有服务水平"包括，网上投诉系统的可操作性、政府是否每月发布电子通告、是否具有可追查过去两个财年政府预算及收支情况的网络平台。其他标准还包括城市系统承载力、财政自我造血能力，以及过往发展与改革经历等。总计100分中，有60分与城市管理是否电子化、网络化相关。

依照上述标准，传统意义上高楼林立、人员密集的现代化大城市并不一定"智慧"，相反一些规模适中且政务运行成熟度高的城市更具"智慧潜力"，如位于孟买东南的普纳市，这座人口不到200万的"小城"却是德干高原上历史悠久的工业、交通、文化教育中心。

（二）"投资友好型"是应有之义

打造百座"智慧城市"的口号提出一年来，各种"智慧城市"的模板被不断提出。但从政府公布的发展纲要来看，水、电、交通、卫生条件等并非当前"智慧城市"选拔的最主要依据，走向"智慧"的潜力、吸引国内外各类投资的潜力及现代化的政务条件，才是构成印度"智慧城市"的要素。

传统印象中，"智慧城市"理应涵盖完善的基础设施和精细的城市规划，城市生活被高科技手段所支撑，因而方便高效。但在莫迪政府看来，当前印度"智慧城市"的着力点要放在创造一种便于投资、就业及现代化生活的新的城市氛围。在这种城市中生活及工作,不会被旧有的印度式的官僚管理体系所羁绊,因而投资友好,进而可以促进城市快速发展。这才是印度"智慧城市"初创阶段的核心要义。

印度城市发展部数据显示,印度城市化发展正在大力提速。到2030年,印度城市人口将超过6亿。与此同时,印度近70%人口的就业及70%的GDP都依赖于城市。这就需要印度城市在环境与社会发展的可持续性上创造极大的容量。但目前的现实是,印度绝大多数城市基础设施落后,城市承载力已经透支,而政府却没有足够的经费支持城市改造。在这种情况下,印度政府需要创造一种"投资友好型"的城市模板来促进城市面貌的迅速转变。这其中,电子化、网络化的城市管理体系的建立必不可少,而这方面又是信息产业发展较快的印度最容易实现的。印度政府每年10亿卢比的拨款显然不够,但是它无疑只是一种吸引地方政府、国内外各经济实体参与"智慧城市"建设的启动资金。政府需要让更多投资者看到建设"智慧城市"的回报,同时创造一种便利投资者的创业环境。

(三)基础设施尚需进一步完善

智慧城市的范例来自欧洲中等城市。它意味着在现有较完备的基础设施之上,建立更完善的城市管理系统,使废物处理、人员流动及交通互联等更具效率。印度城市当前的困境是基础设施严重落后。目前,只有16%的印度城市有地下污水排放系统。

据世界银行的测算,一个百万以上人口的"智慧城市",当其实际应用程度超过75%时,该城市的GDP在投入不变的条件下能增加2.5倍。这意味着"智慧城市"可促进经济增长翻两番,完全有可能实现"四倍跃进"的城市可持续发展目标。但是,建造100个"智慧城市"的总造价约2万亿美元,与印度经济体总量相当。因此,印度政府需要创造一种"投资友好型"城市模板来促进城市面貌的迅速转变。然而,印度普遍存在的交通设施落后,水电供应不稳定甚至稀缺等问题却直接使印度吸引投资的能力大打折扣。

三、印度"数字发展蓝图"面临挑战

印度政府于 2014 年 7 月初提出具体计划推进"数字发展蓝图"行动,旨在进一步提高印度人口的网络连接水平。但是,该计划是否能够成功创造一个全国的光纤网络,是否能够显著提高在线访问政府设施的水平? 面对印度这个飞速发展却仍不发达的市场,该计划又将面临什么样的挑战?

(一) 印度实施"数字发展蓝图"的必要性

在新德里举行的"数字发展蓝图"项目发布会上,印度总理莫迪表示,对于印度而言,了解提高数字化水平预示的变化并做好准备是至关重要的。他强调,如果印度不有所行动,将被"留下观察"。"数字发展蓝图"项目的核心政策之一,是通过建造光纤网络,提高印度各地区互联网的普及率,特别是在网络普及率远远落后的农村地区。印度政府计划到 2019 年前将光纤网络覆盖 25 万个印度村庄。此外,莫迪还将努力为更多技术初创型企业提供激励措施,从而提高印度国内电子产品的生产量,减少进口;争取资金构建"普通服务中心"网络,为更多印度村民提供多样化的政府在线服务。

这些数字化目标背后的原因显而易见。印度 13 亿人口中越来越多的人接触了数字技术,并能够通过智能手机和平板电脑去访问一系列基于网络的服务和应用程序。印度是目前世界上发展最快的智能手机市场,但与其他金砖国家相比,印度的互联网和宽带普及率仍然很低。经济学人智库预计,2014 年到 2019 年间,印度的宽带普及率仅会缓慢增长,从 1.7% 增长至 3.3%;总体的网络普及率则将从 2014 年的 19.7% 增至 2019 年的 56.7%。对于一个到 2019 年有望成为世界第二大互联网市场(拥有 7.55 亿用户)的国家而言,其网络普及率远远落后于俄罗斯(71%)、中国(66%)和巴西(65%)。①

---

① 数据来源于亚洲开发银行(https://www.adb.org/countries/india/economy)。

（二）实施"数字发展蓝图"需要大量投资

为实现数字野心，印度无疑需要投资驱动。2014年11月，莫迪总理承诺政府将投资1.13万亿卢比用于实施数字发展蓝图。截至2015年7月，来自私营部门的投资承诺总计4.5万亿卢比。这些投资中的一部分将创造180万个新的工作岗位。印度最有影响力的两个电信公司——巴蒂电信（Bharti Airtel）和瑞来斯实业公司（Reliance Industries）同样作出了投资的承诺，它们将分别投资1万亿卢比和2.5万亿卢比。

巴蒂电信的4G服务目前只在7个城市推出。日后，该公司将致力于扩大4G服务市场，并为印度市民推出一系列电子医疗和电子教育的服务。瑞来斯实业公司将利用其购买所得的无线宽带频谱，提高各个地区的移动联通性。该公司计划在未来三年内将无线覆盖范围扩大至印度所有地区。

（三）"数字发展蓝图"面临重重挑战

印度政府这份雄心勃勃的计划遭到了一些方面的批评。许多技术部门的人士指出，政府在履行其承诺方面遭遇了普遍性的失败，并且印度现有的一些监管规则也扼杀了莫迪总理所热衷于促进的初创企业。其他的批评声音则更为直率，他们谴责印度政府仅仅是将过去几十年的行动措施"重新包装"之后推出。鉴于印度全国广泛的文化和各邦之间法律框架存在的巨大差异，假如印度政府遵循了承诺，那么又要面对一个巨大的挑战：如何有效地使用计划内的资金。不同政府机构之间的协调将是一个需要认真考虑的问题，特别是如何确保采用统一的互联网协议，以解决邦与邦之间的寻址问题。

网络中立性的缺失同样影响着数字印度的发展。网络中立性可以确保印度市民在公平竞争的环境中访问互联网。网络中立性的缺失则潜在地削弱了技术初创型公司在市场中的竞争能力。印度电信部（DOT）如何应对网络中立性的挑战，对于印度这样一个互联网覆盖率较低且呈分散状态的国家而言，是至关重要的。然而，印度电信管理局（TRA）和电信部就此问题的讨论结果一直不甚明朗。

尽管印度政府推出"数字发展蓝图"的行为值得赞赏，但如果监管当局无法妥善解决本国的地方性问题，比如文化水平低、贫困率高等，该计划将很难成功。这两个问题是印度政府推行该计划过程中的重大障碍。印度 1 亿宽带用户中的 85% 是基于移动平台使用的,这意味着印度政府需要放松对频谱使用的控制,以利于网络发展。然而目前,频谱拍卖的高昂成本使电信运营商不得不提高数据套餐的价格。在这些套餐中,即使是最便宜的一项,大多数印度人也负担不起。

综上所述,如果印度希望成为一个真正意义上实现"连接"的新兴市场,莫迪总理的数字计划应该更加强有力,而不仅仅是纸上谈兵。

四、"印度制造"PK"中国制造":印度制造业的吸引力开始增强

近年来,印度这样具有劳动力成本优势的国家日益受到制造业的青睐。对于印度来说,这一趋势在莫迪上台后表现得更加明显。富士康在印度大手笔投资建厂就是一个典型的例子。富士康于 2015 年 8 月与印度马哈拉施特拉邦政府签署协议,将在未来 5 年投资 50 亿美元新建一座电子产品制造工厂,这将是印度企业史上最大的外国直接投资之一。富士康创始人郭台铭还表示有意在印度其他邦兴建制造工厂并寻求可能的合作机会。印度丰富的劳动力资源、低廉的劳动力成本和当前印度主打的亲商的产业政策被认为是像富士康这样的公司转向印度投资设厂的重要原因。富士康打算在 2020 年以前建造 12 家新厂,并聘用 100 万名员工。[①] 专家表示,莫迪为印度经济注入的信心是印度制造业振兴政策能够显现成效,从而有别于上届政府的原因。但莫迪的改革是缓慢且迂回的。不少分析认为,印度的制造业仍然有诸多隐忧需要解决。

印度人口总数位居世界第二,多达 13 亿的人口使其市场十分广阔。印度的智能手机潜在用户超过 9 亿,但实际用户仅为 1.1 亿~1.2 亿。行业专家认为,曾经火热的中国手机市场已经进入瓶颈期,用户增速明显放缓,而印度有望超越中国成为全球增长最快的智能手机市场。在这种背景下,华为、联想、小米、酷派等中国手机厂商都进军印度,同时也带领了更多的企业

---

① 维金.富士康投资 50 亿元在印度建厂[EB/OL].2015-08-09.http://tech.sina.com.cn/it/2015-08-09/doc—ifxftvni8847240.shtml.

在印度开设制造中心。富士康与电子产品制造业尤其是手机制造业有着密切的合作关系。小米公司已宣布与富士康合作,正式开始在印度生产手机,以响应印度总理莫迪提出的"印度制造"计划。富士康、小米、联发科等公司纷纷走向印度的现象反映了中国的手机制造产业链向印度"平移"的浪潮。而在更大的背景下考虑,全球对于印度即将迎来更高速的经济增长有着火热的预期。企业和投资者绝不会放过这一重要的机遇期。

与此同时,中国制造业正面临着若干难题。20世纪90年代以来,在优越的自然禀赋推动下,全球制造业快速向中国沿海转移,中国成功抓住机遇,搭上了国际产业转移的"顺风车",实现了大国崛起。然而时光流逝,斗转星移,当今的国际、国内环境已发生了天翻地覆的变化。在近年来一波接一波的全球经济危机冲击下,国际产业环境发生了深刻改变,中国的制造业面临着前所未有的压力。10年前,中国的制造成本非常低,而今天中国的制造业成本一路飙升,主要表现在:第一,中国工人的薪资大幅提高,时薪从2004年的4.35美元涨到2015年的12.47美元,涨幅达187%;第二,汇率上升,2004年至2015年,人民币对美元的汇率上升了65%;三是能源成本上升,电力成本从2004年的7美元/千瓦时上升至2015年的11美元/千瓦时,而天然气成本则从5.8美元/百万英热上升到13.7美元/百万英热,涨幅达138%。从营商环境看,中国的制造业同样面临着一些深层次的问题。中国的制造成本已达到美国的96%,与美国相差无几。

从劳动力供给方面看,目前中国劳动力人口呈现出缩减趋势,15~59岁的人口从2011年至2012年缩水了66万,而处于劳动年龄的人口数量到2015年已较2011年的顶点减少了650万。发达国家高端制造重振与欠发达国家争夺中低端制造转移正同时发生,这对中国制造业形成双向挤压。高端制造领域出现向发达国家逆转移的迹象,制造业重新成为全球经济竞争的制高点,各国纷纷制定以重振制造业为核心的再工业化战略。

中国正面临着老龄化时代的到来,而印度却迎来青壮年时代。根据联合国全球人口展望报告,印度15~59岁的劳动力数量在2015年已经超越中国。到2050年,印度适龄劳动力将达到10.5亿人,比中国适龄劳动力多30%以上。另据联合国人口报告的预测,2020年之前,印度将超越中国成为全球人口最多的国家。这是一个历史性的转折,中国在占据了人口最多国家宝座3个多世纪后,将拱手让位于印度。要知道,人口意味着生产力,人口意味着市场消费力,人口意味着人气和影响力。

莫迪上台后推出"印度制造"计划,力争把制造业占印度经济的比例从18%提升到25%。莫迪振兴印度制造业的计划与"中国制造2025"在生物技术、新能源等方面有所重叠,但"印度制造"的主体是引入劳动密集产业,解决就业问题,提高平均收入。

印度的制造业振兴计划从辛格执政后期提出的印度再工业化就能看出端倪,而莫迪一上台便明确提出了"印度制造"的计划,并积极吸引外资。目前,印度制造业的振兴正在收到切实的成效。莫迪上台后表现出的改革决心恢复了市场信心。先前印度经济出现的问题表现在投资下滑、市场信心不足,因此莫迪上台后的改革者形象对市场有非常大的正面作用。同时,莫迪上台后四处出访,创造良好的周边环境的外交作用也十分明显。莫迪任上的印度经济被广为看好离不开"信心经济"的作用。

然而,"印度制造"计划要真正取得强国利民的成果仍有很长的路要走。长期以来,印度由于其数量庞大的廉价劳工被认为是继中国之后世界下一个制造业发动机,但印度的雄心壮志受制于其糟糕的基础设施和复杂的劳动法规。在提升基础设施方面,印度正在积极地与中、美、日等国进行外交并拉拢投资。这是一个正确和必要的策略。但在能够真正促进制造业的政策改革如亲商的法规和劳工改革上,莫迪政府的作为仍然有些许乏力。印度劳工相关法律的修改障碍重重,其严苛复杂的劳工法律让包括富士康在内的用工企业十分头疼。因此很多观点认为,尽管印度劳动力价格低廉,却存在各类隐形成本。事实上,尽管莫迪的改革者形象对提升市场信心起了很大的作用,但这些改革并非都能够立刻达成。

尽管印度制造业发展预期火热,但正在受困于工人技能不足的问题。因此,当前机器人的迅猛发展对印度制造业来说可能是一把"双刃剑"。机器人的应用和自动化水平不断提高虽然对印度经济是好事,但也使得低技能劳动力需求减少,莫迪计划为更多穷人提供工作机会的努力或因此受到影响。

五、中印经济合作

中国与印度是世界上人口最多的两个发展中国家,两国人口总和占世界人口的近 40%。中印两国互利合作共同发展,有利于提高各自的国际竞争力,符合两国人民的根本利益。21 世纪以来,中印在经贸合作方面的成果非常显著。中印双边贸易额从 2000 年的不足 30 亿美元增长到 2015 年的 716 亿美元。与 2000 年相比,2015 年中国对印度货物进口贸易额增长了近 13 倍,出口额增长了近 30 倍,货物贸易规模明显扩大。目前中国已取代印度传统贸易国阿联酋及美国,成为印度最大的贸易伙伴。[①]

莫迪总理上任以来,印度政府锐意改革,推进市场开放,简化投资审批程序,提高行政效率,改善营商环境,为中印经济合作带来新机遇。中国经过多年发展,已进入工业化的成熟期,拥有大量优势产业、丰富的资本和高水平的技术,实现了从吸收海外投资到赴海外投资,从"引进来"到"走出去"的转变。中国钢铁、水泥、汽车等 220 多种工业品产量居世界首位,机床产量、造船完工量和发电设备量分别占世界总量的 38%、41% 和 60%。这些产能不是淘汰产业或落后产能,而是先进、绿色、低碳、有很强竞争力的优势产能。中国的优质产能已经具备了踏出国门、走向全球的雄厚实力。中印作为"世界工厂"和"世界办公室",优势、产能互补;"中国制造 2025"和"印度制造"战略对接、相互契合;两国都处在以改革促发展的关键时期,有着求合作、促发展的共同愿望和需要。

(一)中印产能合作重点领域是基础设施和制造业

要实现中印联动发展,迎来真正的亚洲世纪,互联互通是关键,基础设施是前提。印度在基础设施方面有巨大的需求。莫迪政府已经提出 2015 年增加 15%~20% 基础设施的目标,包括新建 26 000 千米农村道路和 6 300 千米高速公路,新增 20 371 兆瓦装机容量,为 3 500 个农村通电等。中国在这方面有独特的优势,如设备先进实用、技术成熟可靠、性价比有较强竞争

[①] 数据来源于中国商务部。

力等。可以说,基础设施是印度推进城镇化、工业化,建设"智慧城市"的重要抓手,也完全可以成为两国合作的亮点。铁路合作是中印基础设施领域合作的先行者。中方已为印方 100 余名专业技术人员和管理人员举办五期重载铁路培训班。印度铁道部代表团亦访华考察共建铁路大学事宜。金奈—班加罗尔—迈索尔现有线路提速和有关火车站改造项目正稳步推进。长达 1 754 公里的德里—金奈高速铁路可行性研究正在全面展开,中方企业也参与了其他路段高铁可行性研究的招投标。两国启动"智慧城市"合作,指定印度古吉拉特邦国际金融科技城和中国深圳为试点,开展联合示范项目,这将为两国城市基础设施建设合作带来巨大机遇。两国在电力建设、地产开发等领域的合作也在稳步推进。

制造业是一个国家工业化和经济发展的产业基础。历史经验表明,发展制造业是大国走向崛起并长期保持强盛的必经之路。中国经过 30 多年的改革开放,在制造业领域积累了丰富的技术、人才、资金、经验,可以在印度的广阔市场上大展宏图。中国也需要引进印度的高端制造业,如医药、IT。两国制造业领域合作前景广阔。中方在印度浦那和巴罗达的两个产业园区项目正在顺利推进。浦那园区建成后将创造 10 万个就业岗位,实现年产值 200 亿美元。印度软件巨头威普罗公司(WIPRO)继落户成都天府软件园后,又在上海、东莞等地设分支机构,在华业务不断扩大。中印在制造业领域的合作能产生很好的示范效应,以点带面,逐步辐射,全面助力中印产能合作。

(二)中印经济合作重心在地方

印度幅员辽阔,地区差异大,多样性突出。比如,北部的旁遮普邦以农业为主,南部的泰米尔纳德邦则以汽车制造业为主。中国也是如此,东南西北情况各异,不同省市各有优势。目前两国共有八对友好城市和两对友好省邦。莫迪总理 2015 年访华期间,两国成立了中印地方合作论坛,为两国地方推进对口交流、开展互利合作提供了很好的平台。2015 年以来,两国地方交流方兴未艾。安得拉邦首席部长成功访问中国,马哈拉施特拉邦和古吉拉特邦首席部长陪同莫迪总理访华,回国后都积极推动中印经贸投资合作。中国各地方政府也纷纷组织代表团访印。继古吉拉特邦和马哈拉施特拉邦之后,泰米尔纳德邦和安得拉邦成为不少中国企业开展中印产能合作的新目标。中国的制造企业计划在安德拉邦的卡基纳达经济特区投资建设大型高端生产设备工业园区。金奈马辛德拉世界城工业园也吸引了中国民营巨轮股份公司入驻,其生产的轮胎模具在印度的市场份额超过50%。

(三)中印产能合作活力在企业

中国企业赴印度投资热情高涨,两国企业交往频繁。中国知名民营企业三一重工在浦那设厂,为当地增加数百个就业机会。华为在班加罗尔研发中心正式挂牌,并雇用了2 000多名当地员工。中国华能集团将在古吉拉特邦投资30亿美元,建立4 000兆瓦的燃煤电厂。中国本土手机制造商小米进入印度市场不到一年,就已跻身印度智能手机制造商前五强,印度塔塔集团宣布参股小米集团。中国最大的电子购物平台阿里巴巴向印度版"淘宝"Paytm投资5亿美元。阿里巴巴和Paytm各具特色,优势互补,可以说是中印电子商务合作的一个典范。中国广州的广州交易会(简称"广交会")、云南的南博会、武汉的中国中部投资贸易博览会(简称"中博会")、成都的中国西部国际博览会(简称"西博会")等各类博览会为企业投资合作提供了广阔的平台,安得拉邦、泰米尔纳德邦和卡纳塔克邦也纷纷举办投资峰会吸引中国投资。

◆第三节◆
巴基斯坦的合作潜力

一、巴基斯坦在"一带一路"建设中的重要地位

巴基斯坦北连"丝绸之路经济带",南接海上丝绸之路,在"一带一路"建设中具有重要的地位。巴基斯坦位于阿拉伯海北部,紧邻波斯湾出口。位

于巴基斯坦西南部俾路支省的瓜达尔港,扼守从非洲、欧洲经红海波斯湾通往东亚、太平洋地区的多条重要国际航线的要冲,距离全球石油主要供应通道霍尔木兹海峡只有约 400 千米,战略位置十分重要。目前巴基斯坦政府已经把瓜达尔港的全部运营权交给中国企业。中国可以以瓜达尔港为依托,辐射波斯湾、红海、地中海和大西洋沿岸。瓜达尔港可以作为中国"一带一路"建设在印度洋上的重要支撑点。同时,瓜达尔港和卡拉奇港作为巴基斯坦在阿拉伯海上的两个重要港口城市,也可以作为巴基斯坦对外贸易的口岸,带动巴基斯坦广大内地的发展与繁荣。

2015 年 4 月,习近平主席访问巴基斯坦期间正式宣布把中巴关系上升到构建"命运共同体"的高度,巴基斯坦总理谢里夫也指出"巴方支持中国的'一带一路'倡议,将积极参与亚洲基础设施投资银行建设"。

二、中巴经济走廊

(一)中巴经济走廊的主要意义

中巴经济走廊是李克强总理 2013 年 5 月访问巴基斯坦时提出的,旨在加强中巴之间交通、能源、海洋等领域的交流与合作,加强两国互联互通,促进两国共同发展。

2015 年 3 月 28 日国家发改委、外交部、商务部联合发布的《愿景与行动》提出:中巴、孟中印缅两个经济走廊与推进"一带一路"建设关联紧密,要进一步推动合作,取得更大进展。目前国家发改委规划了六大经济走廊,包括中蒙俄经济走廊、新亚欧大陆桥、中国—中亚—西亚经济走廊、中国—中南半岛经济走廊、中巴经济走廊和孟中印缅经济走廊。其中,中巴经济走廊和孟中印缅经济走廊是优先推进的两个项目。

巴基斯坦是中国传统的友好国家,也是"一带一路"倡议中地位极其重要的支点国家。中巴两国政府合作意愿比较强烈,中巴经济走廊可以说是"一带一路"交响乐中的"第一乐章",是最为优先推进的项目,也是一个示范项目,它可为其余经济走廊的建设提供参考经验。建设中巴经济走廊,不仅对中巴两国发展具有强大推动作用,有助于促进整个南亚的互联互通,更能把南亚、中亚、北非、海湾国家等通过经济、能源领域的合作紧密联合在一起,形成经济共振。其建设将惠及近 30 亿人口。借助中巴经济走廊项目,中巴能够实现全方位的互联互通、多元化的互利共赢。从巴基斯坦方面看,中巴经济走廊建设将直接为本国民众提供大量就业机会,改善基础设施建设落后的状况,改善电力供给,推动渔业、农产品、纺织产品等的出口,推动巴基斯坦经济发展。从中国方面看,中巴经济走廊将带动沿线一大批能源、电力、公路、铁路等重大基础设施建设项目,而中国企业在这些方面具有较强的竞争优势。

中巴经济走廊是具有针对性的双赢战略。中巴经济走廊的建设和贯通一方面可以扩大中巴两国的货物进出口和人员交往,促进巴基斯坦的转口贸易;另一方面,可以有效增加中国能源的进口路径——避开传统咽喉马六甲海峡和存在主权纠纷的南中国海,把中东石油直接运抵中国西南腹地,同时也能降低对正在建设中的中缅油气管道的依赖。

(二)中巴经济走廊当前的规划项目

从国家发改委的具体规划上看,中巴经济走廊的起点在新疆喀什,终点在巴基斯坦瓜达尔港,全长 3 000 千米,贯通南北丝绸之路关键枢纽,北接"丝绸之路经济带",南连"21 世纪海上丝绸之路",是一条包括公路、铁路、油气和光缆通道在内的贸易走廊。

2015 年 4 月,习近平主席与巴基斯坦总理谢里夫宣布了 5 项重大电力工程动工的决定,同时中巴签订了 51 项合作协议和备忘录,总投资规模达 460 亿美元,相当于巴基斯坦过去 8 年所获得的外国投资总额的 3 倍。中巴两国政府初步制定了修建从中方新疆喀什市到巴基斯坦西南港口瓜达尔港的公路、铁路、油气管道及光缆覆盖"四位一体"通道的远景规划。2015 年 4 月 8 日,中巴经济走廊委员会在伊斯兰堡正式成立。

在项目层面,中巴经济走廊首先推进的项目是港口建设,瓜达尔港目前已经投入运营;其次是中巴的铁路、公路及道路改造升级建设,主要包括巴基斯坦 1 号铁路干线升级项目和喀喇昆仑公路升级项目。2015 年 4 月 20 日,习近平访问巴基斯坦期间,中国国家铁路局长陆东福与巴基斯坦铁道部国务秘书、铁路委员会主席帕尔文·阿格哈共同签署了《中华人民共和国国家铁路局与巴基斯坦伊斯兰共和国铁道部关于开展 1 号铁路干线(ML1)升级和哈维连陆港建设联合可行性研究的框架协议》。中国将帮助巴基斯坦升级其1号铁路干线,并将其向北延伸,经中巴边境口岸红其拉甫连至喀什。巴基斯坦1号铁路干线从卡拉奇向北经拉合尔、伊斯兰堡至白沙瓦,全长1 726千米,是巴基斯坦最重要的南北铁路干线。哈维连站是巴基斯坦铁路网北端尽头。哈维连拟建陆港,主要办理集装箱业务。1号铁路干线升级和哈维连陆港建设是中巴经济走廊远景规划联合合作委员会确定的中巴经济走廊交通基础设施领域优先推进的项目。喀喇昆仑公路东起中国新疆喀什,穿越喀喇昆仑、兴都库什和喜马拉雅三大山脉,经过中巴边境口岸红其拉甫山口,直达巴基斯坦北部城镇塔科特,全长1 224千米,全线海拔600米至4 700米。因为年久失修,加上春季融雪、夏季降雨等原因,这条陆路交通常被堰塞湖阻断。2008年2月,由中国路桥工程有限责任公司负责实施的喀喇昆仑公路改扩建项目正式启动,目前新的二期工程改造包括塔科特至哈维连段。此外,中巴经济走廊还包括瓜达尔港东湾快速路、新国际机场、卡拉奇至拉合尔高速公路(木尔坦至苏库尔段)、拉合尔轨道交通橙线、海尔—鲁巴经济区、中巴跨境光缆重点合作项目。

此外,在能源领域,2015年4月,丝路基金、三峡集团及巴基斯坦私营电力和基础设施委员会在伊斯兰堡共同签署了《关于联合开发巴基斯坦水电项目的谅解合作备忘录》,这是丝路基金2014年年底注册成立后投资的首个项目。

2015年5月21日,东方电气集团东方汽轮机有限公司、东方电机有限公司与山东电力建设第三工程公司在青岛签订巴基斯坦卡西姆港1 320兆瓦火电项目设备合同,标志着巴基斯坦"一带一路"的重要组成部分——中巴经济走廊首个能源项目正式启动。2015年8月,中兴通讯持股23.26%的中兴能源有限公司投资建设的900兆瓦光伏地面电站部分并网发电。中兴能源900兆瓦光伏地面电站位于巴基斯坦旁遮普省巴哈瓦尔布尔真纳太阳能工业园,总投资额逾15亿美元,是中巴经济走廊的优先实施项目之一。该项目分三期实施,每期300兆瓦,预计2017年全部建成。

三、中巴贸易概况

2010—2015 年,中巴贸易高速增长,年均增速达 27.7%。2011 年中巴贸易额突破 100 亿美元大关,2012 年达到 124.17 亿美元。2013 年"中巴经济走廊"的提出对中巴贸易起到了积极的促进作用,双边贸易额达到 142.2 亿美元,中国成为巴基斯坦第一大贸易伙伴,巴基斯坦则成为中国在南亚的第二大贸易伙伴。据中国商务部的统计,2015 年双边贸易额达 189 亿美元,同比增长 18.3%。其中,中国对巴基斯坦出口 164.5 亿美元,同比增长 24.2%;中国自巴基斯坦进口 24.8 亿美元,同比下降 10.1%。中巴贸易在高速增长的同时,还存在以下特点:

两国贸易不平衡,中国对巴基斯坦贸易顺差较大。中国对巴基斯坦出口贸易不断增长,但是巴基斯坦对中国出口增长比较缓慢,导致中国对巴基斯坦贸易顺差不断增长,2015 年中国对巴基斯坦贸易顺差达到约 140 亿美元。中巴两国政治关系密切,是"全天候"伙伴关系。中巴贸易失衡不利于双方关系的发展。

中国对巴基斯坦的出口商品以工业制成品为主且日益多样化,巴基斯坦向中国出口的商品主要是初级产品和初级加工品且比较单一。中国和巴基斯坦双方的商品贸易结构变化不大,中国对巴基斯坦的出口商品主要为工业制成品,商品类型日益多样化,主要包括机械设备、化学品、电器、计算机与通信产品、纺织原材料、化工产品、贱金属、矿产品等。按《国际贸易标准分类》(SITC)第 4 次修订版的贸易商品分类,2003—2016 年中国对巴基斯坦的出口商品主要集中在第五类(化学品及有关产品)、第六类(以材料分类的制成品)、第七类(机械和运输产品)、第八类(杂项产品)这 4 类产品。巴基斯坦向中国出口的商品以原材料和农产品为主,主要包括棉花、皮革、矿产品、植物产品等初级产品和初级加工品。2003—2014 年巴基斯坦出口到中国的商品主要集中在零类商品(食品和活畜)、第二类商品(粗材料,不能食用)、第六类商品(以材料分类的制成品)。其中,棉纱线、棉织物、皮革等产品约占出口商品总量的 60%~70%,而棉纱线一项便超过 50%。此外,粗材料、食品和活畜类产品约占出口商品总量的 15%~20%。

四、巴基斯坦的合作潜力

（一）巴基斯坦人口众多，市场潜力大

巴基斯坦位于南亚次大陆西北部，与印度、中国、阿富汗和伊朗接壤，南临阿拉伯海。其国土面积为 79.6 万平方千米（不含巴控克什米尔），人口总量居世界第 6 位，共 1.97 亿。

中国和巴基斯坦之间有着特殊的友好关系，中国视巴基斯坦为"全天候"的铁杆朋友，巴基斯坦无论是军人政权还是民选政府都始终坚持对华友好政策。2015 年 4 月，习近平主席访问巴基斯坦期间，双方宣布将中巴战略合作伙伴关系提升为"全天候战略合作伙伴关系"，这在中国的双边关系中是独一无二的。

2014—2015 财年，巴基斯坦 GDP 为 27.38 万亿卢布，同比增长 4.2%，人均 GDP 为 1 512 美元，被列为中低等收入国家。近年来，巴基斯坦的经济结构由以农业为基础逐步转变为以服务业为基础。2014—2015 财年，巴基斯坦农业产值占 GDP 的 18.3%，服务业产值占 58.2%。工业方面，巴基斯坦最大的工业部门是棉纺织业，其他重点产业还有皮革业、水泥业、制糖业、化肥业等。

世界银行《2015 年营商环境报告》显示，巴基斯坦的营商环境便利程度（DB 排名）在全球 189 个国家和地区中排名第 128 位，介于中国和印度之间（中国第 90，印度第 142），与前沿水平的距离（DFT 分数，0 表示最差，100 代表前沿水平）为 56.64。由此可看出，在巴基斯坦营商需克服很多困难，营业外成本较高。具体来看，DB 排名所涉及的 10 个领域中，巴基斯坦在保护少数投资者方面的表现甚佳，为全球第 21 名，但在纳税、获得电力、执行合同方面表现糟糕，排名均在第 140 名以后。

作为世界第 6 位的人口大国，巴基斯坦市场潜力较大，当前主要的障碍是政治与安全问题。未来如果巴基斯坦政治局面能够持续稳定，安全问题有所改善，经济发展有初步起色，其市场需求将不可限量。

（二）喀喇昆仑公路时隔五年后重新贯通

2015年9月14日，巴基斯坦总理谢里夫参加了喀喇昆仑公路巴中友谊隧道揭幕仪式，标志着这条连接中国新疆和巴基斯坦的战略通道时隔5年恢复运行。

喀喇昆仑公路连接中国新疆喀什与巴基斯坦北部，穿越喀喇昆仑、喜马拉雅、兴都库什三大山脉和帕米尔高原。20世纪六七十年代，中国援助巴基斯坦建起这条巴基斯坦北部地区唯一的对外经济生命线，因此这条公路也被称为"中巴友谊公路"。这条公路是巴基斯坦通往其首都伊斯兰堡及南部沿海地区的交通要道，也是中国通往巴基斯坦及其南部港口卡拉奇、南亚次大陆、中东地区的唯一陆路通道。

2008年8月，喀喇昆仑公路改扩建项目一期工程正式启动，由中国路桥工程有限责任公司负责实施，全长335千米。2010年1月4日，项目中段的巴基斯坦阿塔巴德地区发生大规模滑坡，道路中央形成了一个周长为24千米的堰塞湖，公路被截成两段。通行中断后，中巴两国人员的贸易往来受到极大影响。中国喀什到巴基斯坦吉尔吉特的国际大巴被迫停运。货运卡车开到堰塞湖边后只能将货物卸下装船，由船只将货物运到对岸，再重新装上其他卡车，运输效率大幅下降，成本大幅上升。

堰塞湖形成后，中国路桥工程有限责任公司对原有路段进行了改线设计，在群山间新建5条总长7千米的隧道，同时架设4座桥梁并铺设14千米的路面，让喀喇昆仑公路再次贯通，再次发生中断的可能性也大大减小。公路贯通后，中国新疆和巴基斯坦贸易物流时间缩短8天左右，汽车从中国新疆红其拉甫口岸到巴基斯坦雷科特桥的时间从以前的14小时缩短到7小时，每吨货物运输费用至少降低100美元，喀什到伊斯兰堡的卡车运费约为每吨320美元。

此外，喀喇昆仑公路的重新贯通为中巴吉哈《四方过境运输协议》的重启创造了有利条件。这一协议于2004年签署，四方中任何一方可在一年内经过另一方进行200车次的货物过境运输，并且免征过境费和通行费。后因喀喇昆仑公路中断，该协议没有真正发挥作用。

(三)巴基斯坦的智能手机市场潜力巨大

巴基斯坦电信管理局公布的数据显示,2014—2015 财年,巴基斯坦的互联网用户从 380 万增长至 1 690 万,增长了 344%。这一增长速度创造了历史新高。互联网用户的大幅增长主要是由于 3G 和 4G 网络的启用。在 1 690 万用户中,移动互联网用户为 1 350 万,占总用户数的近 80%。未来一定时期内,巴基斯坦的互联网用户仍将保持高速增长的态势。

2015 年第一季度,巴基斯坦智能手机出货量同比增长 124%,环比增长 21%。这主要得益于巴基斯坦政府对网络的部署及对适配新基础设施终端的需求增长。2012 年,巴基斯坦手机出货量中的 93% 为功能手机,因为没有网络支持智能手机。2014 年,巴基斯坦 3G 和 4G 网络的建设使得其手机市场经历了一场由功能手机到智能手机的急剧转变,而且这种转变将继续下去。美国市场研究公司 IDC 预测,在 2017 年年底之前,巴基斯坦的智能手机出货量将超过功能手机。

巴基斯坦电信管理局(PTA)的数据显示,目前仅有约 10% 的用户正在使用 3G/4G 网络。随着巴基斯坦 3G/4G 用户规模的增长,其手机市场向智能手机的转变将再次加快。

(四)巴基斯坦具备一定的投资潜力

1. 巴基斯坦具备一定的资源优势,投资政策宽松

巴基斯坦拥有约 2 亿人口。未来 30 年内,24 岁以下青壮年劳动力的比例将保持在 60% 以上,而且巴基斯坦的劳动力价格非常低廉,巴基斯坦的高等教育也能够提供相当数量的高素质人才。同时,巴基斯坦的矿产资源丰富,属于矿业与工业原材料出口国家。

巴基斯坦十分欢迎外来投资。为了吸引外资,政府推行投资自由化政策,几乎所有经济领域均向外资开放,外国投资者享有与当地投资者同等的待遇,没有股权限制,资金流动自由,另外还享有设备进口关税等方面的优惠政策。限制投资的领域只有武器、高强炸药、放射性物质、证券印制和造币、酒类生产(工业酒精除外)这 5 个领域。另外,由于巴基斯坦是伊斯兰国家,外资不能从事歌舞厅等娱乐休闲业。

根据巴基斯坦投资局的数据,2013—2014 财年,巴基斯坦获得外商直接投资16.67亿美元。外资主要来源地为中国大陆、中国香港、美国、瑞士等,其中来自中国的投资占外资总额的41.7%。最吸引外资的两大领域为石油天然气行业(约5亿美元)和信息通信行业(约4亿美元)。

2.中国对巴基斯坦投资飞速增长

近年来,中巴间的经济合作日益加深,中国对巴基斯坦的投资飞速增长,双边贸易额增速保持在10%以上。巴基斯坦的市场潜力吸引着越来越多的中国企业在巴基斯坦投资经营不同的行业,包括通信、能源、汽车制造、基础设施建设等领域。据中国商务部的统计,2014年中方对巴基斯坦非金融类直接投资金额为10.1亿美元,同比增长739.4%。这个比例是相当惊人的。2015年,中国对巴基斯坦的投资流量为3.21亿美元。截至2015年年底,中国对巴基斯坦投资存量达到40.36亿美元。①

巴基斯坦是中国对外承包工程的重点市场之一。据中国商务部的统计,截至2014年12月底,中国企业累计在巴基斯坦签订承包工程合同额达332.69亿美元,营业额达279.16亿美元,中国在巴基斯坦各类劳务人员共7959人。大型工程承包项目主要集中于电站、堤坝、交通、通信领域,包括中国葛洲坝集团承建的尼勒姆·杰勒姆水电站项目、中国水利电力对外公司承建的曼格拉大坝加高项目、中国路桥工程有限责任公司承建的喀喇昆仑公路升级改造项目、华为承建的巴基斯坦电信项目、长江三峡技术经济发展有限公司和中国机械设备工程股份有限公司联营体承建的卡洛特水电项目等。

目前中国青岛在巴基斯坦的投资最多,山东烟台则计划在巴基斯坦建立烟台工业园。

3.瓜达尔港经济特区

瓜达尔港是巴基斯坦第二大港口,是"一带一路"的重要节点,对于中巴两国而言,无论是战略意义还是经济意义都十分重大。2015年9月9日,巴基斯坦瓜达尔港务局表示,将把瓜达尔港的1.3平方千米土地长期租赁给中国,用于建设瓜达尔港首个经济特区,租期长达43年,20年免税。瓜达尔港务局主席道斯坦介绍,从喀什到瓜达尔港的铁路方案已经开始设计,瓜达尔

---

① 数据来源于中国商务部。

国际机场的建设也将于未来数月内启动,此外,连接瓜达尔港与巴基斯坦北部的公路也会尽快完工。

瓜达尔港能够辐射整个阿拉伯海市场,加上巴基斯坦充足的原材料和廉价的劳动力,以及经济政策上的优惠,中国可以将产业升级后的低端产业如造纸、水泥、制碱、玻璃等以"打包"的方式转移到巴基斯坦。为了鼓励国内外投资者到经济特区投资,巴基斯坦政府特别针对能源、税制等国内投资短板,专门出台了能源保障、税收减免、一站式服务三个方面的投资促进政策。

五、与巴基斯坦经济合作的风险

与巴基斯坦经济合作的风险主要是政治与安全风险。

近年来,巴基斯坦国内安全局势不容乐观,暴力流血事件频发。据统计,2014年巴基斯坦境内发生了1 326次恐怖袭击事件,造成1 885人死亡、4 678人受伤。恐怖事件的制造者主要有恐怖分子、宗教极端主义势力、地区主义势力,这既涉及塔利班组织、教派对立与冲突,亦有地区、族群矛盾。虽然巴基斯坦是对华友好的国家,但针对中国人的袭击事件也时有发生,不仅造成了财产损失,还严重威胁到中方人员的人身安全。

恐怖主义在巴基斯坦盛行,背后是巴基斯坦本土塔利班运动的不断发展壮大,此外也有阿富汗塔利班这个重要因素。美国在阿富汗发动反恐战争后,阿富汗塔利班逃往巴基斯坦边境部落地区落地生根,并逐步加强了向巴基斯坦其他地区的扩散。虽然近几年巴基斯坦政府的反恐行动取得了一定成效,但并未从根本上把恐怖主义势力压制下去。包括中国人在内的外国人同巴基斯坦当地人一样,都是恐怖主义的受害者。受安全局势影响,一些中国在巴基斯坦建设项目的进度受阻,一些企业在安全形势恶化时期处于半营业甚至停业状态。

宗教问题也严重影响了巴基斯坦社会的稳定,教派斗争是导致巴基斯坦安全形势下滑的重要因素之一。巴基斯坦是伊斯兰国家,存在多种教派,主要是逊尼派和什叶派及其各自的支派。占全国人口总数95%的穆斯林中,逊尼派穆斯林约占90%,分布在全国各地;什叶派穆斯林约占10%。在逊尼派和什叶派内部还存在不同的分支,这使宗教问题进一步复杂化。近年来,巴基斯坦什叶派与逊尼派之间的斗争愈演愈烈,宗教极端主义势力(如"穆罕默德战士会""阿里战士会")时常制造暴力和恐怖事件。中国在巴基斯坦人员总体来讲能做到尊重当地的宗教文化习俗,加上巴基斯坦民间也普遍欢迎中国人,因此中国在巴基斯坦人员与宗教极端组织之间没有直接的矛盾。但由于中国与巴基斯坦的特殊友好关系,中国在巴基斯坦人员会受到巴基斯坦政府对内行为的牵连而成为宗教极端组织的目标之一。

此外,巴基斯坦国内地区主义日益突出。旁遮普省是大省,旁遮普人是巴基斯坦最大的族群(约占总人口的63%),在巴基斯坦中央政府机构和军队中占有很大的比例,对国家政策具有极大影响力,也是受益最大的群体。而在最为贫穷落后的俾路支省,当地民众有着强烈的被剥夺感,他们不满中央权力过大,认为本省的权益没有得到尊重。当地开发自然资源所获得的收益被中央分走了绝大部分,而这些上缴中央的收益又有很大一部分被分给了政治影响力较大的旁遮普省。此外,当地某些大型工程几乎由联邦政府全权负责,省政府在项目上没有任何决策权。大多数俾路支本地民众的目标是争取更大的省自治权,但有些分离主义组织公开宣扬分裂主义倾向并采取暴力恐怖手段,还曾对援建该省的外国人发动恐怖袭击。地区间的矛盾进一步加剧了民族混居地区的族群矛盾。在俾路支省,瓜达尔港建设项目中的大部分技术性岗位被旁遮普人和其他民族的技术工人占据着,很少能见到俾路支人的身影。在巴基斯坦最大的城市卡拉奇(信德省的省会),城区和四周最好的城市土地大多被非信德人所占有。族群间的利益冲突和贫富悬殊致使城市地区恶性治安案件有增无减。

总的来说,巴基斯坦国内政治目前较为稳定,而且巴基斯坦的政治和社会层面对中国均比较友好。因此,"高层政治"方面的政治风险不大。但巴基斯坦国内的恐怖主义、地区主义等社会政治矛盾将对投资产生不利影响。此外,由于巴基斯坦特定的地缘政治位置和重要性,中巴经济走廊的建设或将引起印度、美国等域外利益相关大国的强烈反应,对此,中国需要提早做一定的预判和准备。

第五章

中东欧国家的合作潜力

◆ 第一节 ◆
中东欧与中国的合作

中东欧地区是目前欧洲最具活力和潜力的区域,也是连接东西方的交通枢纽,地理位置十分重要。中东欧国家包括波兰、匈牙利、阿尔巴尼亚、波黑、保加利亚、克罗地亚、捷克、爱沙尼亚、立陶宛、马其顿、黑山、罗马尼亚、拉脱维亚、塞尔维亚、斯洛伐克、斯洛文尼亚等16个国家,总面积约134万平方千米,接近中国的1/7、欧盟的1/3;总人口1.23亿,接近中国的1/10、欧盟的1/4。2014年,中东欧16国GDP合计1.78万亿美元,人均GDP 1.21万美元,部分国家经济增速名列欧洲国家前茅。汽车及零部件、机械设备、化工、农产品加工等是中东欧地区的优势产业。

近十年来,中国与中东欧国家的贸易额由2003年的87亿美元增至2015年的562亿美元,占同期中国与欧洲国家贸易总额的比重从7.5%上升到9.1%。而中国在中东欧国家的投资也由不足1亿美元增至超过50亿美元。2013—2015年,中国对中东欧投资大幅增长了35%,中东欧国家在华投资也由4.2亿美元增至13亿美元,涉及机械、化工、家电、物流商贸、新能源、研发、金融、农业等领域。

自2011年以来,中国非常重视与中东欧国家发展友好合作关系,双方政治经济关系迅速升温。同时,中央政府主导建立了一系列"16+1"合作交流的固定机制,并积极推进经济、政治、文化等各方面的交流合作,中国已明确将中东欧16国列入"一带一路"范围。

总的来看,中东欧国家与中国的经济互补潜力很大,很值得挖掘。2015年,中东欧16国对华贸易总和只有562亿美元,不到整个欧盟对中国贸易额的1/10,这是"一带一路"建设中的新机遇。目前,中国各地方省市还未迅速重视起来,厦门应抓住机会,积极参与、深度介入,争取在与中东欧合作中创出"厦门亮点"。

一、近年来中国与中东欧的关系迅速升温

2012 年,首届中国—中东欧国家领导人会晤在波兰华沙举行,中国提出了《中国关于促进与中东欧国家友好合作的十二项举措》,主要包括:(1)成立中国与中东欧国家合作秘书处。(2)设立总额 100 亿美元的专项贷款,其中配备一定比例的优惠性质贷款,重点用于双方在基础设施建设、高新技术、绿色经济等领域的合作项目。(3)发起设立"中国—中东欧投资合作基金",首期募集基金目标为 5 亿美元。(4)中方将向中东欧地区国家派出"贸易投资促进团"并采取切实措施推进双方经贸合作,力争中国与中东欧 16 国贸易额至 2015 年达到 1 000 亿美元。(5)根据中东欧国家的实际情况和需求,推动中国企业在未来 5 年同各国合建 1 个经济技术园区,也愿继续鼓励和支持更多中国企业参与各国已有的经济技术园区建设。(6)愿与中东欧 16 国积极探讨货币互换、跨境贸易本币结算及互设银行等金融合作,加强对务实合作的保障与服务。(7)倡议成立"中国—中东欧国家旅游促进联盟"。(8)成立"中国—中东欧交通网络建设专家咨询委员会"。由中国商务部牵头,中东欧 16 国本着自愿原则加入,共同探讨通过合资合作、联合承包等多种形式开展区域高速公路或铁路示范网络建设。(9)倡议在中国举办"中国—中东欧国家文化合作论坛",并在此框架下定期举行文化高层和专家会晤及互办文化节、专题活动。(10)在未来 5 年向中东欧 16 国提供 5 000 个奖学金名额。支持 16 国孔子学院和孔子课堂建设,未来 5 年计划邀请 1 000 名各国学生来华研修汉语。加强高校校际交流与联合学术研究,未来 5 年派出 1 000 名学生和学者赴 16 国研修。中国教育部计划明年在华举办"中国—中东欧国家教育政策对话"。(11)设立"中国与中东欧国家关系研究基金"。中方愿每年提供 200 万元人民币,支持双方研究机构和学者开展学术交流。(12)中方将举办"中国与中东欧青年政治家论坛",邀请双方青年代表出席,增进相互了解与友谊。

中国提出"一带一路"倡议后,中东欧国家积极响应。2013 年 11 月,中国与中东欧国家联合发布《中国—中东欧国家合作布加勒斯特纲要》。同期,中国国务院总理李克强在罗马尼亚布加勒斯特出席中国—中东欧领导人会晤时提出,中国与中东欧国家合作要坚持"三大原则",即相互尊重,平

等相待;互利共赢,共同发展;中欧合作相向而行。同时,李克强总理还提出深化中国—中东欧国家合作的六点建议:(1)做大做实经贸合作,尽早实现五年内贸易额再翻一番;(2)加快推进互联互通,推动中国与中东欧、中东欧地区各国之间铁路、公路及通信网络等方面互联互通;(3)大力加强绿色合作,中国政府支持本国企业积极参与中东欧国家核电等电力项目建设;(4)积极拓展融资渠道,加强金融合作;(5)深挖地方合作潜力,促进各自地方发展,服务各国企业;(6)丰富人文交流活动。

此外,李克强总理还将2014年定为"中国—中东欧国家合作投资经贸促进年"。

2014年12月,第三次中国—中东欧国家领导人会晤在塞尔维亚贝尔格莱德举行。与会各方发表了以"新动力、新平台、新引擎"为主题的《中国—中东欧国家合作贝尔格莱德纲要》(以下简称《纲要》)。

《纲要》主要包括以下几个方面:(1)2015年适时启动制定《中国—中东欧国家中期合作规划》。(2)继续推进中欧国际铁路集装箱班列建设,将其作为中欧深化互利合作、建设亚欧大通道和大市场的重点项目,推动在相关国家通关便利化,打造新的物流支线,建设物流中心。(3)邀请更多中东欧国家加入中欧海关安全智能贸易航线试点计划,积极探讨将陆运、空运等运输方式纳入安全智能贸易合作。(4)欢迎塞尔维亚牵头组建中国—中东欧国家交通基础设施合作联合会,欢迎中国和中东欧国家相关机构、企业及团体根据自愿原则参与。(5)适时组建中国—中东欧国家物流合作联合会。(6)支持在波兰华沙组建中国—中东欧国家联合商会执行机构,邀请中国和中东欧国家相关商协会、机构及企业根据自愿原则参与。(7)欢迎中国—中东欧国家投资促进机构联系机制在中国北京和波兰华沙设立秘书处,支持其在中国同中东欧国家投资信息共享和双向投资促进上发挥积极作用。(8)每两年召开一次中国—中东欧国家经贸促进部长级会议。2015年在中国宁波国际日用消费品博览会期间举办中国—中东欧国家投资贸易博览会。(9)积极评价中国—中东欧投资合作基金(一期),支持中国—中东欧投资合作基金(二期)启动,鼓励更多金融机构、企业参与基金,积极开展投资合作。

此外,《纲要》还提出一系列的交流活动,包括定期召开中国—中东欧国家高级别智库研讨会,组建中国—中东欧国家智库交流与合作中心,举办中国与中东欧青年政治家论坛、中国—中东欧国家文化合作论坛、中国—中东欧国家教育政策对话等,并提出 2016 年在河北举办第三次中国—中东欧国家地方领导人会议。

目前,中国已经与匈牙利、塞尔维亚签署了匈塞铁路合作文件;中国—中东欧投资合作基金(一期)正式启动,并成功投资相关项目;中国与匈牙利、阿尔巴尼亚分别签署了本币互换协议;匈牙利、立陶宛有关机构开始投资中国银行间债券市场;中国同罗马尼亚、捷克分别签署了和平利用核能合作文件,并与匈牙利就核能领域合作达成共识;中国同匈牙利、拉脱维亚、塞尔维亚、马其顿等国签署了质检领域有关合作协议。

二、中国与中东欧的经贸合作情况

(一)贸易

1.中国与中东欧对彼此的贸易依赖度较低,发展市场广阔

2003—2015 年,中国对中东欧 16 国总体的贸易依赖度均未超过 0.5(对世界的平均值为 1);中东欧 16 国对中国的贸易依赖度则没有超过 0.2。这说明与世界其他地区相比,中国与中东欧国家的贸易市场在过去对彼此双方都不重要。但是,中东欧国家对中国的贸易依赖度从 2005 年开始有逐步上升的趋势,中国市场对中东欧国家的重要性在逐渐变强,尤其是在全球金融危机及欧洲主权债务危机爆发之后,中国逐步成为中东欧各国主要的出口市场之一。从未来的发展趋势看,双方贸易存在巨大的潜力。

2.中国与中东欧贸易产品互补性较强,可持续发展潜力大

2014 年,在中国与中东欧国家的贸易中,具有互补性的产品的贸易额占双方贸易总额的 71.9%,不具互补性的产品的贸易额占 28.1%。中国与中东欧国家的贸易互补性较强,这是双边贸易能够持续快速发展的重要动力。但是,中国与中东欧国家的互补贸易目前主要以产业间贸易互补为主,产业内互补贸易规模比较小。2015 年,在中国与中东欧国家的互补性贸易中,产业间互补贸易额占双边贸易额的 56.8%;产业内互补贸易额占双边贸易额的10.8%。此外,中国与中东欧国家贸易互补关系目前更多地体现在资本与技术密集型产品与劳动密集型产品上。这说明中国与中东欧国家的贸易关系还处于调节余缺、互通有无的初级合作阶段,尚有巨大的潜力可挖掘。

3. 中国贸易产品竞争力强,中国与中东欧贸易不平衡

在产业间互补贸易中,中国具有较强竞争力的产品约占61%,其中98%为工业制品,贸易量最大的是电信、录音及重放装置与设备(占31%),其次是办公用机器及自动数据处理设备(占26%)。而中东欧竞争力强的产品仅占1%,且全部都是资源密集型的初级产品,其中软木及木材占了一半。

总之,在中国与中东欧的产业间贸易中,中国货物贸易的竞争力远远超过中东欧国家,导致中国与中东欧贸易不平衡。近十年来,中东欧从中国进口的商品金额约为出口商品的4.7倍。

(二) 投资

1. 中国在中东欧的特色投资产业逐渐形成

中国在中东欧的投资主要集中于制造业和服务业领域。制造业主要集中在办公机械、电脑、通信设备、家用电器等领域;服务业以金融中介、贸易维修服务及承包工程为主。中国目前在中东欧的特色投资主要是基础设施建设工程、通信设备与技术、清洁能源技术、机械制造加工等中东欧国家有实际投资需求的产业。中国在这些产业上具有技术、人力资本的比较优势及长期积累的先发性优势。中国的基础设施投资在中东欧发展势头较好。2010年4月,中国路桥有限责任公司与塞尔维亚政府在贝尔格莱德签署了泽蒙—博尔察跨多瑙河大桥项目合同。该项目成为双边合作的标志性项目。中国的通信技术公司华为和中兴均是较早在中东欧投资的中国企业,投资几乎遍布整个中东欧国家。中国在水电站、核电站、火力发电站等能源领域也加快了资本和技术投资,家用电器和电子产品、汽车等制造业也纷纷进入中东欧。此外,中国在中东欧国家也开始兴建产业园或工业园(如在波兰),以鼓励和吸引来自中国的投资者,扩大中国在中东欧的投资影响力。

2. 以波兰、匈牙利和保加利亚等国为投资重点区域

波兰、匈牙利和保加利亚等国是中国投资重点选择的对象。

截至2007年,中国对波兰的直接投资约为9 300万美元,2008年增长至1.4亿美元,同比增长49%,2009年飙升至3.75亿美元,2014年中方对波兰的直接投资已经超过5亿美元。中方的投资涉及机械制造、通信技术、矿产开发、房地产开发、基础设施建设等多个领域。2013年,中国成都至波兰罗兹的铁路开通。

中国在波兰投资的主要方向为电子产品、机电产业、IT和建筑机械。对波兰投资的中国企业主要包括:TCL集团、同方威视技术股份有限公司、中兴通讯股份有限公司、华为技术有限公司和柳工机械股份有限公司。广西柳工机械股份有限公司在波兰东南部的斯塔洛瓦沃拉收购了一家老牌的波兰本土工程机械公司,并成功地将两个极具差异性的文化和市场合二为一。此项收购柳工可获得其全部知识产权和商标,还可以在波兰建立制造和研发基地,并以波兰为中心辐射欧洲市场。在此项收购中,柳工机械股份有限公司获得了顶尖的履带式推土机生产线,此项收购也有利于柳工机械股份有限公司降低生产成本。

匈牙利是中东欧地区中资机构和华商最为集中的国家,也是中方投资存量最高的中东欧国家。中国在匈牙利的投资涵盖贸易、金融、航空、化工、物流、地产、咨询服务、通信和电子制造等行业。对匈牙利投资的中国企业主要有中国银行、华为技术有限公司、中兴通讯股份有限公司和万华实业集团有限公司等。2011年1月,烟台万华聚氨酯股份有限公司的控股股东万华实业集团有限公司以12.63亿欧元收购匈牙利宝思德化学公司96%的股权,成为中国对中东欧最大的一笔投资。

在外国直接投资流量中,2012年,保加利亚吸引的中国投资超过了匈牙利吸引的中国投资。在保加利亚,中国企业主要投资汽车行业,此外还与保加利亚当地企业在化工、能源、农业和食品加工这些被视作"新亮点"的领域进行合作。

3.中东欧投资的软环境建设得到改善

中国政府大力推动中国和中东欧的文化交流,开办各种投资交流论坛,派遣"投资促进团"到中东欧国家推进投资,并加强信息交流与经验共享,还邀请中东欧国家主管官员来华培训。此外,中方还建立了中国和中东欧文化交流机制并设立了研究基金,以推进对中东欧的了解。

第二节

波兰的合作潜力

一、波兰的基本情况

在中东欧16国中,波兰的面积最大、人口最多,与中国的经贸关系最为密切。2011年年底,波兰与中国的外交关系升级为"战略合作伙伴关系",双方交流迅速升温。在中东欧国家中,波兰第一个申请加入中国主导的亚投行,对"一带一路"倡议反应非常积极。波方希望政治关系的升温能进一步促进双方在经济领域的合作。

波兰位于欧洲中心,是欧洲唯一一个连续20年经济保持增长的国家,也是欧洲最为稳定和快速发展的经济体,创新能力强,国民受教育程度高,劳动力成本也较低。"一带一路"倡议提出后,波兰作为中国进入欧洲市场重要通道的作用更为突出。很多从中国通往欧洲的主要铁路都会经过波兰。目前,苏州和成都都有直达波兰的货运班列。海运方面,波兰在波罗的海拥有格但斯克深水良港。

波兰位于中欧东北部,北濒波罗的海,西邻德国,南界捷克和斯洛伐克,东北和东南与白俄罗斯及乌克兰相连。波兰国土面积约30.6万平方千米,与德国面积相当,其边界线总长3 538千米,其中海岸线长528千米。波兰绝大部分地区位于东欧平原,平均海拔173米。波兰人口约有3 864万,名列欧洲第8位。

二、波兰的经济与投资环境

波兰被认为是欧盟最有吸引力的经济体。作为近十年来加入欧盟的最大经济体,波兰不断增长的中产消费群体、熟练及低成本的劳动力、位于主要欧洲市场中心的地理位置和即将到来的基础设施投资浪潮正吸引着全球投资者的强烈关注。波兰的工业制造费和人工费为欧洲最低,在同一工种里,波兰雇员的报酬约是德国雇员的1/6。

世界银行发布的《2014年全球营商环境报告》显示,波兰的营商环境在世界排名第45位,比去年上升了2位。波兰营商环境排名的上升主要归功于以下四个方面:

(一)经济发展情况较好

波兰的整体经济状况良好,具体表现为GDP快速增长、劳动力市场灵活性提高、失业率逐步降低等,投资环境也较为稳定,属于高收入经合组织国家。波兰是欧洲唯一一个连续20年经济保持增长的国家。2008年全球金融危机爆发后,波兰经济增速虽有所放缓,但强大的内需和较低的开放程度维持了波兰经济的持续增长。它是欧洲少数几个保持经济正增长的国家之一。2015年,波兰的GDP总量为5 322亿美元,世界排名第24位,整体水平与伊朗、挪威相当,经济实力在中东欧地区名列第一。以GDP来看,其经济规模已经相当于捷克、斯洛伐克和匈牙利三国之和。世界银行预测,在未来的几年内,波兰的GDP年增长率将保持在3%~4%。

(二)具备较强的工业基础

波兰作为中东欧最大的经济体,具备较强的工业基础和科技实力。波中两国在生物技术、信息与通信、矿山机械、食品贸易及页岩天然气开采等领域的合作有着良好的前景。

波兰在生物技术和制药领域是欧洲最具发展潜力的市场之一,有超过140家制药公司,111家生物、医药领域科研机构,2 800名从事先进生物技术和分子生物研究的专家。其临床试验研究中心的数量列世界第10位。中国企业也充分认识到波兰医药和生物行业的飞速发展。2012年中国医药工业科研开发促进会与波兰医药企业在波兰首都华沙建立了商业伙伴关系。

矿山机械制造业是波兰的支柱产业,长期以来保持着世界领先的优势。中国作为能源消费大国,在煤炭开采、页岩气开发等诸多领域同波兰合作的前景十分广阔。2013年北京国际煤炭装备及矿山技术设备展览会上,Kopex、Fasing及Famur等波兰具有代表性的业内企业指出,中国的采矿业拥有世界最好的发展前景,非常希望能与中国企业建立长期的合作伙伴关系。

食品是波兰出口产品的重要组成部分。凭借高质量和价格优势,波兰食品业已成为波兰经济中发展最快且最重要的行业之一。根据中国驻波兰大使馆经商处的数据,2013年,以数量计,中国成为波兰猪肉最大进口国。2015年,波兰禽肉和乳制品对华出口额增长迅速,比2013年翻一番还多。

2015年,食品成为波兰继机械和化学产品之后的第三大出口产品。波兰出口到中国的肉类和奶类产品稳步增长。另外,波兰还向中国出口蔬果、谷类、糖、果汁、蜂蜜、药水等产品。

(三) 投资环境稳定

波兰政府对吸引外资较为支持。为吸引外国直接投资,波兰主管当局出台了一系列激励政策,包括经济特区的所得税豁免、不动产税豁免,以及对购买新技术及研发中心的税务抵扣优惠。波兰还通过其他机制吸引外国直接投资,如从国家层面及欧盟层面为投资者提供现金补助,以支持新的投资和创造就业岗位,该补助最多可以达到投资总额的50%。波兰政府和欧盟还通过市场自由化、资产私有化、改进基础设施及提供投资,帮助外国投资者在波兰进行投资。

波兰银行系统的抗风险能力较强。2009年金融危机时,波兰的银行系统是少数几个不需国家支持的银行系统之一。华沙股票市场是中东欧地区最大的股票市场,市值约8 480亿波兰兹罗提(2 160亿欧元),预计将发展成区域领袖及投资中心。

波兰庞大的国内市场、熟练和相对廉价的劳动力,使其劳动力市场变得越来越灵活且富有弹性。波兰由此成为欧洲最具投资吸引力的四大国家之一。波兰的劳动力质量相对较高而且雇佣方便,其成本大大低于西欧国家,也低于邻近的捷克等国家。

波兰企业缴纳的所得税税率比较低。波兰的企业所得税税率为19%,为全欧盟最低。波兰还实施了欧盟有关兼并和重组、股利分配、利息及特许权使用费分配的指令,如所有向欧盟内符合条件的公司的分红免征所得税。波兰的增值税体系与欧盟同步,增值税标准税率为23%(适用于大部分服务和商品),对于特定商品和服务也适用如8%、5%和0%的增值税税率。在个人所得税方面,标准雇佣薪酬适用18%和32%的累进税率。

波兰的政治体制总体来说比较稳定,对于突发事件和政治波动有一定的承受能力。2010年,卡钦斯基总统专机坠毁事件虽然引起了轩然大波,但并未造成波兰国内的政治危机,可见其政治体制稳定成熟。

(四)地理位置优越

波兰地处欧洲大陆中心,濒邻俄罗斯和德国两大国际市场,在连接欧洲大陆的东西部地区上发挥着非常重要的作用。波兰的交通运输业比较发达,其主要铁路运输企业波兰国铁货运股份公司的总货运量在欧盟位居第二。以总货运量计,波兰北部海岸城市格但斯克港口在整个波罗的海地区位居第二。此外,波兰拥有环波罗的海的33个港口,海运可直通大西洋。

在"一带一路"建设规划中,波兰是中欧陆路运输路线上中国货物进入欧洲的首个欧盟成员国,同时也是欧洲经济区成员国的第一站。中国和波兰之间现在只存在两个海关口岸。一进入哈萨克斯坦,货物就进入欧亚经济联盟;而为了运入欧盟及欧洲经济区,货物需要在白俄罗斯和波兰的边界进行再一次清关。中国与哈萨克斯坦、白俄罗斯与波兰这两个海关口岸同时也是波兰和中国标准轨距铁路系统及欧亚经济联盟宽轨铁路系统的边界。目前,中国与波兰已建成一些铁道路线,如波兰Hatrans物流公司自2013年开始运营的中国成都至波兰罗兹的定期货列,以及波兰国铁货运物流公司自2013年开始运营的中国苏州集装箱物流基地至波兰华沙物流基地的定期货列。此外,自中国武汉开往捷克帕尔杜比采、自中国重庆开往德国杜伊斯堡、自中国郑州开往德国汉堡、自中国呼和浩特开往德国法兰克福等多次货列都会经过波兰领土,因此波兰是欧洲"大陆级"骨干运输线必不可少的组成部分。

三、波兰的营商风险

(一)中波贸易不平衡

波兰的主要贸易伙伴为欧盟成员。波兰前十大出口市场中的九个是欧盟成员,德国为波兰最大贸易伙伴、最大出口市场和最大进口来源地。2015年,中国为波兰第十九大出口市场和第三大进口来源地。商务部数据显示,2015年中国对波兰出口额达143.5亿美元,自波兰进口额仅27.4亿美元,波兰对中国贸易逆差达116.1亿美元。中波间的贸易投资合作与两国的经济规模及在世界经济中的地位极不相称。这种经济状况对于建设长远的中波关系势必形成阻碍。

(二)中波价值观和政治制度存在差异性

东欧剧变后,投身西方的波兰出于国家安全利益的需要,对外政策总是旗帜鲜明地显示出美国的价值观和意识形态立场。波兰实行多党制的政治体制,许多党派借"普世真理"之名对中国内政进行非议,尤其是在少数民族自由、人权等问题上,这对中波关系产生了不良影响。2008年3月,波兰前总统卡钦斯基敦促中国政府与少数西藏人对话,并以此抵制北京奥运会。同年12月,卡钦斯基不顾中方反对接见了持西藏分裂主张的达赖喇嘛,触及中国国家核心利益。政治议题上的分歧往往会影响两国间的经贸往来。中国海外工程公司、上海电气等都曾在波兰的工程承包和竞标中失败,其失败与政治不无关系。

(三)中波关系可能受第三方因素影响

冷战后波兰一直将美国视为最重要的战略伙伴,并将美国领导的北约作为其维护国家安全的保护伞。因此,波兰从美国视角看安全问题,接受美国对中国的认知和判断。例如,2004年6月欧盟首脑会议期间,波兰不支持欧盟解除对华军售禁令;2010年12月欧盟内部讨论对华武器禁运问题时,波兰仍持反对立场。波兰反对欧盟解除对华武器禁售令,主要是基于波兰与美国的战略伙伴关系。尽管波兰在中波战略伙伴关系联合声明中表示,将为欧盟在解除对华军售禁令问题上达成共识而努力,但未来存在不确定性,美国因素在取消欧盟对华武器禁售令问题上仍会或多或少影响波兰的立场取向。

俄罗斯是中波战略伙伴关系发展中另一个潜在的第三方因素。在对俄罗斯关系上,因为历史积怨太深,波兰社会普遍存在防范和削弱俄罗斯的心理。波兰在20世纪末和21世纪初加入北约和欧盟后,一直不遗余力地推动北约和欧盟东扩,其中首要目标就是乌克兰。乌克兰危机爆发后,波兰政府表现得异常积极,公开批评俄罗斯。同时波兰对乌克兰、东欧及南高加索国家的民主推动政策和能源安全政策与俄罗斯的国家利益相抵触,波兰与俄罗斯的未来关系仍将争执不断。波兰对中俄全面战略协作伙伴关系持有戒心。鉴于此,波兰与中国的战略关系将不可避免地受到波俄关系的影响。

总体来讲,波兰的投资收益与风险并存。当前,波兰快速增长的经济,发展良好的工业基础,稳定的投资环境,以及其所处的欧洲市场的中心位置等优势条件为中波开展经济合作提供了便利条件。在"一带一路"倡议的指引下,两国将开足马力、发挥潜能,在基础设施、物流运输、生物制药和能源方面深化务实合作。同时,提升波兰在"一带一路"倡议中的交通枢纽地位将惠及中波双方。

波兰方面愿意参加"一带一路",主要原因有三点:一是希望增强中波经贸合作,扩大对华出口;二是希望能利用好中欧货运班列;三是希望中国扩大投资,而不是并购,但在这一点上,双方还没有实现很好的对接。

◆ 第三节 ◆
匈牙利的合作潜力

一、匈牙利概况

匈牙利对中国提出的"一带一路"倡议反应非常积极。2015年6月,中国与匈牙利签署了《中华人民共和国政府和匈牙利政府关于共同推进丝绸之路经济带和21世纪海上丝绸之路建设的谅解备忘录》。这是中国同欧洲国家签署的第一个此类合作文件,匈牙利成为第一个确认加入中国倡导的"一带一路"的欧洲国家。

匈牙利是一个位于中欧的内陆国家,首都在布达佩斯,国土总面积为93 030平方千米(略小于中国浙江省的面积)。2015年,匈牙利人口约980万,人均GDP达1.2万美元,是中东欧较为发达的国家。

匈牙利东邻罗马尼亚、乌克兰,南接斯洛文尼亚、克罗地亚、塞尔维亚和黑山,西靠奥地利,北连斯洛伐克。与匈牙利接壤的国家没有在欧洲历史上具有影响力的大国。周边无强国的地缘环境给了匈牙利相对宽松的外部环境,使匈牙利能够保持一定的独立性,免受外来势力的影响。

二、匈牙利的经济发展与投资环境

匈牙利受2008年金融危机和欧债危机的影响比较大。2010年以来,匈牙利经济逐步复苏,2013年GDP同比增长1.1%,2014年GDP同比增长3.6%。2015年匈牙利GDP同比增长2.9%,经济总量约为1 200亿美元。

匈牙利工业基础较好,计算机、通信器材、仪器、化工和医药等知识密集型产品较为发达。汽车工业是匈牙利的支柱产业,其出口额占匈牙利出口总额的20%。匈牙利有机农业发展迅猛,是目前中东欧地区有机农产品的生产和出口大国。

匈牙利的自然资源比较匮乏,生产原料80%靠进口。其国内主要矿产资源是铝矾土(蕴藏量居欧洲第三),其他资源仅有少量。匈牙利劳动力素质较高,受教育人口比例超过人口总数的98%,历史上出现过多位诺贝尔奖得主,而且匈牙利人擅长发明。匈牙利多数年轻人至少拥有一种技能,并掌握多种语言,但工资水平却远低于西欧。匈牙利2004年正式加入欧盟,是WTO、欧洲自由贸易协定(EFTA)、中欧自由贸易地区(CEFTA)的成员,但不是欧元区国家。

匈牙利投资环境较优,是中东欧地区人均吸引外资最多的国家之一。全国有3万家外资投资企业,外资企业增加值占匈牙利GDP的三分之一左右,出口额占匈牙利总出口额的74%。欧洲国家是匈牙利的外资主要来源地,德国为匈牙利第一大外资来源地。外商投资的主要地区是自然条件较好的首都布达佩斯和匈牙利西部地区。从投资领域来看,零售、金融、通信、汽车、电子等行业是外商的主要投资领域,约占吸收外资总额的三分之二。

三、匈牙利与中国的经贸关系

匈牙利在担任欧盟轮值主席国期间,积极促进中欧关系发展。2010年,欧尔班政府致力于发展同中国的密切关系,高层互访频繁。由于"一带一路"倡议吻合匈牙利青年民主主义者联盟(简称"青民盟")政府的"东向"政策,因此匈牙利对"一带一路"倡议回应热烈。2014年,中国、匈牙利、塞尔维亚正式签署合作建设《匈塞铁路谅解备忘录》,还计划以匈塞铁路为依托打造自希腊比雷埃夫斯港进入中欧的陆海快线。2014年5月,两国开通了北京—布达佩斯直航。

2015年,中匈全年贸易额达到80.7亿美元,中国自匈牙利进口增速远高于出口,双方贸易结构日趋平衡。匈牙利仍为中国在中东欧地区第三大贸易伙伴、第二大进口来源地(仅次于斯洛伐克);中国为匈牙利第十大及欧洲以外第一大贸易伙伴、全球第四大进口来源地。

匈牙利地处欧洲心脏,交通网络发达,已成为中东欧地区中资企业最为集中的国家之一。截至2015年年底,中国对匈牙利累计投资5.71亿美元,投资领域涵盖化工、金融、通信设备、新能源、物流等行业,主要企业有万华、华为、中兴、中国银行、安徽丰原、日照金禾等,共创造就业岗位5 000余个;匈牙利在华累计设立投资项目703个,累计投资3.6亿美元,投资领域涵盖污水处理、乳品加工等。

匈牙利政府在金融领域与中国合作意愿强烈,希望在匈牙利开展人民币清算业务。2013年9月,中国人民银行与匈牙利央行签署了100亿人民币规模的中匈双边本币互换协议,匈牙利将成为中东欧地区的人民币业务枢纽;2014年年底,中国银行在匈牙利正式设立分行,将以大额贷款为业务重点,深化中国与中东欧经贸合作的金融支撑作用;同年年底,中国进出口银行与匈牙利进出口银行签订了3亿欧元的授信框架协议,用于支持中匈两国企业在经贸、投资和其他领域的合作。

2015年2月19日,匈牙利央行宣布启动"布达佩斯人民币倡议"。4月7日,匈牙利央行称将分步建立人民币债券组合。5月28日,为推动外汇资产多元化,匈牙利央行通过与国际清算银行合作的方式购买了少量中国国债。6月26日,中国银行匈牙利分行发行5亿欧元3年期无担保高级债券,主要用于支持万华宝思德化学公司、匈牙利电力公司等企业的投资经营需求。6月27日,中国人民银行与匈牙利央行签署了在匈牙利建立人民币清算安排的合作备忘录和《中国人民银行代理匈牙利央行投资中国银行间债券市场的代理投资协议》,并同意将人民币合格境外机构投资者(RQFII)试点地区扩大到匈牙利,投资额度为500亿元人民币。6月28日,中国人民银行发布2015年第14号公告,决定授权匈牙利中国银行担任匈牙利人民币业务清算行。上述安排标志着中匈两国金融合作迈出新步伐,有利于中匈两国企业和金融机构使用人民币进行跨境交易,促进双边贸易和投资便利化。2015年4月,匈牙利决定加入由中国主导的亚洲基础设施投资银行。

四、匈牙利的相关产业

(一)通信产业

通信产业是匈牙利的重要产业之一。2015年,匈牙利的通信终端消费收入达到约39亿美元,通信信息产业产值达到约55亿美元。

匈牙利移动通信业务市场主要被三大运营商垄断,分别是T-Mobile、Vodafone和Telenor。其中,T-Mobile进入匈牙利市场较早,占据了移动通信市场45%的份额,其主干网及设备主要由爱立信提供并建造;Telenor位列第二,占据35%的市场份额,其主干网及设备主要由中兴通讯提供并建造;Vodafone占据20%的市场份额,其主干网及设备主要由华为提供并建造。

由于匈牙利手机用户市场容量饱和,移动运营商开始以数据业务为新增长点,并致力于网络基础设施建设和数据增值服务。目前,3G网络已覆盖匈牙利全境,即使是在边境地区,网速也已达到80 Mbps。T-Mobile加速布局4G业务,称其4G网络已经可以覆盖布达佩斯99%的人口,以及其他60个城市。得益于移动网络的完善及智能手机的发展,2013年匈牙利移动数据业务大幅增长16%。

匈牙利互联网基础设施发达,在经济合作与发展组织(OECD)主要IT指标名单中排名第六,在欧洲地区仅次于瑞典、爱沙尼亚和芬兰,且目前发展速度较快,用户数量逐年增长。2013年,匈牙利互联网用户达640万,同比增长19%,较2003年增长了9倍;互联网普及率达65%,在欧洲国家名列前茅。

(二)电子工业

电子工业是匈牙利的传统优势产业之一,对拉动匈牙利经济增长有举足轻重的作用,历来受到匈牙利政府的高度重视。目前,匈牙利电子工业年产值保持在100亿欧元左右,分别占中东欧地区和欧盟电子工业总产值的30%和4.5%,是中东欧地区最大的电子生产国和世界电子工业主要生产基地之一。

2015年,匈牙利电子工业(不含电池、电缆、汽车电子产品)产值达93.37亿欧元,占匈牙利制造业产值的13.29%。其中,电子计算机产值为15.41亿欧元,通信设备为32.6亿欧元,家电为25.93亿欧元,电子元器件为16.26亿欧元,钟表及测量仪为2.27亿欧元,光学医疗设备为9 000万欧元。

匈牙利电子工业的核心零部件主要从德国等国家进口,通过加工提高附加值后再对外出口,是典型的外向型产业。2013年,匈牙利电子工业贸易额达169.62亿欧元,占匈牙利进出口总额的10.8%。其中,进口额为80.86亿欧元,出口额为88.76亿欧元。电子产品总出口比例高达95%,其中70%输往欧盟,其他输往美国、阿联酋、俄罗斯、中国、南非、墨西哥等国家。

匈牙利的电子工业对外资吸引力较大,世界知名原始设备制造商和电子产品代工企业均在匈牙利设立生产基地,个别企业还设立了研发中心。其中,原始设备制造商20家,包括博世、西门子、飞利浦、通用电气、IBM、国家仪器、爱立信、伊莱克斯、三星等。代工企业5家,包括富士康、伟创力、捷普科技、新美亚科技、卓能电子。匈牙利本土有实力的电子企业仅2家,分别是Semilab和Videoton。近年来,除诺基亚和黑莓公司因业务萎缩撤资外,其他企业均加大了投资力度。2013年,英飞凌、伟创力和三星公司分别投资6 500万、5 000万、4 000万欧元在匈牙利新设工厂或扩大产能,新增近千个就业岗位。截至2014年年底,匈牙利电子工业累计吸收外资54.25亿欧元,占全国吸收总外资的7%。

匈牙利电子领域企业共1 576家,直接就业人数11.2万。其中,雇员人数在250人以下的中小企业共1 539家,占总企业数的97.6%。这些中小企业中,雇员少于4人的微型企业更是高达1 222家,这些微型企业主要靠为大型企业提供电子零部件生存。匈牙利电子工业主要被外资控制,90%的产值和出口额由20余家跨国企业创造。

◆第四节◆
保加利亚的合作潜力[①]

保加利亚位于欧洲东南部巴尔干半岛,与罗马尼亚、塞尔维亚、马其顿、希腊和土耳其接壤,东部濒临黑海。国土面积约11万平方千米,人口总量约790万人(2014年)。保加利亚是欧盟最不发达的国家之一,2015年人均GDP约为6 300美元。1996年保加利亚成为WTO成员,2004年成为北约成员国,2007年成为欧盟成员国。

一、中国与保加利亚的经贸关系

中国已成为保加利亚在非欧盟国家中的第三大贸易伙伴。2015年,中国与保加利亚双边贸易进一步增长,达到17.93亿美元。截至2015年年底,中国对保加利亚累计投资2.36亿美元。

2015年,保加利亚对中国的出口产品中,贱金属及其制品比重很大(主要是铜及其制品),占保加利亚对中国出口总额的68.0%。矿产品是保加利亚对中国出口的第二大类商品,占保加利亚对中国出口总额的16.8%。保加利亚自中国进口的主要商品为机电产品、家具玩具和化工产品,三类商品合计占保加利亚自中国进口总额的54.4%。

---

① 本节资料参考深圳市贸易促进委员会2014年6月发布的《保加利亚考察报告》。

二、保加利亚投资环境的优势

（一）地缘优势

保加利亚地缘优势明显,位于欧亚大陆交汇处,是面向欧盟市场的重要门户之一,地处东南欧要冲巴尔干半岛,是连接欧亚大陆的贸易和能源走廊,辐射面广、潜力较大。保加利亚境内有 2 个主要海运港口——瓦尔纳和布尔加斯,2 个较大的河运港口——鲁塞和维丁,3 个主要机场——索菲亚、普罗夫迪夫和布尔加斯。以索菲亚为中心,航程 3 小时内可以覆盖 15 亿人口的欧盟大市场。在保加利亚境内投资设厂,其产品享受欧盟产品待遇,进入其余欧盟国家无关税,这不仅能帮助企业增强其产品在欧盟市场的竞争力,还能为企业进一步开拓欧盟市场起到很好的跳板作用。

（二）成本低廉

保加利亚企业经营成本低,税率为欧盟最低,企业所得税税率仅为 10%,且在高失业地区予以免征,个人所得税税率也仅为 10%。人力资源丰富,受教育程度高,工资水平低,平均工资约为 350~600 欧元,为欧盟最低。能源价格在欧盟成员国中处于较低水平,电价约为欧盟平均水平的 70%,天然气价格是欧盟平均水平的 85%,工业用地租金均价约 3.5 欧元每平方米,为欧盟最低。

另外,根据保加利亚法律规定,外国投资者可在保加利亚购买土地进行经营生产(包括工业园区内的土地),保加利亚目前土地价格相对便宜,很多外国企业(如瑞士 ABB 集团等)均采取该投资形式。从本土化和长期经营成本考虑,这不失为一种更好的投资选择。

（三）具有一些特色产业

保加利亚具有一些重点及特色产业,如保加利亚的玫瑰油、葡萄酒、乳制品加工等。这些产业特色明显,产品价廉物美,并有较高的国际知名度。

此外,保加利亚的纺织服装、医药化工、电子工业等产业基础较好。

三、保加利亚的投资风险

(一)政策稳定性不足,法律规范修订频繁,政府效率有待提高

保加利亚政党更迭频繁,导致施政方针与相关政策经常出现调整,政策稳定性不高,相关的法律法规修订较为频繁,如2012年保加利亚突然要求其境内所有可再生能源电站支付不同比例的"入网费",引起多家相关企业联合诉讼。此外,政府在工作推进上效率不高,如2009年保加利亚曾向中方重点推荐芍药工业园,但一直到2014年具体工作还未能实施。

(二)保加利亚本地市场容量有限,基础设施与产业配套不足

保加利亚人口较少,收入偏低,自身市场容量有限。2015年全社会消费支出总额为351亿欧元,家庭平均消费支出仅为5 012欧元。此外,保加利亚本土企业规模偏小,生产能力较弱,难以提供相关的配套生产能力。

四、厦门与保加利亚合作的机遇与风险

保加利亚对于厦门来说还是一个新兴市场,双方以往的经贸交流不多,但双方的产业结构有一定的互补性,在中国—中东欧合作及中保合作的框架下,厦门企业可以把保加利亚作为开拓中东欧及其他欧盟市场的重要门户。厦门与保加利亚产业结构互补性强,合作空间广泛。一方面,保加利亚现阶段特别希望引进国外资金及高科技制造业、电子信息产业、运输物流业,对其产业进行改造升级,而这些产业都是厦门的优势产业;另一方面,保加利亚的优势农产品及特色资源产品(如奶制品、玫瑰油产品、葡萄酒等)因价廉物美,并有较高的国际知名度,在国内也深受欢迎,厦门企业可以协助其开拓国内市场。

但是，在保加利亚投资的风险也应引起厦门企业的重视。目前，在保加利亚发展成功的中资企业并不多，主要中资企业有 20 余家。这些企业均为实力雄厚、国际化经验相对丰富的大型企业，而国内中小企业在当地发展的成功案例不多。

第六章

俄蒙中亚国家的合作潜力

第一节

中蒙俄经济走廊

一、俄蒙中亚国家概况

俄罗斯、蒙古、哈萨克斯坦、吉尔吉斯斯坦、塔吉克斯坦、乌兹别克斯坦和土库曼斯坦均是中国的邻国或近邻,上述七国 2015 年 GDP 总量为 12 220.8 亿美元,占全世界总量的 2.84%;人口共 21 428.3 万,占世界总人口的 2.97%;人均 GDP 为 10 323 美元。

该区域是世界上能源资源最为丰富的地区之一,区域内国家经济发展主要依靠能源和原料输出。依靠矿产开采等大型项目的开发,蒙古和中亚五国的经济普遍保持增长势头,2015 年的经济增长率均在 4.3%～10.3%。而俄罗斯受国际油价下跌和外部制裁影响,经济增长率仅为 0.6%。中国与该区域国家产业互补性强,主要进口油气、矿产资源,并出口机电、交通设备及轻工产品。近年来,双边贸易量、中国对东道国投资额及投资企业数量显著增长,合作深度、广度不断加大。中国已成为俄罗斯、蒙古和土库曼斯坦的最大贸易伙伴,哈萨克斯坦、吉尔吉斯斯坦的第二大贸易伙伴和塔吉克斯坦的第三大贸易伙伴,在上述国家设立的投资企业已达 2 655 家。

二、中蒙俄经济走廊

(一)中蒙俄经济走廊概况

国家主席习近平 2014 年 9 月出席中俄蒙三国元首会晤时提出共建"丝绸之路经济带"倡议,获得俄方和蒙方的积极响应。习近平提到,我们可以把"丝绸之路经济带"同俄罗斯跨欧亚大铁路、蒙古的"草原之路"倡议进行对接,打造中蒙俄经济走廊,加强铁路、公路等互联互通建设,推进通关和运输便利化,促进过境运输合作,研究三方跨境输电网建设,开展旅游、智库、媒体、环保、减灾救灾等领域的务实合作。三方可以深化在上海合作组织框架内的合作,共同维护地区安全,实现共同发展。

根据三国元首批准的《中华人民共和国、俄罗斯联邦、蒙古国发展三方合作中期路线图》,三方经贸合作主要包括在对接"丝绸之路经济带"、欧亚经济联盟建设、"草原之路"倡议基础上,编制《中蒙俄经济走廊合作规划纲要》;为进一步提升三方贸易便利化水平,在相互贸易中扩大使用本币结算,同时三方将探讨建立经贸主管部门合作机制;完善三国工商会合作机制,推动定期举办洽谈会和经贸论坛,加强三方间贸易、投资和商务伙伴关系;开展三方海关合作,举行三国海关署级会晤;研究各方共同融资及技术参与蒙古国境内新的铁路线建设项目和乌兰巴托铁路现代化改造问题;研究提高经乌兰巴托铁路过境运输量的一揽子措施,包括探讨组建中俄蒙铁路运输物流联合公司的可能性;在联合国亚洲及太平洋经济社会委员会框架内,继续推动制定并签署《中蒙俄国际道路运输发展政府间协定(草案)》;扩大科技领域合作,支持三方在科技人员交流与培训、科技园区建设、共建联合实验室、共办科技交流活动等方面开展合作;通过优化银行间协作,特别是在贸易融资、信贷、结算等领域的合作,促进三国经贸合作发展;促进对基础设施建设项目的投资;在生态环境保护领域开展合作;等等。

2015年7月9日,中方与蒙古和俄罗斯签署了《关于编制建设中蒙俄经济走廊规划纲要的谅解备忘录》,明确了三方联合编制《建设中蒙俄经济走廊规划纲要》的总体框架和主要内容。下一步国家发改委将会同蒙、俄牵头部门抓紧把三方发展战略对接落实到具体合作领域和项目上来,推进中蒙俄经济走廊建设走向深入。

目前来看,俄蒙中亚地区已推动的重点项目包括:(1)连接东北地区、环渤海地区与俄罗斯远东地区、蒙古部分地区的天然气供应网络建设,把曹妃甸建设成连接中俄、中亚和海上液化天然气进口与环渤海、东北亚消费市场的天然气交易中心港。(2)推进中蒙铁路并轨和电网互联建设,重点是推进蒙古锡伯敖包向天津、布斯敖包向山东的特高压送电建设。(3)中俄电网互联互通建设项目,通过特高压将俄罗斯远东、西伯利亚大型发电基地的电能送到中国。此外,中国西部、中亚五国和西亚区域覆盖了2亿人口,拥有丰富的能源资源和市场潜力,是"丝绸之路经济带"的重点发展领域。中亚天然气D线工程和环里海油气管道,包括公路、铁路、油气和光缆通道等在内的中巴经济走廊项目以及中亚、西亚远距离输电线路建设等都是重点合作内容。

中蒙俄经济走廊是"一带一路"规划建设的六大经济走廊之一。目前，中方已经完成了中蒙俄经济走廊建设规划草案，正在征求俄罗斯和蒙古两方面的意见。该经济走廊涉及的项目主要以交通、能源等基础设施建设为主，在六个经济走廊中条件是比较有利的，对整个"丝绸之路经济带"的发展都将起到重要的引领作用。

中蒙俄经济走廊作为中国"一带一路"、蒙古"草原之路"和俄罗斯"跨欧亚大通道"三大倡议对接和落实的载体，为三方充分利用各自比较优势和经济结构的互补性，打造跨区域经济合作范例，推进落实三国共同利益诉求和发展意愿提供了重要平台。中蒙俄经济走廊建设的推进将为三国自身发展带来巨大机遇，也将为整个东北亚区域经济合作注入新的活力。

中蒙俄三方经贸合作的基础良好，潜力巨大，前景广阔，而且都有升级经济合作的强烈意愿。2015年，中俄双边贸易额达4 227亿元人民币，中蒙双边贸易额达53亿美元。中国已成为俄罗斯第一大贸易国和第三大投资国，也是蒙古第一大贸易国和第一大投资国。同时，俄蒙也互为双方的重要经贸合作伙伴，俄罗斯是蒙古仅次于中国的第二大贸易伙伴。在产业互补性方面，中国与俄蒙两国的优势产业互补性较强，相互重叠的部分很少，这为将来三国贸易一体化提供了基础条件。受全球煤炭、石油、铁矿石、铜等大宗商品价格下跌影响，俄罗斯和蒙古经济增长放缓，亟须在基础设施建设、国外投资和发展加工业等方面加强投资，拉动经济发展。而中国经济当前对能源和资源仍保持较大需求，在基础设施建设方面也积累了足够的经验，三方的优势和需求可以通过中蒙俄经济走廊建设得到充分释放，进而助力三方经济发展。

（二）中蒙俄经济走廊建设可能面临的挑战

1. 基础设施建设周期和投资回报周期较长，制约经贸的快速发展

基础设施建设滞后是当前制约中蒙俄经贸合作进一步发展的重要因素。铁路、油气管道等基础设施建设具有紧迫性，也是中蒙俄经济走廊建设的优先项目。但大型基础设施建设项目都有投入大、建设周期和投资回收周期长的特点,如何处理好这些矛盾是三方合作必须解决的问题。

目前,连接中蒙俄三国、担负着对中俄出口运输的主要铁路蒙古中央铁路已超负荷运行,无法满足日益增加的货运量的需要。蒙古提出的连接中俄高速公路、铁路和油气管道等在内的基础建设计划,总投资预计达500亿美元。能否建立共赢的合作模式,在建设过程中解决资金、技术等方面的难题,将不可避免地成为中蒙俄经济走廊建设面临的挑战。

2. 贸易结构单一和不平衡影响合作深入

目前,中国与俄罗斯、蒙古之间的贸易往来商品结构比较单一,贸易合作形式和模式也缺乏创新。中国多年来一直是蒙古最大的贸易伙伴及投资来源国,但中蒙间的投资与贸易主要集中在能源和矿产资源领域。受两国经济体量差距大和蒙古经济结构不够完善等因素的影响,蒙古国对中国的贸易结构单一且不平衡。尽管中俄两国年贸易额超过900亿美元,但中俄经济融合度较低,贸易主要集中在能源领域,俄罗斯一直在中国的第十大贸易伙伴前后徘徊。中国与俄蒙现有的不对称贸易关系制约了贸易规模的扩大,未来可能会影响三国间合作的深入。

3. 关税、法律、技术标准的差异增大了投资成本、降低了贸易效率

通过三方的积极协商,中蒙俄已就改变当前制约三国铁路运输扩大的铁路轨距不统一问题达成共识。但由于三国市场发展成熟度不同,在法律制度、监管体系、技术标准方面还存在许多差异。此外,三国在关税、进出口管理、海关通关、边检、跨境运输、检验检疫等方面也存在标准不一致的情况,各个行业不同程度地存在技术标准的壁垒,这些差异与不统一都制约着三国今后合作的深入。

◆ 第二节 ◆
俄罗斯的合作潜力

一、俄罗斯的基本情况

俄罗斯横跨欧亚大陆,东西分别连接亚太和西欧,是世界上国土最辽阔的国家。俄罗斯国土面积为 1 707.54 万平方千米,海岸线长达 38 808 千米,濒临大西洋、北冰洋和太平洋;陆界长达 14 509 千米,与 14 个国家接壤,东连中国、朝鲜,南接哈萨克斯坦、蒙古、格鲁吉亚、阿塞拜疆,西接芬兰、白俄罗斯、爱沙尼亚、拉脱维亚、立陶宛、挪威、乌克兰。

截至 2015 年,俄罗斯总人口达 1.46 亿,其中城市人口占 74%。首都莫斯科是俄罗斯的政治、经济、文化中心,也是欧洲最大的城市。其他主要经济中心有圣彼得堡、新西伯利亚等。

俄罗斯自然资源丰富。森林覆盖面积达 8.67 亿公顷,占国土面积的 50.7%,居世界第一位。木材蓄积量 807 亿立方米,占世界总蓄积量的 1/5。平均年采伐量 1.2 亿立方米,占木材总储量的 0.17%。树种以针叶、硬阔和软阔为主,占森林覆盖面积总量的 90%。树龄以成熟林和过熟林为主,占木材储量的 57.5%。俄罗斯的森林资源储量已经超过了整个北美的森林资源。俄罗斯是目前世界木材第三大出口国,仅次于美国和加拿大。

俄罗斯的石油、天然气储量非常丰富。目前,石油已探明储量为 65 亿吨,占世界已探明储量的 12%~13%;天然气已探明蕴藏量为 48 万亿立方米,占世界已探明储量的 1/3,居世界第一位。此外,水力资源达 4 270 立方千米每年,居世界第二位;核能发电量为 1 310 亿千瓦每小时,核电占俄罗斯电力的 10%;煤蕴藏量为 2 000 亿吨,居世界第二位;铝蕴藏量居世界第二位;铁蕴藏量居世界第一位;铀蕴藏量居世界第七位;黄金储藏量居世界第四位至第五位。

俄罗斯地质构造复杂,矿产资源丰富。俄罗斯平原西北部的卡累利阿和科拉半岛地区蕴藏着铁、镍、云母等矿产。希宾山地有世界最大的磷灰石矿,并蕴藏着大量的制铝原料枣霞石。俄罗斯平原和其他广阔地域及西伯利亚地区有世界最大的铁矿区库尔斯克,以及乌拉尔、西伯利亚铁矿区。煤炭主要分布在两个大型含煤带内:一个位于贝加尔湖与土尔盖拗陷之间,包括伊尔库茨克、坎斯克—阿钦斯克、库兹巴斯、埃基巴斯图兹和卡拉干达等煤田;另一个位于叶尼塞河以东,北纬60度以北,包括通古斯、勒拿和太梅尔等大煤田。中西部的乌拉尔山区和远东山地形成俄罗斯主要的有色金属矿产基地。远东沿海山地的锡矿也很重要。

俄罗斯的矿产资源,如煤、石油、天然气、泥炭、铁、锰、铜、铅、锌、镍、钴、钒、钛、铬的储量均名列世界前茅。只有锡、钨、汞等金属资源储量较少,不能自给。藏量丰富、品种齐全的矿产资源为俄罗斯发展多部门的基础工业,以及形成完整的工业体系奠定了重要的物质基础。此外,主要资源分布集中,有些大型能源资源、矿物原料的分布相互接近,这又为俄罗斯建立大型的工业基地和经济区提供了十分有利的条件。但是,俄罗斯的资源分布很不平衡,其中大部分集中在国土的北部和东部地区,而急需燃料、原料的西部(欧洲部分)地区却资源不足、品种欠缺。过去矿产资源丰富、品种也较齐全的乌拉尔地区,由于长期开采已造成资源不足,开采难度愈来愈大。

二、俄罗斯的宏观经济情况

(一)俄罗斯近年来的经济发展情况

进入21世纪,俄罗斯经济持续稳定增长,但增长态势逐渐放缓。2003—2014年,俄罗斯GDP年平均增长率高达4.06%。21世纪初,俄罗斯总统普京调整和完善了能源发展战略,能源产业的发展推动俄罗斯实现经济腾飞。2003—2008年,俄罗斯的GDP增长率分别为7.25%、7.15%、6.39%、8.15%、8.54%和5.25%,年均GDP增长率为7.12%。2009年,受国际金融危机影响,国际石油价格猛跌,俄罗斯当年GDP增长率随之下降至—7.8%。2010年,得益于俄罗斯国内的经济刺激计划,其经济增长率恢复到4%左右的水平。但是从2013年开始,俄罗斯经济增长再次放缓,2013年和2014年GDP增长率分别为1.3%和0.24%。2014年,俄罗斯国内的经济发展已经低于全球平均水平。

俄罗斯人口近十年来一直稳定在 1.43 亿左右,变动很小。2003—2008 年,俄罗斯人口呈负增长态势,主要原因是俄罗斯人口出生率低,如 2005 年俄罗斯每位妇女平均生育子女数仅为 1.28 个;同时死亡率高且呈上升趋势,2006 年俄罗斯人口死亡率为出生率的 1.6～1.8 倍,高于世界平均值。2010 年开始,俄罗斯人口有所增长,随后保持在 1.43 亿左右。

俄罗斯通货膨胀问题严重。国际货币经济组织相关数据显示,2003—2014 年俄罗斯平均通胀率高达 9.72%。2008 年全球通胀风暴中,俄罗斯通胀率更是超过了 14%,远高于官方指定的 8% 的预期目标。目前,俄罗斯物价飞涨势头不减,未来几年通胀压力依然严峻。俄罗斯通胀问题的根本原因是经济结构失衡,过分倚重能源业,过度依赖能源出口的增加带动主要经济指标增长,同时农业和畜牧业生产率低下。石油和天然气等国际能源价格的浮动给俄罗斯国内经济带来巨大影响。此外,西方对俄罗斯的制裁迫使俄罗斯央行提高通胀率,加剧了通货膨胀。

能源产业、冶金行业和国防工业是俄罗斯的重点产业和主要财政收入来源。石油天然气工业长期以来是俄罗斯经济的核心。有色冶金行业是俄罗斯重要的工业部门之一,其产值约占俄罗斯 GDP 的 2.8%。俄罗斯是世界上少有的能生产海、陆、空武器和装备的国家,主要原因是俄罗斯继承了苏联的大部分军事力量,国防工业生产体系较为完善。

(二) 2014 年以来俄罗斯经济面临的困难

目前,俄罗斯经济发展面临着三重困难:一是乌克兰危机引发西方对俄的制裁,二是国际油价低位徘徊,三是俄罗斯自身经济低速增长。2014 年,俄罗斯 GDP 增长率仅为 0.6%,创 2008 年金融危机后的最低水平。2014 年俄罗斯全年资本外流 1 515 亿美元,同比增长 148%,超过 2008 年的水平;外国直接投资仅 186 亿美元,同比下降 70%;年末外债 5 995 亿美元,较年初减少 1 294 亿美元;卢布兑美元汇率大幅下跌,由年初的 1 美元兑 32.66 卢布跌至年末的 56.26 卢布,贬值 72%;联邦财政赤字 3 280 亿卢布(约 58 亿美元),约占 GDP 的 0.5%。2015 年,俄罗斯延续了经济下滑的态势,GDP 同比下降 3.8%,为 12 930 亿美元,人均 GDP 为 8 447 美元。

俄罗斯未来几年的宏观经济形势不容乐观。从外部看,欧美制裁和石油价格逐步走低;从内部看,俄罗斯经济运行中还存在银行体系风险、卢布贬值风险、通胀加剧风险、实体经济风险等四大风险。

三、中俄关系

20世纪90年代以来,俄罗斯国内艰难的政治、经济转型及俄美关系的反反复复,使得俄罗斯逐渐开始调整其战略重点。在地区发展的优先方向上,一是欧洲,二是独联体,与此同时,亚太方向也逐渐进入俄罗斯全方位外交的视线。

2008年,俄罗斯外交政策构想再次强调了亚太地区的重要性。在俄罗斯多向性的对外政策背景下,亚太地区对于俄罗斯有着重要的意义。

2013年12月,普京在国情咨文中提出,振兴西伯利亚和远东是21世纪俄罗斯的优先任务。在乌克兰危机之后西方制裁俄罗斯、俄罗斯与西方关系紧张的大背景下,俄罗斯越来越积极地推进其早在几年前就提出的"转向亚洲"战略,旨在摆脱俄罗斯当前面临的外交困境,应对复杂多变的国际形势,巩固大国地位,实现国内经济现代化任务。当前,俄罗斯面向东亚的战略布局逐渐形成,包括打造中俄战略合作升级版、开发振兴西伯利亚和远东地区、回归亚太一体化等。

苏联解体后,中国承认俄罗斯并与俄罗斯建立了外交关系。从1992年起,双边关系不断推进,高层政治交往不断攀升。1992年,两国相互视为友好国家。1994年,两国确立建设性伙伴关系。1996年,中俄建立战略协作伙伴关系。2001年,《中华人民共和国和俄罗斯联邦睦邻友好合作条约》签署,中俄两国从法律层面确立了世代友好、永不为敌的战略伙伴关系,成为大国关系中的光辉典范。2014年普京访华,中俄签署世纪大单。2014年5月,中俄共同签署了《中华人民共和国和俄罗斯联邦关于全面战略协作伙伴关系新阶段的联合声明》,提出了发展中俄关系的各项任务及应对国际局势变化的基本立场和举措,标志着中俄两国全面战略协作伙伴关系进入了新的阶段。

2015年5月9日,中俄两国元首共同签署了《中华人民共和国和俄罗斯联邦关于深化全面战略协作伙伴关系、倡导合作共赢的联合声明》和《中华人民共和国与俄罗斯联邦关于丝绸之路经济带建设和欧亚经济联盟建设对接合作的联合声明》两个重要文件。这标志着中俄关系迈上了新的更高的战略台阶,也为两国战略伙伴关系发展指明了具体方向、提供了法律保障、确定了任务举措。尤其是中俄在经济社会发展的统筹布局和战略对接上达成了重要共识,这将从更高视野、更深层次和更广范畴加快推进两国务实合作共赢的步伐,从而使中俄走上以战略对接促进共同发展、以共同发展实现共同振兴的新道路。

中俄关系作为全球新型伙伴关系的典范,体现了合作共赢的精神,是构建新型大国关系的楷模。中俄高层政治交往密切,在重大国际问题上协调一致。中俄人文交流日益密切,两国边界划定全部完成,中俄战略互信进一步增强。中俄经贸往来正逐步上升,能源资源合作力度进一步提升。同时,中俄建立了一系列合作机制,如针对重大国际问题及双边关系的声明机制、高层会晤机制,包括元首年度互访、议会领导人年度互访、总理定期会晤、总理定期会晤委员会会议和国家安全磋商等。这些高层交往机制是中俄关系所特有的,是促进两国战略协作伙伴关系不断向前发展的重要政治保障。

四、中俄经贸合作

(一)中俄贸易

2002—2012 年,中俄贸易额年均增长率达到 23.4%。除 2009 年受金融危机影响出现负增长外,两国贸易额基本保持快速增长态势。2014 年,中俄两国贸易额创历史新高,达 952.8 亿美元。中国已成为俄罗斯第一大贸易伙伴,是俄罗斯第三大出口市场和第一大进口来源地。2015 年中俄贸易额出现较大幅度的下降,为 680.6 亿美元,同比下降 28.6%。

联合国 SITC 把一级贸易商品划分为 10 个类别,商品编码为 SITC 0~SITC 9。[①] 在此分类项下,SITC 0~SITC 4 类为初级产品,SITC 5~SITC 8

---

① 其中,SITC 0 代表食品和活动物;SITC 1 代表饮料和烟草;SITC 2 代表除燃料外的非食用原料;SITC 3 代表矿物燃料、润滑油和有关原料;SITC 4 代表动植物油、脂和蜡;SITC 5 代表未另列明的化学品和有关产品;SITC 6 代表主要按原料分类的制成品;SITC 7 代表机械及运输设备;SITC 8 代表杂项制品;SITC 9 为未分类的其他商品和交易。

类为工业制成品。在工业制成品内部，SITC 5 类和 SITC 7 类商品归为资本、技术密集型产品，SITC 6 类和 SITC 8 类商品归为劳动密集型产品。从出口方面来看，中国主要对俄罗斯出口 SITC 0、SITC 5、SITC 6、SITC 7、SITC 8 五大类商品。其中以机电产品为代表的 SITC 7 和以服装鞋帽为代表的 SITC 8 两大类商品所占比重最大，2011 年这两大类商品分别占中国对俄罗斯出口总额的 38.1% 和 31.1%。以制成品为代表的 SITC 6 类商品，近年来对俄罗斯出口增速很快，2011 年出口额达到 75.01 亿美元，较 2002 年增长近 24 倍。从进口方面来看，中国主要自俄罗斯进口 SITC 0、SITC 2、SITC 3、SITC 5、SITC 6 五大类商品。其中以石油原油为代表的 SITC 3 类商品的进口额自 2004 年起一直位居中国自俄罗斯进口商品的第一位；2010 年该类商品进口额达 229.23 亿美元，占中国自俄罗斯进口总额的 88.7%；2011 年该类商品进口额虽有所回落，但仍达到 128.48 亿美元，占比 31.84%。中国自俄罗斯进口的 SITC 7 类商品则呈现出明显的波动性，2002 年此类商品的贸易额为 16.74 亿美元，占进口总额的比重为 19.9%。在以后年份中，SITC 7 类商品的贸易额逐年减少，2011 年该类商品仅占中国自俄罗斯进口总额的 0.82%。[①]

2015 年，俄罗斯对中国出口的主要商品包括原油、成品油、矿产品、木制品和化工产品；俄罗斯自中国进口的主要商品为机电产品、纺织品、鞋类、电子电器产品等。中俄贸易商品结构特征基本符合两国的要素禀赋，两国商品贸易具有明显的互补性，但中国在中俄贸易中处于被动的地位。首先，中国从俄罗斯进口的能源类商品具有稀缺性、战略性，涉及国家安全问题，俄罗斯不会无限制地出口这类商品以换取贸易利益；其次，中国出口到俄罗斯的商品具有很强的可替代性，俄罗斯可以从印度、巴西、东盟等国家和地区获得更物美价廉的商品，也可以从美国、日本、欧盟等国家和地区进口质量更高、技术更好的商品，而中国对能源的需求却没有同等意义的替代国可以满足；再次，中俄两国贸易商品结构相对合理，但十年间进出口商品种类没有太大的变化，甚至出现商品种类日趋集中的现象。

---

① 桑百川,刘洋,郑伟.美欧对俄制裁下的中俄经贸关系展望[J].国际贸易,2015,2(25).

（二）中俄投资关系

近年来，中国对俄罗斯投资增长较快，特别是 2012 年之后，中国对俄罗斯非金融类直接投资出现井喷式增长。2013 年中国对俄罗斯直接投资额达到 40.8 亿美元，较 2003 年的 0.31 亿美元增长 131 倍，较 2012 年增长 518.2%。俄罗斯在中国对外直接投资总额中所占的份额也大幅提高，2013 年达到 4.5%，成为中国第八大对外投资目的地。这主要得益于俄罗斯入世之后吸收国际投资政策的改善以及中俄产业较强的互补性。2015 年中国对俄罗斯直接投资达 29.61 亿美元。截至 2015 年年底，中方累计对俄罗斯各类投资达 140.2 亿美元，已成为俄罗斯第四大投资来源地。

俄罗斯对中国的投资力度较小，并呈现逐年下降的趋势。这与中国近年来制造业产能过剩严重、实体经济下行压力增大、经济结构加快调整有关，也与俄罗斯企业投资竞争力等高度相关。

总体来看，中俄相互投资规模都较小，与两国对外投资能力和快速增长的对外投资不相称，相互投资关系还处在初级成长阶段，仍有很大潜力可挖掘。

五、"丝绸之路经济带"建设与欧亚经济联盟建设的对接

（一）欧亚经济联盟的概况

2015 年 5 月 8 日，习近平与俄罗斯总统普京共同签署并发表了《中华人民共和国与俄罗斯联邦关于丝绸之路经济带建设与欧亚经济联盟建设对接合作的联合声明》。根据联合声明，双方将共同协商，努力将"丝绸之路经济带"建设和欧亚经济联盟建设相对接，确保地区经济持续稳定增长，加强区域经济一体化，维护地区和平与发展。双方支持启动中国与欧亚经济联盟对接"丝绸之路经济带"建设与欧亚经济一体化的对话机制，并将推动在双方专家学者参与下就开辟共同经济空间开展协作进行讨论。

欧亚经济联盟是一个由白俄罗斯、哈萨克斯坦、俄罗斯、亚美尼亚、塔吉克斯坦、吉尔吉斯斯坦六个苏联国家为加深经济、政治合作与融入而计划组建的一个超国家联盟。2014 年 5 月，俄罗斯、白俄罗斯、哈萨克斯坦三国签署了《欧亚经济联盟条约》。根据条约，欧亚经济联盟于 2015 年 1 月 1 日正

式启动,于 2016 年之前建立统一的药品市场,2019 年之前建立统一的电力市场,2025 年之前建立统一的石油、天然气市场并实现商品、服务、资金和劳动力的自由流动。欧亚经济联盟的终极目标是建立类似于欧盟的经济联盟,形成一个拥有 1.7 亿人口的统一市场。

(二)"丝绸之路经济带"建设与欧亚经济联盟建设对接的形式与重点

1.中国与欧亚经济联盟自贸区

2015 年 5 月,中国商务部部长高虎城表示,中国与欧亚经济联盟启动了经贸合作伙伴关系自由贸易协定的谈判,双方将通过该协定建立贸易便利化的制度性安排,最终建立自贸区。中国与欧亚经济联盟的自由贸易协定将成为欧亚经济联盟与中国经济协作的核心,形成"一带一盟"对接的经济维度。2015 年 10 月,中国商务部新闻发言人沈丹阳表示,近期中国和欧亚经济联盟将就经贸合作伙伴协定的范围、框架、要件及谈判机制的组建等问题举行专家磋商。中国与欧亚经济联盟自由贸易协定的重点是贸易便利化,主要包括技术标准、通关便利、检验检疫、贸易救济,以及知识产权、竞争政策、市场准入等内容。双方还拟将跨境基础设施、互联互通、产业和投资合作等进行对接,以延伸区域内的供应链、价值链和信息链,强化利益融合,提升抗风险能力,为各国提供持续的增长动力。欧亚经济联盟与"丝绸之路经济带"合作领域的重点项目将在欧亚经济委员会 2015 年 12 月的会议上确定,届时欧亚经济联盟将进一步制订与中国合作的路线图草案,其中还将包括欧亚经济联盟与"丝绸之路经济带"对接合作的对话机制。

中国是欧亚经济联盟各成员国的战略合作伙伴,政治上高度互信,经济上密切合作。中国与欧亚经济联盟各国同为发展中国家和新兴经济体,都处在工业化和城镇化过程中,面临经济结构转型升级的发展任务,合作诉求相近。商签这一协定有利于各国扩大对外开放、寻找新的经济增长点,逐步形成地区统一大通道、大市场,实现域内国家共同发展与繁荣,符合联盟及各成员国和中国的长远发展利益,对推进欧亚大陆区域经济合作进程具有深远意义。

根据《欧亚经济联盟》条约,其目标是在 2025 年前实现联盟内部商品、服务、资金和劳动力的自由流动,推行协调一致的经济政策。这意味着,在中国产能"走出去"的当前,与欧亚经济联盟单个国家打交道的情形或将被这些国家"抱团取暖"的形式所替代。统一的经济政策和标准也将节省中国产品走进这些地区的成本。

2.产业园、交通运输与能源基础设施

中俄双方在经贸合作伙伴的联合声明中提到,要实施大型投资合作项目,共同打造产业园区和跨境经济合作区;在物流、交通基础设施、多式联运等领域加强互联互通,实施基础设施共同开发项目,以扩大并优化区域生产网络等。

2015年,中国海外最大的工业园——中白工业园在白俄罗斯开始建设。该产业园中,中方将占股60%,白方将占股40%。产业园将聚焦生物医药、电子通信科技、高端制造等领域。目前,已有多家企业对入园颇感兴趣。

中国能源需求巨大。对于欧亚经济联盟成员而言,以石油、天然气为主的能源是与中国合作的主要项目。2014年,中石油和哈萨克斯坦国家石油公司签署了1.5亿美元的石油天然气设施项目,哈萨克斯坦还与中国公司共同部署了20余个合作项目,大多数是关于能源领域的。2015年5月,中俄天然气管道东线建设方案得到普京批准,之后俄罗斯天然气工业股份公司和中石油再次确认了西线供气的原则条件。2014年,中国国务院总理李克强访问哈萨克斯坦时,鼓励中国钢铁、水泥、平板玻璃等企业走进哈萨克斯坦。目前,中哈产能合作已达成28项协议,投资总额达230亿美元。

六、俄罗斯的远东发展战略

俄罗斯加强同亚太地区的经济合作有两个原因:第一,亚太地区在国际事务中的影响力上升,世界经济发展中心正在向这里转移;第二,俄罗斯远东西伯利亚的发展需要亚太国家的参与及资金、技术的支持,这也是俄罗斯实施亚太区域经济合作战略的重要背景。

尽管俄罗斯远东地区资源丰富,但是长期以来经济发展困难。2009年12月28日,俄罗斯总理普京批准了《远东和贝加尔地区2025年前经济社会发展战略》。普京在2012年总统大选前夕提出的俄罗斯新经济政策中明确强调,国家将支持大型基础设施项目,优先保障西伯利亚和远东地区的交通项目建设。因此,交通与能源基础设施的项目建设将成为西伯利亚与远东开放开发的一大重点。此外,俄罗斯远东、西伯利亚地区也有望建设成新的油气中心。

普京提出,借鉴中国经验,俄罗斯将在东部地区建立超前发展区,以增强远东的投资吸引力。俄罗斯把发展远东作为国家发展的优先方向,把吸引外资、形成有利的企业发展环境作为联邦和地区部门的工作方向。

俄罗斯总理梅德韦杰夫进一步指出,为了发展远东,政府将不吝金钱,全力支持远东社会经济发展。俄罗斯中央将通过政策杠杆协调地区的政治、经济及社会形势,对远东发展施加重要影响。近年来,远东发展部经中央授权,批准了《千岛群岛2016—2018年社会经济发展纲要》、远东和贝加尔地区投资规划标准及投资规划清单等系列决议。在吸引外资方面,远东投资潜力发挥不充分,仅实现了全俄罗斯吸引外资的2.5%,所吸引外资占地区总投资额的10%,因而,进一步加强外资引进是俄罗斯发展东部地区的重要方向。

在2015年9月举行的俄罗斯首届东方经济论坛上,普京表示,亚太地区是世界经济的火车头,加强同亚太地区相关国家的关系对俄罗斯具有战略意义。普京表示,俄中两国决定推进欧亚经济联盟建设和丝绸之路经济带建设的对接合作,俄罗斯远东地区是俄罗斯加强同亚太地区相关国家合作的前沿,俄罗斯欢迎中、日、韩等亚太国家来远东地区投资。俄罗斯政府正大力推进远东地区跨越式开发区和符拉迪沃斯托克(海参崴)自由港建设项目,将采取措施为投资者创造最好的条件,使远东地区成为世界领先的商业中心之一。①

2012年9月,俄罗斯新设"远东开发部",全面负责9个远东地区的经济开发,并启动了大规模的远东开发计划。远东政府社会经济问题委员会于2013年10月24日批准建立超前发展区,按投资者对投资项目的布局需求,制定出划分超前发展区的标准,实现远东社会经济发展新模式。远东共有14个超前发展区,设计了38个优先发展项目,其中哈巴罗夫斯克(伯力)边

---

① 刘军.中俄关系与俄罗斯的东亚战略布局[J].人民论坛,2015,10(33).

疆区11个,滨海边疆区9个,马加丹州4个,此外,萨哈共和国、犹太自治州、堪察加边疆区、萨哈林州各3个。

(一)俄罗斯联邦及远东地区吸引投资政策及措施

一个地区的投资活跃性受外部投资和内部投资两方面的影响。投资额的多少很大程度上在于地区的投资吸引力。影响投资吸引力的主要因素在于投资政策和投资环境,投资潜力和投资风险则决定着投资者的效率。

1.俄罗斯政府通过大型投资规划、预算补贴和税收优惠促进远东发展

2009年年底,俄罗斯政府通过了《远东和贝加尔地区2025年前社会经济发展规划》,提出了东部地区长期发展战略的主要方向。2010年10月,俄罗斯政府又制定了《2012—2018年远东和贝加尔社会经济发展规划》,战略规定了地区发展的主要方向是发展能源基础设施、建设油气管道体系、建立现代化的油气工业、完善交通基础设施及将传统产业现代化等。2013年,俄罗斯政府对远东专项规划的预算拨款为1107亿卢布,地方预算拨款为127亿卢布,预算外拨款为192亿卢布。萨哈共和国计划实施14项联邦专项规划,哈巴罗夫斯克(伯力)边疆区和阿穆尔州11个,堪察加边疆区10个,滨海边疆区9个,犹太自治州7个,楚科奇自治区4个。

俄罗斯政府对远东的支持主要体现在预算补贴和税收优惠两方面。例如,远东汽车生产商向其他地区运输产品可获得政府补贴。根据税法修正案,远东大型"绿地项目"的投资者前5年可免征地方税同时免征部分联邦税,第6年至第10年则按投资额度的10%征收利润税。

2.更新发展机制,建立超前发展区促进地区经济上升

在俄罗斯经济发展下滑的背景下,促进东部地区融入亚太成为俄罗斯国家的优先发展方向。为此,俄罗斯政府设立了远东发展部,这也是对接崛起的亚太经济、加大远东和西伯利亚开发力度的重要举措。2012年,俄罗斯政府设立了远东及贝加尔地区发展基金会,该基金会属于开放式股份公司,隶属俄罗斯外经银行,其资金来源包括股份资本、自由资金、贷款和非贷款组织的资金,基金带有商业性质,在投资项目选择和评估上,以营利为目的,具有很强的商业性。俄罗斯远东政府社会经济发展问题委员会于2013年10月24日批准建立超前发展区,并按投资者对投资项目的布局需求,制定出划分超前发展区的标准。

建立超前发展区必须符合以下条件:通过《关于超前社会经济发展区》联邦法;批准俄罗斯远东发展部长关于超前发展区的命令;依托项目技术、法律和经济统计,制定超前发展区规划和纲要;制定超前发展区经济技术论证和金融发展模式;制订推进超前发展区方案,并吸引投资者;建设基础设施,为超前发展区服务。完成上述任务需联邦预算外投资691.66亿卢布。联邦权力机关计划通过一系列优惠增加地区投资吸引力:在超前发展区内免征增值税;对深加工生产所需商品、材料免征进口税;免征联邦利润税,在10个税期内,仅征地区利润税的5%,保险费率为7.6%(其中包括3%的俄罗斯退休基金、1.5%的社会保险、1.5%的强制医疗保险基金、1.6%的地区强制医疗保险基金),总税负为12.6%。超前发展区在防火安全、生态鉴定、大修手续、卫生检疫等方面趋于放开,鼓励建立新产业,简化报关、财产权登记、法人及移民登记等手续,形成适于居民生活和企业发展的环境。

可以说,建立超前发展区及在一些地区采取吸引投资的特殊条件等措施对发展远东起着重要作用,但更为重要的是要形成加快地区发展的经济政策,并提高国家机构实现这些规划的效率。

(二) 当前远东吸引外资状况

近几年,远东进入到固定资本投资快速增长的地区之列,资金主要投入资本密集型的基础设施和资源开发项目中。投资热主要是受亚太经合峰会前期建设的推动,峰会项目投资约6790亿卢布,东方石油管道建设投资约6560亿卢布。大型项目竣工后,投资热趋于平静。2013年远东固定资本投资出现大幅下降,滨海边疆区固定资本投资下降41%。这种形势下,远东吸引外资方面出现正面趋势,2015年吸引外资161亿美元,直接外资29亿美元。但是,外资在产业和地区上分布不均。产业方面,主要集中在开采业上;地区方面,萨哈林州和萨哈共和国几乎集中了近90%的外资。

1.萨哈林州

萨哈林州吸引投资的主要领域是油气项目,引资模式成熟,所吸引投资位居远东榜首。俄罗斯远东地区各联邦主体中,萨哈林州吸引投资额最高,外资占远东联邦区总投资额的59%,其次是萨哈共和国(18%),再次是滨海边疆区(11%),上述地区吸引的投资额占远东总投资额的88%。萨哈林州吸引投资的主要项目是"萨哈林1号"和"萨哈林2号",萨哈共和国矿产资源开发是吸引投资者的主要领域,滨海边疆区主要投资领域是面向2012年亚太经合峰会的基础设施建设。

萨哈林州经济地理位置优越,处于亚太地区东西最短的交通路线上,拥有大量自然资源储备(碳氢化合物、煤炭、矿产、水生物资源及水能、木材等其他资源),漫长的海岸线和外部边界,为组织和发展国际和跨地区合作提供了可能。萨哈林州大规模的油气开采项目吸引了大量外资进入,油气部门在萨哈林州经济中占有重要地位。萨哈林州石油探明储量约为5.28亿吨,天然气为1.9万亿立方米,预测石油资源为18亿吨,天然气为3.9万亿立方米。这些资源为外资进入提供了前提。但是,外资主要集中在油气领域,形成地区行业结构失衡,造成地区经济部门单一化发展。

2. 滨海边疆区

亚太经合峰会提高了投资者对滨海边疆区的投资兴趣,除了对外政治意义,亚太经合峰会在符拉迪沃斯托克(海参崴)的召开推动了滨海边疆区现代化基础设施的建设,保障了滨海边疆区的投资吸引力。2013年9月6日,滨海边疆区俄罗斯岛上召开了题为"远东:亚太地区投资合作矢量"的大会。大会签署了11个投资协议,价值超过10亿美元。滨海边疆区计划向投资者提供特殊条件,地区权力机关的工作方向是建立具有竞争力的投资环境,形成行政意义上的离岸区,以此来保障引资的飞跃。

滨海边疆区地理位置临近亚太市场,具备便利的交通和能源设施,滨海地区产业多样化对远东产值的提高有很大贡献。2006—2011年,滨海边疆区生产总值扩大了40%,工业生产扩大了60%,外贸额扩大了1倍,固定资本投资扩大3.7倍。2011年,滨海边疆区产值增速为7%,与快速发展的亚太国家相似。滨海边疆区州长米克鲁舍夫斯基表示,滨海边疆区主要发展方向是落实以技术创新为基础的新规划,如大型船舶和汽车制造、石油化工、交通和能源基础设施等项目。

在能源加工领域,俄罗斯天然气公司将在滨海边疆区建立一个产量近100万吨的石油化工综合体,项目总金额约1 732亿卢布。2014年,俄罗斯天然气公司计划建设"萨哈—哈巴罗夫斯克(伯力)—符拉迪沃斯托克(海参崴)"天然气运输体系,在滨海边疆区南部建立液化气工厂,保障俄罗斯天然气向国内和亚太国家的输送。滨海边疆区吸引外资的重要方向是发展物流运输体系,组织国际运输,建立新的跨国运输走廊,为滨海港口增加活力。在船舶和飞机制造领域,滨海边疆区主要吸引韩资和日资。

此外,滨海边疆区计划发展旅游业和博彩业,并计划在乌苏里湾疗养区修建占地 620 公顷的博彩区,区内建设宾馆、商贸展览馆、文化娱乐综合体、水上公园及游艇俱乐部。该项目引起东南亚一家公司的关注,计划分阶段向该地区投资,初期投入 7 000 万美元,总投资额为 7 亿美元。此外,外国投资者将投资在符拉迪沃斯托克(海参崴)国际机场建立服务中心,对亚太国家提供航空服务。

(三)中国投资远东地区的情况

中俄两国的投资合作中,中国在远东的投资额不大。2011 年,远东得到亚太经合组织国家投资 11.36 亿美元,占其所有外资的 11.5%,中国占亚太国家外资额的 3.3%,日本占 82.2%。2012 年,中国向远东投资 1.19 亿美元,占远东吸引外资总额的 0.9%。

2014 年,俄罗斯远东发展部长与中国发展银行达成协议,由中国向俄罗斯投资 50 亿美元发展远东。尽管这一投资金额并不大,但因乌克兰事件,俄罗斯受制于西方国家,中资在这一期间的进入不仅具有经济意义,还具有政治意义。近十年来,伴随着远东经济的发展,中国投资逐渐加大。2000—2011 年,中资扩大了 34 倍。2011 年,远东的中国投资为 6 990 万美元,其中,滨海边疆区吸引的中资最多。2012 年,滨海边疆区吸引的中资占远东吸引中资的 48.2%。这与该地区吸引投资的开放式思想有关,该地区对中资进入持欢迎和支持态度。以滨海边疆区的乌苏里斯克市为例,该市临近俄罗斯太平洋海岸,以贸易为主。当前,多家中资企业在那里租赁土地,与俄罗斯农场展开合作,其中牡丹江管理局的新友谊农场被称为中俄农业合作的成功典范。该农场已耕种土地 68 万亩,拥有机械总数 1 800 台(套)。在滨海边疆区,中资主要集中在矿产加工、农业和林业、贸易、建筑及轻工业等。中资公司共 300 余家,数量显著超过其他国家的企业,但投资金额不大。

中资在滨海边疆区呈稳定增长趋势。在矿产开采领域,中国参股企业水晶获得伊斯科尔锡矿开采权,企业支付 3 700 万卢布购买了 20 年采矿许可证。在木材领域,滨海边疆区与中国投资者合作进行木材深加工。在农业领域,中国投资者主要与俄方合作,承包或租赁土地,从事种植业,如中国对俄罗斯口岸虎林市租赁滨海地区土地 86 万亩。

远东联邦区中,中资比重居第二位的地区是阿穆尔州。2000—2011 年,阿穆尔州的中资扩大了 19 倍。2012 年,阿穆尔州外资参与的企业数量为 123 个,比上年少了 3 个,其中,中资参与企业数量为 90 个,比上年多了 3 个。与 2005 年相比,中资参与的企业数量增长了 3 倍,投资金额增长了 2.8 倍,中资多分布在林业、建筑业和建材业等。在投资合作初期,林木采伐是中国投资的主要领域。随着俄罗斯原木出口关税的提高,中资逐渐转向木材加工。由于投资成本提高,该领域的中资处于下降趋势。原因在于 2007 年俄罗斯出台了限制外来移民从事批发零售贸易的措施,贸易业的中资逐渐转向了建筑和建材业。[①]

2013 年 8 月 20 日,俄中投资合作常设工作组第四次工作会议上,俄经济发展部和中国发改委签署了《关于落实〈中俄投资合作规划纲要〉的谅解备忘录》,纲要对俄罗斯东部地区与中国投资的合作方向作出调整。在合作方向上,俄中两国存在很大的分歧:中国在远东的投资主要集中在农业、原料及能源燃料等领域,俄方普遍观点认为,中国投资者感兴趣的是俄罗斯的自然资源,不愿在当地建立生产企业,雇佣当地劳动力;中方投资者则希望投资能在短期内实现利益最大化,且因本国劳动力廉价,而俄罗斯当地劳动力不足、效率低下等因素,更倾向于使用本国劳动力。目前,中资企业面临的困难是申请劳动配额困难、办理手续周期长。

(四)俄罗斯远东地区的投资环境与风险

1.远东地区投资吸引力及风险

评价地区吸引力需借助一系列综合指标,如经济效率、贷款能力、犯罪率、基础设施发达程度、人口密度、法律完备性、矿产资源、发生不可抗力的

---

① 于小琴.从中国投资的角度剖析俄远东的投资吸引力[J].俄罗斯东欧中亚研究,2015,3.

概率、地区和投资者的债务情况等。据此,俄罗斯远东地区各联邦主体的投资吸引力存在较大差异,萨哈林州投资吸引力居首位,其次是马加丹州和哈巴罗夫斯克(伯克)边疆区,阿穆尔州、萨哈共和国和滨海边疆区属于第三列具有较高投资吸引力的地区。

俄罗斯远东地区的投资潜力仅次于中央区,其投资前景与自然资源的开发、交通基础设施的建设及新的生产加工部门有关。高投资风险则在于这里恶劣的自然地理条件。同时,远东地区犯罪率在全俄罗斯处于较高水平,一定程度上影响了远东的投资吸引力。

2. 主要限制因素及发展前景

尽管当前俄罗斯发展远东的意义已上升至国家层面,且外资对这一地区的投资兴趣不断增长,但远东实际吸引投资的数量和规模都不大。俄罗斯权力部门促进远东形成有利的发展环境,推动市场主体的参与积极性,鼓励合资企业发展,吸引外资,但基础设施有限、犯罪率高、劳动力数量匮乏、法律基础不健全、地区经济低效及贷款能力不足等阻碍因素抑制了外资进入。这些因素扩大了生产和运输费用,使向远东投资的利润下降。法律制度不健全对地区的投资吸引力有很大的负面影响,立法多变则对项目收益有很大影响。这些情况对投资者形成了额外风险,加剧了投资者对投资风险的担忧。

在西方国家对俄罗斯经济制裁的影响下,俄罗斯与亚太国家的关系不断"升温",近来俄罗斯经济方向变化也体现出了这一点。远东发展部长卡卢什卡指出,俄方更看重亚太国家对远东地区表现出来的投资兴趣,建立有利的投资环境和投资条件可以弥补因政治形势变化导致的影响。他强调,以中国为首的亚太国家对远东地区的资源开发及加工表现出了很大的兴趣,如木材、鱼类、农工产品加工,以及石油、化工、造船、建材、汽车配件的生产等,中国的投资潜力很大,俄罗斯应借中国经济之力实现俄罗斯东部地区的经济上升。当前俄罗斯远东的 16 个专项投资规划,除了吸引俄罗斯投资者,还吸引了亚太国家的投资者,这些投资规划多分布在东部石化和滨海边疆区石油化工、天然气化工等产业。[①]

---

① 于小琴.试析俄远东投资吸引力及中资特点[N].黑龙江经济报,2015-02-26(B03).

◆ 第三节 ◆
中亚国家的合作潜力

一、中亚国家概况

"中亚"是一个地理概念,是"中亚细亚"的简称,包括阿姆河和锡尔河流域,即吉尔吉斯斯坦、塔吉克斯坦、乌兹别克斯坦、土库曼斯坦和哈萨克斯坦的南部,也称"中亚地区"或"中亚五国",这一地区东西长 3 000 千米,南北宽约 2 400 千米,总面积 400.8 万平方千米,总人口 6 000 万人。中亚五国是指哈萨克斯坦、吉尔吉斯斯坦、乌兹别克斯坦、塔吉克斯坦和土库曼斯坦。中亚五国在世界上占有重要的战略地位,拥有丰富的自然资源,发展潜力巨大。

中亚五国原来是苏联的加盟共和国,1991 年年底先后独立。中国在苏联解体后很快承认了中亚五国的独立,并与它们建立了大使级外交关系。中亚五国主体民族是俄罗斯族、哈萨克族、柯尔克孜族、乌孜别克族、塔吉克族、鞑靼族、德意志族等。官方语言是俄语。各国皆采用共和制国体,实行总统制,独立以来政局稳定。

(一)中亚五国的经济发展情况

2009 年金融危机以来,中亚五国保持了宏观经济持续增长的势头,GDP 增长率从 2009 年 4.3%的平均水平回升到 2012 年的 6.2%,再到 2013 年的 8.5%,远远超过世界平均水平,且高于独联体平均值,发展势头良好。

哈萨克斯坦经济总体继续保持平稳增长的态势,且各领域发展较为均衡。2013 年哈萨克斯坦的 GDP 增长率为 6%,2014 年为 5.1%,2015 年为 1.2%。

土库曼斯坦的增幅最大。2013 年土库曼斯坦的 GDP 增长率为 10.2%,2014 年为 10%,2015 年为 6.5%。土库曼斯坦较高的经济增长速度得益于自然资源开采方面一系列大型项目的实施。

2013年，乌兹别克斯坦GDP达567亿美元，同比增长8%。其中，工业产值同比增长8.8%，农业产值同比增长6.8%，建筑业产值同比增长16.6%，服务业产值同比增长13.5%，商品零售额同比增长14.8%。国家财政盈余占GDP的0.3%。固定资本投资额同比增长11.3%。2014年，乌兹别克斯坦GDP增长率为7%，2015年达到8%。

吉尔吉斯斯坦2013年GDP为72.2亿美元，增长率为10.5%；2014年增长率有所下滑，约为6.5%；2015年增长率为3.5%。其经济增长的主要动力来源于以"库姆托尔金矿"为主的加工业，以及贸易、建筑和交通通信的增长。

塔吉克斯坦2013年国民经济的所有领域都出现增长，GDP超过85亿美元，同比增长7.4%。其中，工业产值同比增长7.3%，建筑业产值同比增长17.3%。2014年，塔吉克斯坦GDP增长率为7%，2015年为6%。

中亚国家间的发展差距也在不断扩大，哈萨克斯坦目前发展特别突出。2015年，哈萨克斯坦一国的人口是其他中亚四国人口的32.5%，GDP则是其他中亚四国的约2倍，成一家独大的格局，且这一差距还在拉大。正因为哈萨克斯坦拥有贯通丝绸之路欧亚大通道的独特地位、中亚最大规模的经济体量、强劲的发展潜力和带动中亚地区的能力，中国把哈萨克斯坦作为"一带一路"倡议和国际产能合作的重点合作国家。从1992年中亚国家相继独立以来，中亚国家的经济实力普遍提升，各国的GDP均有近10倍的增长，在世界的排名也呈现不断上升的势头。尤其是哈萨克斯坦，已步入中等发达国家行列，成为中亚经济实力最强的国家。①

（二）中亚五国的产业、资源情况②

中亚五国共同的特点是拥有丰富的土地资源、矿产资源和水利资源，具有一定的物质、技术基础，是苏联重要的能源、动力、冶金和农牧业基础，许多矿物和农业产品产量在苏联名列前茅。在苏联的产业分工中，中亚五国以有色冶金、煤炭、石油、钢铁、化工、粮食种植和畜牧业等专业化方向发展为主，重工业尤其是采矿业强大，加工业则较为薄弱，所需日用消费品大部

---

① 数据引自中国商务部《对外投资国别指南》历年版本。
② 参考中国商务部《对外投资国别指南》历年版本。

分依赖进口。中亚五国对外来经济依赖性很强,一般对进出口贸易持宽松、鼓励态度,均为原料型出口国,市场潜力较大。

1.哈萨克斯坦

哈萨克斯坦位于苏联中亚北部地区,地处亚欧大陆腹地。该国东西长3 000千米,南北宽1 700千米,领土面积271.73万平方千米。哈萨克斯坦共有1 700万人口,其中哈萨克族占39.7%,俄罗斯族占37.8%,其他各民族比例较小。原首都阿拉木图市有130万人,现仍为国家经济、文化、交通中心。首都阿斯塔那距阿拉木图市1 200千米,有29万人,是哈萨克斯坦的政治中心,各项基础设施正在开发建设中。哈萨克斯坦东与中国新疆维吾尔自治区伊犁、博乐、塔城、阿勒泰地区及自治州相连,南与土库曼斯坦、乌兹别克斯坦和吉尔吉斯斯坦接壤,北与俄罗斯相接。哈萨克斯坦是中亚矿产资源最丰富的国家,不仅品种丰富,而且储量大。已探明90多种矿产,几乎都有很大的开采价值。

哈萨克斯坦油气资源非常丰富,陆上石油探明储量达40亿吨,居世界第7位、独联体第2位,天然气储量达3万亿立方米。哈属里海地区是哈萨克斯坦油气开采量增长潜力最大的地区。专家估算,里海地区石油总储量可达900亿～2000亿桶,天然气储量达458.8万亿立方米,分别占世界石油和天然气总量的17.2%和7.5%,里海因此被称为"第二个中东"。里海周边共有五个国家,即哈萨克斯坦、阿塞拜疆、土库曼斯坦、俄罗斯和伊朗。如五国能就里海权益划分问题达成协议,哈属里海水域将占哈萨克斯坦总面积的30%,为五国中最大,同时石油储量也位居榜首。根据美国能源部能源信息署公布的材料,哈属里海地区石油储量为1 010亿～1 096亿桶,占整个里海地区总储量的一半;天然气储量为153.3万亿立方米,占总储量的1/3。目前,哈萨克斯坦拥有80多个油气田,已探明的石油可采储量的80%和天然气可采储量的70%已投入开采。

石油开采业是哈萨克斯坦经济的支柱产业,近年来产值占到了GDP的30%左右。目前,几乎世界所有的著名石油公司都已进入哈萨克斯坦石油开采领域。中国三大石油公司中石油、中石化、中海油均进入哈萨克斯坦石油开采市场。

哈萨克斯坦固体矿产资源十分丰富,境内有90多种矿藏,已探明的黑色、有色、稀有和贵重金属矿床超过 500 处，许多矿种储量占全球储量的比例很高，如钨 50％，铬 23％，铅 19％，锌 13％，铜和铁 10％。

哈萨克斯坦钨矿储量约 90 万吨，居世界第一位；铬矿储量居世界第二位，仅次于南非，可开采 100 年以上；铅锌矿已发现 3 000 多个，哈萨克斯坦地质学家预测，锌矿储量为 3 470 万吨，居世界第一位；按美国地质局的资料，铅储量占世界第四位；铜矿总储量为 3 450 万吨，居世界第九位，储量和开采量在亚洲均排第一位。在苏联时期，哈萨克斯坦就凭借储量丰富的金属固体矿产资源建立起了雄厚的开采、加工、冶炼工业基础，近年来更是加大投入对生产设备和工艺进行更新改造。2007 年年初，哈萨克斯坦欧亚工业协会宣布，将其所属的冶金、矿山公司资产联合重组，成立欧亚自然资源集团公司。目前，该公司已在伦敦上市。该公司控制的铬储量占全世界的 1/4，镓储量占全世界的 2/5，年销售额超过 30 亿美元，产值约占哈萨克斯坦 GDP 的 5％。

哈萨克斯坦铀矿储量非常丰富，已探明储量约 150 万吨，占全球储量的 19％左右，居世界第二位，仅次于澳大利亚。哈萨克斯坦铀矿的水文地质条件好，目前正在开采的铀矿 90％以上采用地下浸出的低成本方法开采。权威机构测算，目前哈萨克斯坦铀矿总储量 67％的开采成本低于 40 美元每公斤。目前哈萨克斯坦还没有核电站，因此所产铀几乎全部销往国际市场。哈萨克斯坦铀的主要购买者为俄罗斯、乌克兰、美国、欧洲、韩国、日本、中国等。

农牧业方面，哈萨克斯坦地广人稀，全国可耕地面积超过 3 000 万公顷，每年农作物播种面积约 1 500 万公顷。哈萨克斯坦既是粮食生产大国，也是粮食出口大国，每年粮食产量为 1 300 万～1 800 万吨。主要农作物包括小麦（占粮食作物产量的 90％左右）、玉米、大麦、燕麦、黑麦、水稻、棉花、烟草、甜菜、葡萄和水果等。哈萨克斯坦粮食年出口 200 万～500 万吨，主要出口品种为小麦和面粉。

交通运输方面，哈萨克斯坦作为世界上最大的内陆国家，铁路、公路等陆上交通基础较好，是欧亚大陆重要的过境通道。哈萨克斯坦铁路主线路长度为 1.88 万千米，站线和专用线路长度为 6 700 千米，境内运营总长度为 1.36 万千米。哈萨克斯坦铁路技术指标、现代化程度及运输能力在苏联地区位居第三位,仅次于俄罗斯和乌克兰。哈萨克斯坦公路通车总里程为 8.8 万千米,是仅次于俄罗斯的独联体第二长公路网。

2. 吉尔吉斯斯坦

吉尔吉斯斯坦位于中亚地区东南部,南与塔吉克斯坦相邻,西与乌兹别克斯坦相连,北接哈萨克斯坦,中南部与中国新疆维吾尔自治区接壤。总面积为 19.85 万平方千米。人口总量为 436.72 万,其中柯尔克孜族占总人口的 52.4%,俄罗斯族占总人口的 21.5%,乌孜别克族占总人口的 12.9%,乌克兰族占总人口的 2.5%,德意志族占总人口的 2%,另外还有维吾尔族、东干族、哈萨克族、土耳其族、阿塞拜疆族、吉卜赛族等。吉尔吉斯斯坦首都为比什凯克市,现有 40 万人。全国共有 6 个州、1 个直辖市、60 个区。与新疆维吾尔自治区接壤的边境线总长约 1 096 千米。

吉尔吉斯斯坦矿产资源较丰富,目前境内共发现各类矿产地 2 000 多处,自称拥有化学元素周期表中的所有元素。目前得到工业开发的仅是部分资源。据有关统计,现探明储量的优势矿产有金、钨、锡、汞、锑、铁等,其中黄金储量 368 吨,汞储量占世界总储量的 20%,锑储量居世界第三位。吉尔吉斯斯坦产多晶硅纯度较高,是生产太阳能电池板的必备材料,年产 100 吨,可全部出口。吉尔吉斯斯坦黄金开采业产值占全国矿山开采业产值的 90%,占工业总产值的 40%以上。近年来,吉尔吉斯斯坦黄金年产量基本保持在 20 吨左右。

食品加工是吉尔吉斯斯坦最重要的生产部门之一,主要包括制糖、糕点和糖果加工、粮食和饲料加工、啤酒和非酒精饮料酿造、奶制品加工、肉制品加工、果蔬加工、甜酒酿造、油脂加工和烟草加工等。

3. 塔吉克斯坦

塔吉克斯坦位于中亚地区东南部,西北与乌兹别克斯坦为邻,南与阿富汗接境,东南与中国新疆维吾尔自治区克孜勒苏柯尔克孜自治州和喀什地区接壤,北部与吉尔吉斯斯坦相连,面积 14.31 万平方千米,人口 535.7 万人,人口密度每平方千米约 37 人,首都为杜尚别市。塔吉克斯坦主要自然资源有锑、煤、石油、天然气、金矿、白云石、锶、陶土、碎石、石灰等。

塔吉克斯坦水能资源丰富(冰川融水),蕴藏量 6 000 万千瓦,年发电量可达 5 270 亿千瓦时,总量居世界第八位,人均拥有量世界第一,但目前开发利用率仅为3%。

近年来,塔吉克斯坦政府提出"水电兴国"战略,借助俄罗斯、伊朗等国投资兴建的罗贡水电站、桑格图德1号和2号以及一系列已经设计、等待投资建设的水电站项目的陆续上马,大幅度提高塔吉克斯坦的发电量,不仅能满足内需(230亿～250亿度),还可向周边国家出口。

塔吉克斯坦有世界上第二大银矿区,即大卡尼曼苏尔银矿区。锑储量占整个独联体的50%,在亚洲居第三位,仅次于中国和泰国。目前,塔吉克斯坦共探明140处建材原料矿,其中40处已经开采,多处的储量可维持20～25年甚至更长时间的开采,为生产砖、惰性材料、陶瓷石膏、面板、水泥等建材提供了原料保证。

塔吉克斯坦煤炭探明储量共计46亿吨。其中,无烟煤储量514.8万吨,质量等级排名世界第二,仅次于越南;焦炭储量13.2亿吨,质量及储量都属中亚之最,含焦量高达80%。

4.乌兹别克斯坦

乌兹别克斯坦位于中亚地区中南部,分别与哈萨克斯坦、吉尔吉斯斯坦、塔吉克斯坦、土库曼斯坦和阿富汗等国为邻,总面积44.74万平方千米,人口2 070.8万人。其中,城市人口占总人口的40.8%,农村人口占59.2%。境内民族100多个,其中乌孜别克族占70%,俄罗斯族占7%。全国12个州、1个直辖市。乌兹别克斯坦拥有丰富的天然气、石油、煤炭、有色金属等资源。

农业是乌兹别克斯坦传统产业,在国民经济中占有重要地位,农业产值占GDP的25%～30%,出口创汇额占60%,农业从业人员占全国人口的30%左右。乌兹别克斯坦畜牧业有着悠久的历史,畜牧业以生产毛、肉为主,并生产和出口大量羔皮。现养殖羊总头数约1 135万只,年产高质量的卡拉库尔羔皮约70万张,居世界第二位。粗羊毛年产量2万吨左右。养蚕业发达,年产蚕茧约1.6万吨,居世界第六位。

乌兹别克斯坦是世界第五大产棉国,第二大出口国,平均棉花(籽棉)年产量为350万吨,棉花产值约占农业产值的40%左右。乌兹别克斯坦每年加工、生产原棉100万～120万吨,75%用于出口。所产棉花有五六个品种,其中以"布哈拉-6号"为最佳,曾获得利物浦棉花交易所金奖。乌兹别克斯坦对棉花实行50%国家收购政策,另外50%企业可以拿到商品原料交易所自由出售。

乌石油、天然气资源比较丰富,60%的国土被认为具有油气开采前景,总储量在苏联15个加盟共和国中居第三位。特别是天然气,储量尤为丰富,与荷兰和印尼的天然气储量相差无几,属于世界上15个拥有丰富天然气资源的国家之一。目前已发现的油气田共有190处,其中已开采88处,准备进行开采的有58处,正在勘探中的有35处,另有9处油气田处于封存状态。为鼓励和吸引外资参与油气资源开发,乌兹别克斯坦还在部分区域内划分出19个引资区块,供外国投资者选择。

乌兹别克斯坦已发现的铀矿床有40处,其中27处储量丰富。已探明铀矿储量为5.5万吨,居世界第七位,预测储量为23万吨,年开采量为3 000多吨,居世界第六位。乌兹别克斯坦对铀矿的开采、生产和出口实行国家垄断。全国唯一的铀矿开采和生产企业为纳沃伊采矿冶金联合工厂,目前已跻身世界十大黄金和铀原料生产企业。

5.土库曼斯坦

土库曼斯坦国土面积为48.81万平方千米,人口共425.4万,其中土库曼族占77%,乌孜别克族占9%,俄罗斯族占6.7%。全国设5个州、16个市、46个区,首都阿什哈巴德有55万人。土库曼斯坦矿产资源丰富。据其官方统计,土库曼斯坦80%的领土蕴藏着丰富的石油、天然气等重要能源,另外还有少量的钾盐、有色金属和黑色金属、硫黄、岩盐、石炭和褐煤等矿产资源,以及天青石、陶土、膨润土、地蜡等建材资源。

土库曼斯坦油气资源。天然气远景储量为22.8万亿立方米,居世界第三位(位列中东和俄罗斯之后),剩余可采储量为2.9万亿立方米,居世界第十二位。目前,土库曼斯坦共探明127个气田,其中39个正在开采。土库曼斯坦石油远景储量为120亿吨,主要分布在西部的南里海油气区,目前共勘探油田(油气田)28个,其中18个正在开采。近期内,里海地区和阿姆达利亚河右岸的油气田将是勘探、开发的重点地区。

土库曼斯坦政府非常重视纺织业发展。土库曼斯坦有较丰富的纺织原料,如棉花、蚕茧、羊毛等。20世纪90年代初期,土库曼斯坦棉花加工能力仅为3%。2005年,土库曼斯坦棉花产量达73.7万吨,加工能力也提高到

40%。2010年,土库曼斯坦棉花加工能力达到100%。土库曼斯坦大型纺织企业90%的产品用于出口,大部分产品已达到国际标准。土库曼斯坦实行高度集中的管理体制,纺织生产企业没有进出口权,一切涉外协议和合同均由纺织工业部对外办理。除纺织工业部作为行业管理部门外,2000年土库曼斯坦还成立了纺织行业基金会。

根据《2020年以前土库曼政治、经济和文化发展战略》,2020年以前,土库曼斯坦将向纺织领域投资6.5亿美元,创造7万个就业机会。2020年,土库曼斯坦皮棉深加工能力将达50万吨,棉制品种类将大大增加。2010—2020年,土库曼斯坦将建造6个纺织企业和综合体、8个纺纱厂。

二、中亚国家与中国的经贸合作

(一)双边贸易

1992—2000年,中国与中亚国家的双边贸易总额在起伏中保持较快增长,年均增长率为18.62%,2000年达到18.19亿美元。其中,中方进口在总额和增速上均大于出口,表现出一定程度的逆差。随着上海合作组织的壮大,中国与中亚国家间贸易总额呈现几何式增长,2006年进出口总额超过100亿美元,2008年突破300亿美元,2013年达到503亿美元,12年间年均增幅达到32.93%,中方小额的贸易逆差逐渐转变为巨额的贸易顺差。但在2008年后,随着中哈石油管线及中国—中亚天然气管道的相继运营,中方贸易顺差迅速缩小并从2011年开始形成较大的贸易逆差。

2014年,中国与中亚五国的贸易总额约为450亿美元。当年,中国从中亚五国进口商品209.24亿美元。其中,哈萨克斯坦97.08亿美元,土库曼斯坦95.16亿美元,合计占总进口金额的92%。其他三国进口量相对较小,分别是:乌兹别克斯坦15.97亿美元,吉尔吉斯斯坦0.55亿美元,塔吉克斯坦0.48亿美元。出口方面,2014年中国向中亚五国出口商品240.53亿美元。其中,哈萨克斯坦最多,为127.10亿美元,占总金额的53%。其他四国出口金额分别是:吉尔吉斯斯坦52.43亿美元,乌兹别克斯坦26.78亿美元,塔吉克斯坦24.68亿美元,土库曼斯坦9.54亿美元。

虽然中国与中亚国家的双边贸易规模还处在较低水平,但是近年来中亚国家对中国的重要性明显增加。2015年,中国与中亚国家的双边贸易额占中国进出口总额的1.21%,较1992年的0.28%有明显提高。其中,中哈贸易规模占到中国同中亚各国贸易额的60%左右。中国是土库曼斯坦的第一大贸易伙伴,哈萨克斯坦、吉尔吉斯斯坦和乌兹别克斯坦的第二大贸易伙伴,塔吉克斯坦的第三大贸易伙伴。

从贸易结构看,中国与中亚国家在贸易产品结构上具有明显的互补性。2001年以来,中国向中亚国家出口的产品以劳动密集型和资本技术密集型产品为核心,而进口的产品以原材料及高能耗为代表的初级产品为主。2001—2015年,中国出口中亚地区的商品主要以最终产品为主,包括鞋类、土木工程和建筑承包商用机械和设备及其零件、人造纤维织物、未另列明的纺织物制服装、纺织物制成的男装或男童装、未另列明的以纺织原料制成的制品、纺织物制成的女装或女童装、铁或钢制的管子和中空型材及配件、纺织物制服饰用品等。2001—2015年,中国从中亚地区进口的商品集中在能源和资源相关的中间产品,包括原油、铜、锌、棉花、生铁、镜铁、海绵铁、铁或钢砂、铁或钢粉及铁合金,石油及自含沥青矿物中提出的油,铁矿及其精矿,铜矿及其精矿、铜锍、沉积铜,未包覆其他材料的铁或非合金钢压延产品,钢铁废料及碎屑,放射性材料及有关材料等。

(二)双边投资情况

1.直接投资规模

中国企业大规模投资中亚国家开始于2003年,总体呈逐年扩大的趋势。中国对中亚投资存量2003年仅为4 418万美元,2015年已增至88.93亿美元,年均增速达到69.97%。相比而言,中亚五国对中国的直接投资虽然起步较早,但是发展极为缓慢,且投资连续性差。1997—2014年,中亚各国对华直接投资仅从87万美元增长至387万美元,在中国吸引外商直接投资中所占比重几乎可以忽略不计。这与中亚各国经济转轨、资金短缺、产业结构单一等因素有关。

2.直接投资对象

中国对中亚国家的直接投资集中于哈萨克斯坦,中国目前是哈萨克斯坦第四大外资来源国。2015年,中国对哈萨克斯坦直接投资存量为50.95亿美元,位居中国对外直接投资流量排序第十三位,存量排序第十位。其次是吉尔吉斯斯坦,中国是吉尔吉斯斯坦的第一投资来源国。此外,中国还是乌兹别克斯坦、塔吉克斯坦和土库曼斯坦的重要外资来源国。中亚各国对华投资则大多集中在新疆。

3. 直接投资的行业分布

中国对中亚国家的投资最初集中在石油勘探与开发领域。随着双边经贸合作的不断深化,中国企业在中亚的投资范围也迅速扩展。截至 2015 年 5 月,在中亚各国注册的中资企业有 3 695 家,投资领域主要分布于采矿业、建筑业、制造业、批发和零售业、金融业、航空运输业、农业等。中资企业在哈萨克斯坦几乎涉及所有产业,而在其他四国,中资企业投资相对集中于资源型产业。相较而言,中亚各国对华投资领域则比较单一,仅涉及皮革、食品、化工、建材等有限领域。

综合来看,中国与中亚国家的经贸合作尚处于初级阶段,且表现出极强的不对称性。中国与中亚五国的贸易与投资尚未对各方的产业合作形成良性的互动作用。未来双边经贸中,逐步加强中国与中亚各国在产业内甚至产品内的贸易与投资,在生产领域实现各国的分工与合作是共建"丝绸之路经济带"的必然选择。

三、中亚国家的合作潜力

(一) 农业领域

农业是中亚国家的基础性产业,棉花、小麦、生皮、羊毛、丝等在其对外贸易中占有重要地位;同时,限于其特殊的农业资源禀赋,水果、蔬菜、水产等鲜活和加工农产品基本依赖进口。中国与中亚农产品贸易以边境小额贸易为主,仅占双边贸易总额的 2% 左右。中亚各国农业生产普遍面临投入不足、设备老化、生产率低、土壤生态恶化等突出问题。而其多样的自然条件、丰富的劳动力资源、单一的产业结构,对农业技术装备有着迫切需求,这为深化区域农业合作提供了广阔的空间。目前,中亚各国将农业及农产品加工列为重点支持产业,并积极鼓励外商优先投资相关领域。对中国而言,在国内土地资源及食品安全的双重压力下,推动土地密集型农产品国际转移,带动农业技术装备输出,建立农业战略物资海外生产基地,是优化农业产业结构,提升农产品国际竞争力的现实需要。

（二）能源领域

中亚地区拥有丰富的石油、天然气、煤炭等化石能源，以及核能、风能、水能、太阳能等可再生能源。中亚各国在建国之初就制定了"油气兴国"战略，石油和天然气的出口是哈萨克斯坦、土库曼斯坦、乌兹别克斯坦三国对外贸易的重要组成部分。中国作为全球能源消耗第一大国，未来相当长时间内能源供需缺口将持续扩大。中国与中亚国家能源合作始于1997年，随着中哈石油管线和中国—中亚天然气管线的运营，中亚地区成为中国能源资源的重要进口来源地。随着油气开采峰值期的到来和中亚国家能源战略的转向，双边能源合作由可耗竭资源扩展至可再生资源，在太阳能、风能、水能等领域展开深度合作，从而带动中亚地区产业结构优化和中国电力、光伏等行业富余产能消化，并在延伸产业链层面存在广阔空间。

（三）加工制造业领域

中亚国家重工业相对发达，而与居民生活密切相关的纺织、服装、机电等行业基础薄弱，相关产品进口需求旺盛。中国历经多年发展，在加工和制造领域的诸多行业面临产能过剩和转型升级的现实问题。在共建"丝绸之路经济带"的背景下，利用中亚国家普遍鼓励外商投资加工、纺织、服装、电子、机械制造等行业的政策优惠，以及廉价的土地和劳动力资源，在中国和中亚范围内，依据不同生产环节要素投入的差异，构建加工制造业产品内分工体系，是推动中国加工制造业向设计、研发、维护等价值链中高端环节升级，促进中亚国家产业均衡发展的重要路径。

机械设备方面，中亚五国的机械设备沿用了苏联标准，与中国相关零配件通用性一致，使得中国生产的机械设备在该地备受追捧。乌兹别克斯坦的主要进口商品中，机械及设备占总进口量的48%，对纺织机械、食品机械的需求尤为旺盛。乌兹别克斯坦虽是农业大国，但农业技术比较落后，农用机械市场的空间很大。塔吉克斯坦也大量进口中国的工程机械设备，主要包括装载机、挖掘机、推土机、起重机、平地机、压路机、碎石设备、混凝土泵、混凝土搅拌机、混凝土搅拌车、工程自卸车、散装水泥车等。

汽车及配件方面，哈萨克斯坦人均汽车拥有率很高，这得益于其对二手汽车的进口。该国对汽车配件数量的需求不断提高，急需更优质的配件和售后服务。此外，中亚国家对轻型货车和客车有较大需求，每年都要从其他国家进口大量轻型货车及其配件,对中国的轻型货车尤其青睐。

建材方面,中亚是一个发达的开放性经济体,利润空间充足。近年来,中亚五国居民对住房的需求快速增长,建筑市场开发空间较大,与此同时,其建筑材料市场所需的钢材、水泥和其他建筑材料严重短缺。中亚五国建筑市场的日趋活跃,极大地刺激了其对建筑装修材料的需求。有统计表明,中亚建材市场80%的产品来自中国。需要注意的是,该地区商品需求层次分明,中高端产品占据主流,中国产品需扭转低价低质的形象。

食品方面,哈萨克斯坦首都阿斯塔纳地处高纬度地区,气候寒冷,无霜期短,农产品主要依靠外调,需要进口的商品品种很多,对品质和价格的要求也相当高。中亚需要进口的食品包括蔬菜、水果、海鲜、罐头和冷冻食品等,同时要特别注意伊斯兰国家的习惯。我国生产的食品加工制成品还未充分占领中亚市场,这方面的市场潜力也很大。

鞋制品方面,由于中国生产的鞋价格低廉且质量日益提高,已占据了中亚五国鞋类进口量80%的份额。鞋跟、鞋底及鞋面等配件的出口也呈逐年增长态势。此外,出口中亚可以避免欧盟对中国鞋制品的贸易壁垒。

(四)基础设施领域

中亚地区是"一带一路"倡议中沟通南亚、西亚和欧洲的重要节点,同时也是该倡议中经济基础相对薄弱的地区之一。中亚国家现有公路、铁路维护不足,通信及互联网体系欠发达,电力供应紧张等状况对商贸流通和企业正常生产经营构成严重障碍。中国是国际工程承包的主要接包商,中国企业在交通、通信、电力等基础设施建设领域积累了丰富的经验,无论在施工技术、工艺流程,还是成本控制方面都处于相对优势的地位。当前,中国路桥、中国水电、中铁五局、中兴通讯、华为技术、新疆特变电工等公司已陆续承包若干中亚国家大型基础设施建设项目。随着以哈萨克斯坦为代表的中亚新兴经济体快速成长,以及中国构建"丝绸之路经济带"的持续推进,中亚各国基础设施建设将迎来较长时期的投资需求,中国与中亚国家未来在该领域投资的前景十分可观。①

---

① 高国珍,王海龙.中国与中亚国家双边经贸合作潜力分析[J].国际经济合作,2015,8.

第七章

西亚非洲国家的合作潜力

◆第一节◆
西亚非洲国家与中国的经贸合作

一、西亚非洲国家概况

(一)独特的地理位置

西亚非洲地区分为西亚北非地区和撒哈拉以南非洲地区两个次区域,共有约70个国家,面积共3 738万平方千米,约占世界陆地总面积的25%,2015年总人口约13.3亿。西亚地处亚、非、欧三大洲的交界地带,位于阿拉伯海、红海、地中海、黑海和里海(内陆湖)之间,联系亚洲、欧洲和非洲,所以被称为"五海三洲之地"。非洲与亚洲和欧洲几乎连成一体,呈倒三角形分布在亚欧大陆的西南部,非洲东北角隔苏伊士地峡和红海与亚洲为邻;北隔地中海和直布罗陀海峡与欧洲相望。正因为在地理位置上与亚、欧的关联性,非洲特别是北非和东北非地区,在民族、历史、文化和经济生活方面,同西亚、南亚及欧洲地中海沿岸地区常常连在一起,成为迦太基帝国、罗马帝国、阿拉伯帝国和奥斯曼帝国的重要组成部分,共同构建了环地中海和环印度洋区域文明。

(二)丰富的自然资源优势

非洲自然资源极为丰富,素有"世界资源宝库"之称。在矿产资源方面,世界上最主要的50多种矿产中,非洲有17种的储量居各洲第一,目前已知的石油、铜、金、钻石、铝土矿、磷酸盐、铌和钴的储量在世界上均占有很大比重。在各种自然资源中,非洲的石油资源尤其引人注目。据统计,非洲大陆已探明的石油储量超过774亿桶,占世界已探明石油储量的12%,原油日产量占世界的10.6%,日均消费石油量占世界石油消费的3.4%。非洲的石油开采量以每年36%的速度快速增长,远远高于全球16%的年增速。非洲的石油主要分布在北非和大西洋沿岸国家,铜矿主要分布在赞比亚与刚果(金)的沙巴区,金矿主要分布在南非、加纳、津巴布韦和刚果(金),钻石主要分布在刚果(金)、南非、博茨瓦纳、加纳等地。此外还有锰、锑、铬、钒、铀、铂、锂、铁、锡、石棉等。非洲的森林面积约 637 万平方千米,是世界重要的热带木材产区之一。此外,非洲还有丰富的水力资源。由于非洲内陆以高原断裂地形为主,湖泊分布较集中,河流湍急且多瀑布,所蕴含的水力资源占世界的 17%。非洲中部赤道附近的刚果河及其支流构成了非洲最稠密的水道网,是非洲水能资源最丰富的大河,具有水量大及年内变化小的水文特征,河口年平均流量为每秒 4.1 万立方米,最大流量达每秒 8 万立方米。如果按流量来划分,刚果河的流量仅次于亚马孙河,是世界第二大河。全流域有 43 处瀑布和数以百计的险滩及急流,水能理论蕴藏量达 3.9 亿千瓦,居世界大河的首位,可开发的水能资源装机容量约 1.56 亿千瓦,年发电量可达 9 640 亿千瓦时。在渔业资源方面,由于非洲被大西洋、印度洋和地中海环抱,海岸线较长,内陆有维多利亚湖、坦噶尼喀湖、马拉维湖等著名湖泊和尼罗河、刚果河、尼日尔河和赞比西河等河流,渔业资源十分丰富,盛产沙丁鱼、金枪鱼、带鱼、鲐、鲸和罗非鱼等。

(三)经济发展状况

虽然全球经济形势整体状况不佳,新兴经济体增长趋缓,但是西亚非洲地区最近几年经济增长总体趋好。2008—2015 年,撒哈拉以南非洲地区经济增长速度明显高于同期世界经济增长速度,平均增长速度为 5.35%,高于世界平均增长速度 3.29%,也高于新兴市场和发展中经济体国家的平均增长速度 5.23%。未来几年,撒哈拉以南非洲地区经济发展的潜力依然十分巨大。世界银行报告预测,2016—2020 年撒哈拉以南非洲地区 GDP 或将年均增长 5%~8%,乍得、几内亚比绍、赞比亚、南苏丹等国年均 GDP 增长率可能在 6% 以上,西亚北非地区经济增长速度虽然略低,但是除叙利亚外,大多数国家会保持经济平稳增长。

越来越多的西亚非洲国家意识到可持续发展的重要性,开始寻求摆脱单纯依靠资源出口的单一依附型经济模式,发展工业,提高出口产品附加值。同时,应该发挥合力与区域优势,在国家之间进行充分的合作与互补,并推动区域一体化的实现。

二、中国与西亚非洲的经贸合作

（一）中国与西亚非洲国家的贸易发展迅速

中华人民共和国成立后，中国逐步同一些西亚非洲国家建立起贸易关系，开展贸易往来，但长期以来规模不大。直至 20 世纪 90 年代初中国实施市场多元化战略以来，双边贸易才取得明显增长。根据中国海关的统计，2002 年中国与西亚非洲的贸易总额达 330.044 亿美元，是 1994 年的 4.6 倍；2013 年双边贸易总额达 4 235.1 亿美元，其中，中国进口额为 2 476.07 亿美元，出口额为 1 759.03 亿美元；2014 年双边贸易总额达到 4 490.62 亿美元，是 2002 年的 13.61 倍，其中，中国出口额为 1 994.74 亿美元，进口额为 2 495.88 亿美元。若从我国与这两个市场的贸易额看，中国同西亚的贸易额大于中国同非洲的贸易额，且发展速度也是前者超过后者。2014 年，中国从西亚国家进口商品总额为 1 611.7 亿美元，同比增长 3.7%；对西亚出口商品总额为 1 132.8 亿美元，同比增长 22.7%；中国对西亚国家总体呈现贸易逆差，逆差额为 478.9 亿美元。西亚国家在中国对外贸易中的地位保持上升态势。[①]

自 2000 年中非合作论坛成立以来，中方在历届会议上推出一系列经贸举措，对中非经贸关系发展发挥了重要的引领作用。论坛第五届部长级会议经贸举措落实，推动中非经贸合作再次迈上新的台阶。2013 年，中非贸易额首次突破 2 000 亿美元大关；2014 年达到 2 220 亿美元的高峰，较 2012 年增长 11.8%；2015 年略有下降，为 1 790 亿美元。近三年来，中国累计对非洲直接投资接近 100 亿美元，创历史新高。中国在西亚地区的主要贸易伙伴是沙特阿拉伯、阿联酋、伊拉克、阿曼、科威特、以色列等。中国在非洲地区的主要贸易伙伴是南非、苏丹、尼日利亚、安哥拉、埃及。

目前中国已成为非洲最大的贸易伙伴国，非洲也已成为中国重要的进口来源地、第二大海外工程承包市场和第四大投资目的地。中非经贸合作的发展促进了非洲国家民生的改善和经济的多元化发展。中国与非洲经贸

---

① 数据来源于中国商务部。

合作主要集中于以下三个方面：一是支持非洲减少贫困，改善民生，提高自主发展能力。近年来中国在非洲国家援建近 100 个经济基础设施项目，向非洲提供 2 万多个政府奖学金名额，举办近 1 000 期面向非洲的双边技术管理培训班和高级官员研修班。二是支持非洲改善基础设施，优化投资环境，破解发展难题。中国企业发挥效率和质量优势，近年来同非方在交通、电力、房建、建材、电信、水利、食品加工、能矿资源开发等领域实施了 85 个大项目，中方还为很多项目提供了融资支持，弥补了非方建设资金的缺口。三是支持非洲创造就业，增加税收，增强自身"造血"功能。2012 年以来，中国在非洲投资企业向驻在国缴纳各种税金超过 20 亿美元，雇用当地员工近 60 万人。中国企业在埃及投资设立了非洲第一个生产钢板型粮仓的本地化企业；在加纳合资成立的 AWA 航空公司，已经开通了 3 条加纳国内及区域航线。

目前，中国与西亚非洲贸易的特点是：进出口贸易额大幅增长，进出口同步增加，且基本平衡，与重点国家贸易额增幅突出；由于出口结构逐步优化，机电产品出口大增，拉动中国出口贸易明显上升；矿产品，特别是原油进口量大增，对中国进口贸易的增长起重要作用。由此可见，中国与西亚非洲的贸易正朝着健康的方向发展。

（二）多边框架下的合作不断发展

通过中非双方共同努力，中非经贸合作基础更加坚实、机制更加完善，并不断涌现新的合作契合点和增长点。特别是 2013 年 3 月，中国国家主席习近平访问非洲，宣布一系列支持非洲发展的新举措，为推动中非经贸关系迈上新台阶注入了强大动力。2014 年，李克强总理在非盟总部演讲时全面阐述了中国对非洲的政策主张，提出了"461"中非合作框架。该合作框架的提出，是新时期中非友好合作的基本指导、准则、方针及措施，将在较长时期内指导双方合作。新的框架既对原来的基础有所传承，又有新的发展，相当于一个中长期中非发展的具体举措。李克强在演讲中透露，力争到 2020 年实现中非贸易规模达到 4 000 亿美元。

目前中国进口的石油 35% 以上都是来自西亚国家，近 1/3 来自非洲，中国已成为西亚地区最大的石油进口国，而西亚国家也需要中国的大量投资与金融支持。由于中国与西亚的资源享赋和产业结构互补性较强,且中国—海合会自贸区谈判的稳步推进创造了良好的外部环境,未来中国与西亚双边贸易的增长空间仍然广阔,两地有望通过不懈努力和积极协作,共同应对外部挑战,在互利共赢中实现更深层次的双边贸易协同发展。

(三) 中国与西亚非洲未来合作展望

未来十年内,西亚北非地区将迎来基础设施建设高潮。以铁路为例,西亚北非地区 1 500 万平方千米的土地上目前仅有 3.4 万千米的铁路,是世界上铁路密度最低的地区之一。此轮建设高潮将使该地区的铁路总里程达到 6.7 万千米,并给各铁路建设相关企业带来巨大商机。

非洲最大的价值在于它是一个非常大的市场。从资源和市场潜力的角度看,近年来中东局势持续紧张,世界经济快速发展,一方面各种矿产资源的价格不断攀升,能源缺乏问题日益突出,另一方面市场保护主义趋势抬头。非洲丰富且未得到充分开发的自然资源和 53 个国家、近 10 亿人口的潜在大市场,使非洲成为许多国家竞相逐鹿的宝地。这是非洲大陆目前备受世人关注最重要的动因。对于中国来讲,非洲是一个 10 亿人的消费市场,这些年来非洲的经济发展持续向好,对消费的需求也越来越高。撒哈拉以南非洲地区国家进口需求强劲,肯尼亚一系列重大项目如标准轨铁路等开工实施,对机械设备、原材料的进口需求快速增长。美国从 2000 年开始给予非洲 48 个国家纺织服装出口为期 15 年的普惠制待遇,这对于中国这样一个纺织大国来说,机会十分诱人。到那里办加工企业,可以跨越美国纺织品配额限制,带动纺织劳务和纺织机械设备的出口。

(四) 非洲是中国未来经济可持续发展不可替代的伙伴

过去 30 多年的经济发展不仅改变了中国的面貌,也使中国成为全球发展的主要动力源。发达国家如美国、德国、法国、日本和韩国等都极大地受惠于中国的发展。现在,中国已经演化成资本、产业和技术方面结构性的过剩国,需要产业、技术和资本的转移对接地区。中国除了在资本和某些技术上具有向发达国家转移的优势外,主要的产业、技术和资本只能向发展中国家转移。亚洲和拉美等自然是中国重要的经济合作伙伴,但是非洲对于中国则有着特殊的战略意义。

非洲目前的人口增长是世界最快的,而且人口的一半以上是25岁的年轻人,是最年轻的大陆,每年有1 000万新增的劳动力需要就业,潜在的人口红利巨大。这与中国劳动密集产业的转移对接度极高。

非洲耕地面积大,气候条件好,但是产量很低。非洲完全有条件成为中国农产品的主要来源地,改变中国过分依赖拉美、美国和其他国家进口农产品的局面。

非洲制造业落后,劳动密集产业几乎没有进步,对于相对低端的专业产业的需求巨大,这与中国需要专业产业的需要完全吻合。需要指出的是,除了北非以外,撒哈拉以南非洲产业转移和投资风险并不是一定大于其他地区。

非洲是世界未来中产阶级数量最大的地区。只要非洲能维持稳定的经济增长,市场潜力十分巨大。而中国的产品和技术结构完全符合一个成长中的社会的各种需求,特别是中国的很多技术属于较低端的技术,符合工业化刚刚起步的非洲的需求。非洲的潜在市场购买力对于中国的发展具有不可替代的作用。

非洲大陆基础设施的需求和潜力是全球最大的。未来30年内,只要非洲能保持一定的经济增长水平,非洲地区的基础设施需求都在数百亿美元,非洲将会成为中国资本和技术对外输出的主要地区之一。仅2015年第一季度,中国在非洲的工程承包额就接近300亿美元。由此可见,非洲对于中国而言,有着与公众生计密切相关的战略意义,对于非洲的援助和维持非洲的稳定与繁荣是中国自身发展的需要。

◆第二节◆
埃及的合作潜力

一、埃及经济发展情况

目前埃及国内人口有 8 600 万,约有 96% 的人口密集居住在尼罗河谷和三角洲地区。其中,三角洲的达曼胡尔市和曼苏拉市的人口密度为每平方千米 1 200~1 500 人,首都开罗市的人口密度达每平方千米 2 万人,尼罗河谷的人口密度约为每平方千米 600 人,红海省的人口密度每平方千米不足 1 人。目前,在埃及华人总数约 5 000 人,主要集中在开罗、亚历山大港和塞德港。

埃及属于开放型市场经济,拥有相对完整的工业、农业和服务业体系。服务业约占 GDP 的 50%。工业以纺织、食品加工等轻工业为主。农村人口占总人口的 55%,农业占 GDP 的 14%。石油天然气、旅游、侨汇和苏伊士运河是四大外汇收入来源。[①]

2011 年年初以来,埃及动荡的局势对国民经济造成严重冲击。埃及政府积极采取措施恢复生产,增收节支,吸引外资,改善民生,并多方寻求国际支持与援助,以渡过经济困难,但收效有限。2013 年 7 月,临时政府上台后,埃及经济面临较大困难,在海湾阿拉伯国家的财政支持下,经济情况较前有所好转。2013 年 11 月,评级机构标准普尔将埃及主权信用评级由 CCC+/C 调升至 B-,展望为稳定。2014 年埃及塞西政府上台以来,得到海湾阿拉伯国家大量的财政支持,经济情况继续好转。2014 年 12 月,惠誉公司将埃及主权信用评级从 B- 提升至 B,展望为正面。2015 年 4 月,穆迪公司自 2012 年以来首次将埃及主权信用评级提升至 B3,经济展望为稳定。

2006 年 11 月,埃及宣布承认中国完全市场经济地位。近年来,两国政府积极鼓励和推动双方企业扩大经贸合作,双边贸易额持续增长。目前中

---
① 见中国商务部《国别投资指南 2016》。

国是埃及最大的贸易伙伴。2013年中埃贸易额为75亿美元,2014年双边贸易额增长到79.4亿美元,2015年进一步增长到95.2亿美元。中国向埃及主要出口机电产品和纺织服装等,自埃及主要进口原油、液化石油气和大理石等。埃及的主要产业情况如下:

(一) 工业

工业以纺织和食品加工等轻工业为主。工业约占GDP的16%,工业产品出口额约占商品出口总额的60%,工业从业人员274万,占全国劳动力总数的14%。埃及工业企业过去一直以国营为主体,自20世纪90年代初,埃及开始积极推行私有化改革,出售企业上百家。

(二) 农业

埃及是传统农业国,农村人口占全国总人口的55%,农业从业人员约550万人,占全国劳动力总数的31%。埃及政府重视扩大耕地面积,鼓励青年务农。全国可耕地面积为310万公顷,约占国土总面积的3.7%。近年来,随着埃及经济的发展,农业产值占GDP的比重有所下降。主要农作物有小麦、大麦、棉花、水稻、马铃薯、蚕豆、苜蓿、玉米、甘蔗、水果、蔬菜等。主要出口农作物为棉花、大米、马铃薯、柑橘等。经过近几年的改革,埃及农业生产实现了稳定增长,是经济开放见效最快的部门。但随着人口增长,埃及仍需进口粮食,是世界上最大的粮食进口国之一。

(三) 旅游业

埃及历史悠久,名胜古迹很多,具有发展旅游业的良好条件。埃及政府非常重视发展旅游业。主要旅游景点有金字塔、狮身人面像、卢克索神庙、阿斯旺高坝、沙姆沙伊赫等。2011年以来的动荡局势对旅游业影响较大,赴埃旅游人数、饭店房间价格、旅游投资均明显下降。2012年,埃及接待游客1 050万人次,收入约100亿美元。2013年6月底,埃及局势再次发生动荡,多国政府颁布赴埃及旅行警告。2014年,埃及旅游收入为75亿美元,同比增长27%,赴埃及游客数量为1 000万人次。2015年,埃及旅游收入进一步增长到81亿美元。

(四)服务外包业

埃及在过去 15 年中,建立起了一个以出口为导向的信息通信技术(ITC)服务中心,该服务中心主要提供业务流程外包(BPO)和知识流程外包(KPO)服务。虽然政局动荡,埃及外包服务的质量和价格竞争力并未受影响。当地劳动力、土地、能源和人员工资低于国际标准,使服务外包的成本具有竞争优势。此外,埃及具有较强的熟练技术人员队伍,阿拉伯语和英语通用程度高。埃及从事服务外包领域业务的人员约 4.3 万人,每年有技术和商务专业的大学毕业生 27.3 万名,能熟练掌握西方语言的毕业生 3.1 万名,这些毕业生都是适合从事服务外包领域业务的人员。教育部门还在 16 个大学成立了专门培训机构,确保他们能胜任外包服务中的中层管理工作。目前该机构共培训了 6 000 多名 BPO 从业人员。价格优势方面,埃及与世界两大外包服务国印度和菲律宾持平。以呼叫中心为例,埃及每个员工的成本约为 1.5 万美元,菲律宾为 1.6 万美元,印度为 1.5 万美元。

由于具备广泛而专业的技术能力及有竞争力的价格优势,埃及已成为受世界信息通信技术公司青睐的服务外包目的国。随着欧洲市场的恢复和稳定,欧盟对服务外包的需求日益增加,埃及服务外包从业人员的语言优势将帮助埃及获得更多的项目机会。如果欧盟、美国和阿拉伯国家对外包服务的需求持续增加,埃及在 BPO 领域的技术和成本优势将有助于埃及增加就业,并保持长期稳定发展。

二、中埃苏伊士经贸合作区

中国·埃及苏伊士经贸合作区作为中埃两国的战略合作项目,是国家对外经贸合作领域的优秀代表,也是中埃双边产业合作和经贸对话的实质性平台。苏伊士经贸合作区是中国"走出去"战略的重点项目,是中国商务部确认的国家级境外经贸合作区,由天津泰达投资控股有限公司下属的埃及泰达投资公司主导运营。经过近七年时间的开发建设,合作区的招商引资和运营管理均获得广泛好评,并被誉为"中国对外经贸合作区的典范",为中国企业"走出去"搭建了一个良好的海外发展和投资平台。

合作区目前分为"起步区"和"扩展区"两个区域。起步区的实施主体为埃及泰达投资公司,该公司于 2008 年 8 月份在埃及注册成立,注册资本金 8 000 万美元,主要负责合作区(起步区)的开发建设及运营管理。扩展区的实施主体为埃及泰达特区开发公司,该公司于 2014 年年底在埃及注册成立,注册资本金 2 200 万美元,主要负责合作区(扩展区)的开发建设及运营管理。

(一)合作区开发建设成果

截至 2015 年年底,合作区已累计收到投资约 1.1 亿美元,起步区 1.34 平方千米已基本建成。建筑面积近 8 万平方米、拥有 12 栋标准厂房及小型服务中心和餐饮供应场所的中国小企业孵化园已经全部建成并已投入使用,已有超过 20 家的中小企业入驻,成为中国小企业"走出去"发展的孵化器和生长地。合作区综合配套服务中心总体规划建筑面积 10 万平方米,分为三期开发建设,其中服务中心一期工程总建筑面积近 5 万平方米(包括 1 座 8 层的投资服务中心大楼、1 座 7 层的四星级酒店、4 栋公寓)全部完工并已投入使用。占地 2 万平方米的儿童主题乐园及环境、道路景观改造工程即将竣工,一个生态化、生活化的高标准现代工业新城区已初见端倪。

目前,起步区共有制造型企业 32 家,协议投资额共 9 亿美元,累计完成投资 4.6 亿美元。振石集团 2 000 万美元的项目已经落户,与巨石玻纤项目形成配套上下游产业。合作区的"投资平台"作用日益凸显,"集群式"发展模式已具雏形。已初步形成了以宏华钻机和国际钻井材料制造公司为龙头的石油装备产业园区、以西电 EGEMAC 高压设备公司为龙头的高低压电器产业园区、以中纺机无纺布为龙头的纺织服装产业园区、以巨石(埃及)玻璃纤维公司为龙头的新型建材产业园区,以及以牧羊仓储公司为龙头的机械制造类产业园区,依靠产业集群,较为完整的产业链初步形成。

苏伊士经贸合作区 6 平方千米的扩展区项目土地合同经过反复商谈后,于 2014 年 9 月最终签订。即将建设的 6 平方千米的扩展区将是一个集加工制造、物流、商贸和综合配套服务为一体的工业化新城区,以吸引各国企业特别是中资企业集群发展。项目将分三期开发,预计开发建设总投资约 2.3 亿美元。

2015 年 11 月 30 日,埃及泰达特区开发公司与埃及苏伊士湾西北经济特区开发总公司(MDC)签署合作区扩展区一期土地移交纪要。埃及泰达特区开发公司执行董事魏建青、埃及苏伊士特区机构常务副主席穆罕默德·里发特先生、MDC 董事长阿德尔·阿尤布先生出席签署仪式。至此,合作区扩展区项目一期 2 平方千米土地正式移交至埃及泰达特区开发公司,这标志着继 1.34 平方千米起步区建设取得丰硕成果之后,中国·埃及苏伊士经贸合作区迎来了里程碑式的新起点。

中国·埃及苏伊士经贸合作区作为中埃两国的战略合作项目,在中埃两国各级政府的支持下,不断取得阶段性成果,起步区已经成为埃及吸引外国企业投资的聚集地。目前,扩展区项目即将启动,该项目位于中国"一带一路"倡议和埃及"苏伊士运河走廊"战略的黄金契合点上,对促进中埃两国战略合作、承接中国产业转移、提升埃及经济发展将发挥重要作用。

根据扩展区建设开发规划,建成后的区域将吸引 150～180 家企业入驻,包括生产、生活服务、科研研发、仓储物流、商贸服务等项目,预计吸引投资额达 20 亿美元,实现销售额 80 亿～100 亿美元,提供约 4 万个就业机会。建成后的扩展区将成为以出口加工、先进制造、现代仓储物流为主导,以保税商品展示和交易、科技研发和服务外包、商务办公等为辅助,包括完善的生活和服务配套设施的综合性自由型经济区,吸引各国企业特别是中资企业集群发展。

(二)苏伊士经贸合作区的优势

首先是国家政策的优势。中国政府近年来提出了建设"丝绸之路经济带"和"21 世纪海上丝绸之路"的重要倡议。中埃经贸关系互补性强,为支持企业"走出去",国家开发银行、天津市政府、中非发展基金等都对赴合作区投资的企业给予多项政策支持。目前,埃及国内局势日渐稳定,经济明显回升,中国实施的"走出去"战略和"一带一路"倡议与埃及国家发展战略高度契合。塞西政府公布的"苏伊士运河走廊"开发计划,拟将绵延 190 千米的运河沿岸建设成全球性经济区域。

其次是地理位置的优势。合作区位于欧亚非三大洲的"金三角"地带,紧邻苏伊士运河,距离埃及第三大港口——因苏哈那港不到 3 公里,处于"苏伊士运河走廊"开发计划的起始端,区位优势明显。

最后是人口和市场优势。埃及人口总量超过 9 000 万,拥有丰富的劳动力资源和庞大的市场,但工业体系不完善,未来的发展空间巨大。同时,埃及与美、欧、中东、非洲等世界主要经济体签订了多个双边或多边自贸协议,在埃及生产的工业品可自由进入上述市场。

◆ 第三节 ◆
南非的合作潜力

一、南非的经济发展及产业状况

南非属于中等收入的发展中国家,也是非洲经济最发达的国家。南非自然资源十分丰富,金融、法律体系比较完善,通信、交通、能源等基础设施良好。矿业、制造业、农业和服务业均较发达,是南非经济四大支柱,深井采矿等技术居世界领先地位,但国民经济各部门、地区间发展不平衡,城乡、黑白二元经济特征明显。20 世纪 80 年代初至 90 年代初,受国际制裁影响,南非经济出现衰退。新南非政府制订了"重建与发展计划",强调提高黑人社会经济地位。2006 年,南非政府实施"南非加速和共享增长倡议",加大政府干预经济力度,通过加强基础设施建设、实行行业优先发展战略、加强教育和人力资源培训等措施,促进就业和减贫。1994—2004 年南非经济年均增长 3%,2005—2007 年年均经济增长超过 5%。

受国际金融危机影响,2008 年南非经济增速放缓,同比增速下滑至 3.1%,2009 年为 -1.8%,一度陷入衰退。为应对金融危机冲击,南非自 2008 年 12 月以来 6 次下调利率,并出台增支减税、刺激投资和消费、加强社会保障等综合性政策措施,以遏止经济下滑势头。在政府经济刺激措施、国际经济环境逐渐好转和筹办"世界杯"足球赛的共同作用下,南非经济逐渐企稳。2010 年以来,祖马政府相继推出"新增长路线"和《2030 年国家发展规划》,围绕解决贫困、失业和贫富悬殊等社会问题,以强化政府宏观调控为主要手段,加快推进经济社会转型。2010年南非经济增长率为2.8%,2011年为3.5%。目前,南非政府正在重点实施"工业政策行动计划"和"基础设施发展计划",旨在促进南非高附加值和劳动密集型制造业发展,改变经济增长过度依赖原材料和初级产品出口的现状,加快铁路、公路、水电、物流等基础设施的建设。

当前,受全球经济增长缓慢尤其是欧债危机拖累,南非经济总体低迷,增长乏力。2012年8月爆发的马利卡纳铂金矿大罢工演变成严重流血冲突,并引发新一轮罢工潮,重创南非矿业和交通运输业等支柱产业,加上国际评级机构先后下调南非长期主权信用评级展望和政府债券评级,南非经济再度面临严峻形势,兰特兑美元汇率大幅下跌。2013年以来,受美国退出量化宽松政策等因素影响,南非资本大幅外流。2014年南非GDP约为3 500美元,同比增长1.5%,人均GDP约为6 500美元。2015年,南非经济增长率进一步下滑至1.3%。2016年,南非经济增长率维持在1.3%的水平。

制造业、建筑业、能源业和矿业是南非四大工业部门。制造业门类齐全,技术先进,主要产品有钢铁、金属制品、化工、运输设备、机器制造、食品加工、纺织、服装等。钢铁工业是南非制造业的支柱,拥有6大钢铁联合公司、130多家钢铁企业。近年来,纺织、服装等缺乏竞争力的行业逐渐萎缩,汽车制造等新兴出口产业发展较快。

二、中国与南非的经济合作

中南于1998年建立外交关系,短短十几年间,两国关系实现了从伙伴到战略伙伴,再到全面战略伙伴的"三级跳",堪称中国同非洲乃至发展中国家友好合作的典范。2010年,在中国的倡导下,经过与巴西、俄罗斯、印度的一致协商,南非被纳入"金砖国家"机制,这为南非提高国际地位发挥了重要作用。南非总统祖马于2014年12月访华期间,与中国签署了《中南5至10年合作战略规划》,为中南关系迈向更高水平指明了方向。同时,两国在重大国际和地区事务中相互理解、相互支持、团结协作,维护了广大发展中国家的共同利益。两国领导人一致同意,将中南关系作为各自国家对外关系的战略支点和优先方向,赋予中南关系新的定位和内涵。中国国务委员杨洁篪在2015年10月访问南非期间表示,中南两国关系已进入历史最好时期,双方将抓住习近平主席访问南非这一重要契机,充分发挥两国政治互信和经济互补两大优势,着力在经济特区、海洋经济、制造业、资源能源、基础设施建设、人文交流等重点领域深化合作。

(一) 经济合作日益深化

中国和南非同属"金砖国家",经济互补性强,双方贸易发展迅速。中国已连续6年成为南非最大的贸易伙伴,南非也是中国在非洲最大的贸易伙伴。2014年,两国的贸易额达到了603亿美元,比1998年建交时增加了40倍,其中中方出口额为157亿美元,进口额为446亿美元。中国对南非主要出口电器和电子产品、纺织产品和金属制品等,从南非主要进口矿产品。南非还是中国在非洲的第一大投资目的地,累计投资额约130亿美元。目前在南非的大中型中资企业有120多家,一些中国企业在南非家喻户晓。在南非一些轨道线路上,行驶着中国为其量身定制的"双流制"机车。对南非消费者来说,中国品牌已成为挑选家电时的重要选择。

根据中南两国签署的5到10年战略规划,两国正在大力推进包括海洋经济、经济特区、产能、基础设施建设、能源和人力资源开发6大领域的务实合作。南非是海洋资源大国、矿产资源大国,拥有比较雄厚的经济实力和非洲首屈一指的软硬件环境。中国在产能合作、基础设施建设、经济特区建设和管理方面拥有独特的优势。中南两国务实合作拥有起点高、领域宽、互补性强的特点,合作的前景十分广阔。2015年,南非成为亚洲基础设施投资银行创始成员国,这将为南非经济注入更大活力。

(二) 文化、教育等领域的合作

中南之间近年来人文交流也不断加强。中南各层次、各领域的友好交往全面深化,两国关系的基础不断夯实,两国在各个层面都建立了友好交流机制。目前,中国已有10余所大学与南非的大学建立合作关系。湖南大学和南非斯泰伦布什大学、东北师范大学和南非比勒陀利亚大学入选中非合作论坛框架内的"中非高校20+20合作计划",分别结成了合作伙伴。迄今中国共有6 500人赴南非留学,共接收南非奖学金留学生148名。南非9所院校分别设有孔子学院或孔子课堂。

中南双方已有28对省市建立了友省(市)关系,主要有北京市与豪登省、上海市与夸祖鲁/纳塔尔省、山东省与西开普省、浙江省与东开普省、江苏省与自由州省、杭州市与开普敦市等。

◆第四节◆
土耳其的合作潜力

一、土耳其经济概况

土耳其位于亚洲最西部,横跨欧洲、亚洲两大洲。国土面积78.36万平方千米,其中97%位于亚洲的小亚细亚半岛(又称安纳托利亚半岛),3%位于欧洲的巴尔干半岛,称为东色雷斯。土耳其三面环海,北为黑海,西为爱琴海和马尔马拉海,南为地中海,海岸线长7 200千米。土耳其与亚、欧8个国家相邻,陆地边境线长2 648千米。东有格鲁吉亚、亚美尼亚、阿塞拜疆、伊朗;东南有伊拉克、叙利亚;西有保加利亚、希腊;北部隔海与罗马尼亚、俄罗斯、乌克兰相望;南部隔海与塞浦路斯相对。首都安卡拉为全国政治中心、第二大城市,位于安纳托利亚高原中部。安卡拉分老城和新城两部分,老城仍保留着奥斯曼时代的风貌,以一座小山丘上的古城堡为中心。新城环绕在老城东、西、南三面,大国民议会和政府主要部门都集中于南面。伊斯坦布尔为全国最大城市,是工业、运输、贸易、文化、金融中心,居博斯普鲁斯海峡两岸,扼黑海出入门户,战略地位十分重要。伊兹密尔为全国第三大城市,位于西南部爱琴海之滨,是旅游度假胜地。

截至2014年,土耳其人口达7 770万人,其中男性人口占50.2%,女性人口占49.8%;劳动年龄人口(15~64岁)占总人口数量的67.8%。

近年来，土耳其政局稳定，经济快速发展，投资环境日益改善，越来越受到外国投资者尤其是欧洲投资者的青睐。根据联合国贸易和发展会议（UNCTAD）发布的《2013—2015 年世界投资前景调查报告》，土耳其排在世界各经济体的前 20 位。土耳其的比较优势主要有以下几个方面：一是经济总量迅速扩大。土耳其已成为世界第 17 大经济体，如列为欧洲国家，可排名第 6 位。二是经济增速又稳又快。2011—2017 年，土耳其有望成为 OECD 成员国中发展最快的经济体。三是外资规模不断上升。四是区位优势日渐凸显。土耳其处于亚洲、欧洲、非洲三大洲的交界处，已成为货物、服务、人员、资金、技术的集散地。五是本地市场日趋扩大。土耳其民众消费能力很强，消费观念超前。六是劳动力供应充足，素质较高。

2015 年，土耳其 GNP 同比增长 4%，达 7 200 亿美元，排在世界第 16 位、欧洲第 6 位，人均国民收入约 9 261 美元，进入中等偏上收入国家行列。

土耳其矿产资源丰富，主要有大理石、硼矿、铬、钍和煤等，总产值超过 2 万亿美元。其中，大理石储量占世界的 40%，品种、数量均居世界第一。三氧化二硼储量为 7 000 万吨，价值 3 560 亿美元；钍储量占全球总储量的 22%；铬矿储量为 1 亿吨，居世界前列。此外，黄金、白银、煤储量分别为 450 吨、1 100 吨和 85 亿吨。但石油、天然气资源匮乏，需大量进口；水资源短缺，人均拥水量只有 1 430 立方米。

土耳其工业基础较好，主要有食品加工、纺织、汽车、采矿、钢铁、石油、建筑、木材和造纸等产业。农业基础较好，主要农产品有烟草、棉花、稻谷、橄榄、甜菜、柑橘、牲畜等。粮、棉、果、蔬、肉等主要农副产品基本实现自给自足。近年来，土耳其农业机械化程度提高，机耕面积不断扩大。此外，土耳其森林面积 22 万平方千米，木材加工业发达。

旅游业是土耳其外汇收入重要来源之一。主要旅游城市有：伊斯坦布尔、伊兹密尔、安塔利亚、布尔萨、安卡拉、科尼亚等。亚洛瓦温泉、特洛伊、埃菲斯等古城遗址和卡帕多西亚、库什湖是主要风景名胜地。根据 WEF 发布的 2015 年《旅游业竞争力指数报告》，2015 年土耳其旅游竞争力由 2009 年的全球第 56 位上升至第 44 位。

土耳其金融市场虽受欧债危机冲击，但得益于实体经济的快速增长，金融市场总体保持稳定。随着国民经济的快速发展，土耳其对外贸易总值和数量不断增长。主要进口商品为原油、天然气、化工产品、机械设备、钢铁等，主要出口产品为农产品、食品、纺织品、服装、金属产品、车辆及零配件等。近年来，土耳其钢铁、汽车、家电及机械产品等逐步进入国际市场。2013 年土耳其外贸总额达 4 034 亿美元，其中进口额为 2 516 亿美元，出口额为 1 518 亿美元。

二、中土双边经贸合作

中土两国于 1971 年建交。20 世纪 80 年代后，两国往来逐步增多。进入 21 世纪，中土政治交往频繁，在国际事务中合作良好，各领域互利合作水平不断提升。2010 年 10 月温家宝总理访问土耳其期间，双方宣布建立战略合作关系。2012 年 2 月，时任国家副主席的习近平访问土耳其；同年 4 月，埃尔多安总理访问中国，两国关系进入全面快速发展的新阶段。

根据土耳其方面的统计，1988 年中土贸易额仅为 3.3 亿美元，直到 1999 年才突破 10 亿美元大关，到 2010 年时已经猛增到 151 亿美元，到 2013 年更进一步增至 283 亿美元，2014 年受汇率影响有所下降，但仍有 277.4 亿美元，2015 年为 216 亿美元。总的来说，中国是土耳其的第三大贸易伙伴，也是土耳其最大的贸易逆差来源。中国对土耳其出口的商品主要包括电子产品、纺织品和机械设备；自土耳其进口的商品主要包括大理石、化工原料，以及铬、铜、硼等矿产品。

2015 年，中国在土耳其非金融类直接投资存量为 13.3 亿美元，新增投资流量为 6.3 亿美元。主要投资项目包括：ACT 航空公司和 MRO 飞机维修厂（海航，6 025 万美元）、华为伊斯坦布尔研发中心和实验室（华为，7 000 万美元）等。2014 年，土耳其累计在华投资 560 个项目，实际投资额 2 亿美元；新增投资项目 58 个，实际投资额 1 272 万美元。

截至 2015 年年底，中国在土耳其工程承包合作累计签订合同额 142 亿美元，完成营业额 91.3 亿美元，其中 90% 以上的合同额和营业额为 2008 年以来实现的。新签合同额 17.8 亿美元，同比增长 92.7%；完成营业额 18 亿美元，同比减少 6.9%。土耳其已成为中国在西亚地区重要的工程承包市场之一。2014 年 7 月，中国在海外建设的首个高铁项目安卡拉—伊斯坦布尔高速铁路二期项目正式建成通车(合同额 12.7 亿美元),成为中土经贸合作的重要标志之一。目前规模较大的在建项目包括 Atlas 燃煤电站(合同额 7 亿美元)、BOTAS 地下天然气储库(合同额 6 亿美元)等。①

随着中国"一带一路"倡议的提出及土耳其在中东伊斯兰世界领头羊地位的凸显,中国、土耳其作为两个新兴大国,如何协调彼此的利益与期待,已经成为两个国家大国战略中最为重要的问题之一。

土耳其与中国在经济联系上互补性较差,而同质性较强。一方面,土耳其没有中国经济结构调整与经济转型升级所期待的高新技术能力;另一方面,土耳其也没有中国在高速发展中所渴望的石油、天然气、矿产等资源。在土耳其的经济结构中,制造、建筑、纺织等劳动密集型的制造行业是重要的支撑行业,其优势主要在于其劳动力价格,而相比于中国的制造业,土耳其的这些行业不仅在劳动力价格上不占优势,而且在产品质量、售后服务等方面也处于比较明显的下风。正因为这样,在近几年中土两国的经贸往来当中,土耳其一直面临比较严重的贸易逆差问题。

近几年,随着中土两国高层互信的加强,双方均有意识地对中土两国的贸易逆差现象进行调整。一方面,土耳其的旅游市场正在逐步对快速增长的中国游客打开大门,这将有助于中土两国之间形成相对合理的支付平衡。另一方面,中国正试图加强与土耳其在开拓中东伊斯兰地区市场方面的合作,从而将双方竞争者的关系变为合作者的关系。与此同时,中国大型基础设施建设类国有公司正在土耳其的基础设施建设中发挥越来越大的作用。

中国不仅仅是土耳其的贸易伙伴,也是土耳其重要的投资来源国。作为一个重要的新兴市场,土耳其正吸引越来越多的中国企业前来投资兴业。在土耳其,很多中国企业在发展的过程中,进行海外融资的需求明显增长。土耳其经济部统计,截至 2015 年 5 月底,在土耳其注册的中资企业已达到 606 家。中资企业目前在土耳其的业务发展前景很好,中国已成为土耳其最大的外资来源国之一。

---

① 数据来源于中国驻伊斯坦布尔总领馆(http://istanbul.mofcom.gov.cn/article/zxhz/hzjj/201501/20150100872848.shtml)。

第八章

厦门推进"一带一路"经贸合作的对策建议

◆ 第一节 ◆
推进"一带一路"经贸合作的基本原则

2015年3月,国家发改委、外交部、商务部联合发布了《愿景与行动》,这是中央关于"一带一路"构想的纲领性文件,提出了重要的核心理念与指导原则。党中央"十三五"规划则提出了"开放发展"的理念,并阐述了"十三五"期间中央"坚持开放发展,着力实现合作共赢"各个方面的重点内容。福建省于2015年11月公布了《福建省21世纪海上丝绸之路核心区建设方案》,明确了福建省"21世纪海上丝绸之路"核心区建设的四大功能定位、重点合作方向、主要任务等。这些文件在许多方面为厦门市政府推进"一带一路"经贸合作提供了宏观的、原则性的指导。

总体来看,厦门市推进"一带一路"经贸合作应遵循以下几个基本原则。

一、把握好政府的角色定位

《愿景与行动》指出,"一带一路"建设应当"坚持市场运作,遵循市场规律和国际通行规则,充分发挥市场在资源配置中的决定性作用和各类企业的主体作用,同时发挥好政府的作用"。

一方面,市场运作是"一带一路"经贸合作的基本原则。政府在"一带一路"经贸合作中的主要任务是加强统筹协调,制订发展规划,改革管理方式,提高便利化水平,完善支持政策,营造良好环境,为企业创造有利条件。另一方面,"一带一路"经贸合作仅仅依靠市场是不行的,政府的主导和推动作用是不可替代的,政府必须发挥主导推动作用。厦门市政府在"一带一路"产业合作上应注意把握好政府作用的"度",主要应注意以下几点:

(1)做好示范性项目。厦门市政府可以集中力量在一些示范性的重大合作项目上发挥主导作用,在企业自愿的基础上推进项目实施的各项工作。做好示范性项目,带动相关企业主动跟进。

(2)提供更高水平的便利化。政府对"一带一路"产业对接的相关服务工作可进一步缩减流程、简化手续。目前很多部门的相关工作程序繁杂,需提供的证明材料过多。

(3)区分"一带一路"经贸合作的企业主体,分类处理政企关系。央企、地方国企、民营企业这三类企业的作用、特点不同,在"一带一路"经贸合作中的地位和作用也不同。在"一带一路"经贸合作中,政府应注意对不同企业采用不同的引导方式。央企方面,厦门市政府可积极寻求与央企合作,利用央企的优势,结合厦门地方国企推进产业对接项目;地方国企方面,市政府应积极发挥自身主导作用,鼓励和推动地方国企参与经贸合作项目;民营企业方面,市政府可以创造机会、营造环境、制定支持政策,引导其参与经贸合作。

(4)做好相关服务。厦门市政府在"一带一路"经贸合作上的主要任务是统筹协调,创新制度,提高便利化水平,制定合理有效的支持政策,帮助企业与"一带一路"沿线国家进行沟通协调,为企业提供信息、中介、交流合作平台等公共品,为"一带一路"经贸合作提供有效的政策支持。

二、推进速度与阶段把握

目前,"一带一路"的顶层设计与中层设计基本完成,进入全面实施阶段。从宏观上看,"一带一路"经贸合作的实施大致按照"基础设施互联互通"(主要由央企参与)—大型产业项目合作(主要由央企参与)—中型经贸项目合作(主要由地方国企参与)—广泛的经贸合作(民营企业等各类中小企业参与)这几个阶段来推进,每个阶段各有其重点,但也会同时包含其他阶段的内容,并且每个阶段都必须具备一定的前提条件。

首先,产业合作项目上宜稳不宜急,应当谨慎论证、稳步推进。可以先积极配合国家层面的央企的相关产业合作的大型项目,积累经验,打开局面,在此基础上慎重选择厦门市的优势产业项目,在"一带一路"沿线风险较小的国家或依托已有的境外工业园落地建设,由厦门市国企主导,其他企业参与,确保厦门市"一带一路"产业示范项目的成功。其次,制定各类鼓励政策,提供更高水平的便利化,以示范项目带动更多企业参与"一带一路"经贸合作。

总的来说，厦门市"一带一路"经贸合作应稳步推进、谨慎论证，同时注意把握好不同阶段的特点，有针对性地抓住每个阶段的重点。

三、发挥对台合作与对东盟合作的复合优势

中央"一带一路"倡议的顶层设计对地方政府已经有一个较为宏观的统筹安排，如将新疆和福建分别作为"丝绸之路经济带"和"21世纪海上丝绸之路"的核心区，但是仍然需要在"一带一路"倡议的具体实施中逐步明晰。"一带一路"倡议已经进入全面实施阶段，地方政府及企业将会是推进"一带一路"的关键力量。地方政府应注意发挥比较优势，从自身优势和特点出发。例如广西的重点是交通基础设施建设及与越南等东盟国家的合作，云南的重点是孟中印缅经济走廊及与缅甸等东盟国家的合作，宁夏的重点是与阿拉伯国家的合作，新疆的重点是物流方面的合作及同中亚五国的合作，等等。

在"一带一路"倡议和国内新一轮区域布局中，与台湾相邻的福建被赋予了新的，也是极高的定位。福建既是"21世纪海上丝绸之路"核心区，又是新自贸区之一。厦门作为经济特区、福建省核心城市和海上丝绸之路支点城市，具有对台合作及对东盟国家合作的双重特点，形成了一系列的叠加优势和复合型优势。

中央在《愿景与行动》中提出，为台湾地区参与"一带一路"建设作出妥善安排。显然在"一带一路"倡议中，中央已经将两岸经济关系、台湾经济发展纳入其中。但是，"十三五"规划中提到了支持香港参与"一带一路"建设，在涉台部分却未再提"一带一路"。由于大陆与台湾处于"尚未统一状态"，岛内政治生态复杂，民进党当局无视双方的共同利益，不承认"九二共识"，仍然采取保守的经贸合作思维和模糊的政治态度，导致台湾参与"一带一路"建设仍处于搁置状态。大陆方面一直具有推进两岸关系和平发展的积极愿望，只是时机与条件尚未成熟。

厦门在"一带一路"产业合作中应发挥对台合作与对东盟合作的复合型优势，积极探索"一带一路"背景下对台合作与对东盟合作相结合的新方式，如厦门企业联合台商与东盟进行产业合作、共同在东盟国家建设工业园等。

四、集中力量突出重点

"一带一路"经贸合作尤其是产业合作需要大量的资源,同时存在一定的风险,厦门企业"走出去"的产业合作还缺乏经验,因此,厦门市政府应采取示范项目带动、经验模式推广的方式来推进实施。可以集中力量,在最具优势的一个或两个重点产业率先形成突破,树立示范项目,形成带动效应。例如在厦门市已经有一定成效的海洋渔业、矿业、石化产业等方面筛选一些项目,集中力量形成突破并积累经验。

五、在注重"走出去"的同时也要强调"引进来"

"一带一路"产业合作是双向的,厦门"一带一路"经贸产业合作不仅要"走出去",也要"引进来"。从厦门市经济社会发展的情况来看,2016年厦门市GDP总量为3 784.25亿元人民币,人均GDP为9.7万元人民币,整体经济社会发展水平与发达国家还有不小差距,对资本、技术等还有很大的需求。在部分优势产业具备"走出去"能力的同时,还有相当多的产业需要"引进来",包括制造业、服务业等多方面还需要引进外资。2016年,厦门市批准设立外商直接投资项目1 278个,实际利用外商直接投资22.2亿美元,同比增长6.2%,外商投资对厦门市的经济增长起到了重要的作用。[①]

六、将对外经贸合作与对内产业转型升级结合起来

对地方来说,"一带一路"倡议既要求全方位的对外开放,又要求地方把最终落脚点落在产业的不断升级和生产力水平的不断提高上。厦门在实施"一带一路"经贸合作的同时,应抓住"一带一路"所创造的有利外部环境来推动厦门市的产业升级和技术创新,将二者相结合,发展地方经济。利用

---

① 厦门市统计局,国家统计局厦门市调查队.厦门市2016年国民经济和社会发展统计公报[EB/OL].2017-03-21.http://www.stats-xm.gov.cn/tjzl/tjgb/ndgb/201703/t20170321_29605.htm.

"一带一路"对外产业对接转移的空间和资源,积极培育和引进高新技术产业及新兴产业,更好地发挥政府因势利导的作用,为产业升级、技术创新提供更好的平台。对于已经丧失比较优势的产业如劳动密集型产业等,政府必须帮助这些企业尽快转型升级,或者"走出去",去"一带一路"沿线国家创造"第二春"。

◆第二节◆

以东盟为核心推进厦门"一带一路"经贸合作

东盟是世界经济增长最快的地区之一,近年来年平均 GDP 增长率超过 5%。东盟是厦门的第二大贸易伙伴和重要的直接投资来源地,厦门应当以东盟为核心推进"一带一路"经贸合作。东盟 10 国的资源状况、经济发展水平、政治体制差异很大,对东盟各国进行科学合理的分类,才能正确选择合作路径和模式。厦门与东盟的合作应有所侧重、分层次进行。

新加坡 2016 年人均 GDP 达到 5.4 万美元,是东盟最发达的国家,也是亚洲重要的金融中心、航运中心和贸易中心。新加坡服务业较为发达,厦门与新加坡的合作可以侧重于服务业合作、高新技术科技合作等。

印尼、缅甸均为亚洲重要的石油天然气出口国。印尼矿产资源丰富,拥有大量的煤炭、镍、锡等,同时印尼、马来西亚等国还具有丰富的海洋经济资源。厦门可积极与这些国家开展能源矿产、海洋渔业方面的合作,同时积极建设区域性的国际化要素交易平台,创造条件向国家申请开展离岸国际业务并选择适合品种开展期货交易试点,融入全球石油化工产品定价体系。

马来西亚、泰国、菲律宾均为第二代新型工业化国家,电子、汽车、机械等行业较为发达。菲律宾和马来西亚是厦门在东盟最大的贸易伙伴,双方的贸易产品原来存在较大的竞争性,但是近年来厦门高新技术产业发展迅速,双方产品的互补性越来越强,产业内贸易发展迅速。双方的合作可以侧重于产业链分工、零部件合作等方面。

越南、印尼、缅甸、柬埔寨、老挝等国人力成本较低、市场开发程度不高，自然资源有一定优势，可以作为厦门劳动密集型等产业转移的主要方向。例如，纺织服装、制鞋、家具、电器、陶瓷等可以转移到这些国家投资设厂，但应当考虑可能出现的国际政治形势风险，尽量以低风险国作为投资重点。

总的来说，厦门在参与21世纪海上丝绸之路建设及与东盟国家开展经贸合作时应当注意区分不同层次、不同国家的特点，根据自身产业特点、企业情况逐步推进。东盟国家总体可以分为以下几个层次：第一层次为新加坡；第二层次为马来西亚、泰国、印尼和菲律宾；第三层次为越南和文莱；第四层次为缅甸、老挝和柬埔寨。

一、第一层次：厦门与新加坡经贸合作的重点

2016年新加坡GDP总量已经超过3 000亿美元，人均GDP达到5.4万美元。目前，新加坡已形成电子、化工、生物医药、资信与传媒、物流、金融等多个产业群，是世界硬盘驱动器的主要供应国，世界第三大炼油中心和重要的区域石油交易中心、定价中心、混兑中心，以及全球第四大外汇交易中心等。新加坡的投资环境、自由度、创新力等排名均居世界前列。新加坡地理位置优越、基础设施完善、政治环境稳定、商业网络广泛、融资渠道多样、法律体系健全、政府廉洁高效。

厦门与新加坡的经贸合作应着眼于以下几点：

（一）依托工业园区进行合作

远期来说，厦门市政府可推动与新加坡、印尼（或者马来西亚）三方在印尼（或者马来西亚）临近新加坡的地方建设工业园区，模仿印尼巴淡岛工业区的模式，主要吸引以福建省为主的中国企业和新加坡企业进行投资。印尼巴淡岛工业区距离新加坡仅20千米，1小时船程，而园区工人最低月工资仅为118美元。

近期来说，厦门应当重视新加坡海外临近工业区投资。新加坡虽然具备上述优势，但是土地资源有限，生产成本较高，为此厦门企业可以赴新加

坡临近的海外工业区投资。厦门企业如在海外园区投资设厂,可将区域总部、管理中心、研发中心、营销中心等设立在新加坡,既可降低生产成本,也可充分利用新加坡在物流、金融、税收、知识产权保护等各方面的优势条件。目前新加坡临近的主要海外工业区有:印尼巴淡岛工业区、印尼民丹岛工业区、马来西亚伊斯干达开发区等。这些工业区主要是新加坡通过海外租赁飞地等方式建设的,区内产业配套完善,产业集群效应明显。

(二)依托新加坡的全球贸易渠道

新加坡是世界上签订自由贸易协定最多的国家之一,其自由贸易协定涵盖了20个地区,涉及31个贸易伙伴,具有面向欧美乃至全球的贸易渠道。厦门企业可以借助新加坡的贸易网络进一步开拓全球市场。

(三)依托新加坡高科技产业集群的产业链

新加坡在科技研发、创新能力方面处于世界领先水平,其生物医药、石油化工、环境与水务、清洁能源、电子、海洋工程、精密工程等领域汇聚了许多全球顶尖的高科技企业,形成了相当规模的产业集群,如新加坡的启奥生物医药研究园和大士生物医药园吸引了世界最知名的10大顶尖国际医药企业。厦门在高新技术产业上具备一定的竞争力,相关企业可以找准自身在产业链中的定位,着眼于科技研发合作、信息共享、培养人才等与新加坡展开合作。

(四)厦门与新加坡合作应更加重视服务业方面的"引进来"

新加坡作为全球重要的服务业中心之一,在物流、医疗、教育、商贸和专业服务等领域极具竞争优势,对厦门投资有较大发展空间。厦门对新加坡的"引进来"应以服务业为重点,以厦门自贸区为依托,在金融、物流、高技术服务和商务服务等生产性服务业,以及商贸、旅游、家政、教育、体育等生活性服务业领域积极引进新加坡企业,提高金融、物流等服务业的对外开放水平,稳步开放教育、医疗、体育等领域,引进优质资源,提高服务业国际化水平。

二、第二层次:厦门与印尼、马来西亚、菲律宾、泰国经贸合作的重点

印尼、马来西亚、菲律宾、泰国均为东盟新兴的工业经济体,具备一定的制造业基础。

(一)深化厦门与印尼、马来西亚的海洋经济合作

党的"十八大"提出"提高海洋资源开发能力,发展海洋经济,保护海洋生态环境,坚决维护国家海洋权益,建设海洋强国"的宏观目标,把保护海洋、开发海洋资源摆在突出位置。国务院已正式批准山东、浙江、广东、福建作为国家海洋经济发展的试点省份,进一步凸显新时期国家坚持陆海统筹,科学开发海洋资源,培育海洋优势产业,提高海洋开发、控制、综合管理能力的海洋发展总体思路。厦门作为海上丝绸之路的重要支点城市,具有良好的海洋经济发展基础和条件,应率先参与中国与东盟互联互通战略和海洋产业合作,根据各自海洋资源和海洋产业优势,合理选择合作项目与领域,开展与印尼、马来西亚在海洋渔业、海洋运输、临港产业、滨海旅游、海洋科技与海洋文化等方面的交流与合作。

首先,应进一步加强厦门与印尼、马来西亚在海洋渔业、船舶制造等领域的合作。由于我国沿海围填海规模增长过快,沿海滩涂污染严重,生态系统退化,近海捕捞过度,近海渔业资源衰退,亟须发展远洋渔业,而印尼是比较理想的合作国家。厦门与印尼在海洋渔业领域有着良好的合作基础,相关企业已在印尼开展捕捞、水产品加工等项目。印尼渔业资源丰富,厦门与印尼在渔业领域具有很大的合作发展潜力。此外,印尼海域辽阔,而造船业比较落后,本国生产的船只500吨位左右的居多,正在使用的船只有大量的旧船和进口二手船,因此印尼造船业具有良好的发展前景。厦门造船业拥有较成熟的技术和大量的专业人才,优势明显。在全球船舶市场低迷、不少船舶企业产能过剩的严峻形势下,开拓印尼内海用船舶市场为厦门船舶企业发展创造了极好的机遇。

其次,应推动厦门企业参与联合开发印尼、马来西亚内海航运及相关产业。印尼作为太平洋岛国,岛际的货物运输均采用船舶,既经济又方便。近年来印尼经济增长较快,带动如煤炭、油气、自然资源与工业产品等岛际运

输需求量大幅增长,为印尼内海航运业带来巨大发展机遇。由于印尼本地公司普遍存在船只设备落后、技术人员缺乏、运作效率低下等现象,内海航运运力及船只的供需缺口明显加大。根据印尼政府的规定,外资只有与当地企业合资成立公司才可能获得内海航运业营运资格。印尼内海航运业巨大的发展潜力越来越为外资所青睐,已有韩国、德国和日本数家企业计划与印尼当地航运企业合资,引进船只和生产设备开拓印尼内海航运市场。厦门具有进一步扩展合作领域的良好基础,因此,厦门企业同样应抓住开发印尼内海航运及相关产业的良好机遇。

最后,印尼、马来西亚正在兴起港口基础设施建设高潮,厦门应支持有实力的厦门企业在印尼、马来西亚承揽港口及疏浚、集装箱码头等海事工程项目建设,帮助印尼、马来西亚更新港口设备,建设新的码头,提高港口吞吐能力。同时,应加强与印尼、马来西亚港口对接,通过信息交流、会议展览、人员培训等方式,推动港口物流行业内的交流,为双方港口物流企业间的合作创造条件。

(二)加强厦门与马来西亚、泰国、菲律宾在汽车零部件、互联网等产业的合作

1.汽车零部件及配套行业

马来西亚和泰国的汽车制造业均十分发达。目前,泰国是东盟第一大汽车生产国,也是世界第九大汽车生产国,马来西亚则是东盟第二大汽车生产国。泰国 2015 年汽车产量达 220 万辆。但是,泰国汽车制造产业缺少核心技术和竞争优势。泰国的整车企业和一级供应商主要以外资为主。大型整车企业多为合资企业,约有 16 家汽车制造商、7 家摩托车制造商。一级供应商约有 690 家,其中外资控股公司占比 54%、泰资控股公司占比 23%、纯泰资公司仅占 23%左右。技术含量较低、劳动力较为密集的二、三级供应商则主要为泰资企业。泰国整车企业所需要的发动机等核心设备主要依靠进口。

为鼓励汽车零配件业的发展,泰国政府对外资形式无强制性要求,无出口比例限制,无外资比例限制,也无本地化要求。从事汽车配件行业可免缴法人所得税 8 年,并减免进口设备和原料的关税。泰国政府允许该行业的

企业雇佣外国专家和技术人员,允许拥有土地和自由出口,并保证不强制实行国有化。

泰国和马来西亚几乎汇集了世界上所有著名汽车品牌的生产商,而且拥有东南亚地区最好的生产线、完整的汽车配套产业链及经验丰富的技术工人。与同等人均GDP水平的国家相比,泰国和马来西亚汽车人均保有量处于较高水平。预计未来五年,泰国国内汽车保有量仍将保持增长态势。同时,泰国的小型货车和节能车具有市场优势,预计未来几年,泰国汽车产业出口仍将保持较快的增长速度。此外,随着人均可支配收入的增长,泰国国内的购买力将得到进一步释放,预计未来五年,泰国国内乘用车销量年均增长率在5%左右,商用车销量增长率在7%左右。

目前,泰国、菲律宾尚不能生产的汽车零部件包括轿车发动机、燃油喷射泵、变速器、差动齿轮、喷嘴、电子系统和电子控制装置等。

厦门企业在汽车车身、座椅装饰、车用电子等汽车配套行业的竞争力较强,可抓紧在泰国、马来西亚和菲律宾市场布局,但也应该注意到这些国家的国内资源对于汽车产业的发展存在一定的制约,需提前做好准备。

2. 电子商务及互联网产业

马来西亚有将近3 000万的互联网用户,拥有较为完善的基础设施、较高的互联网普及率、较强的政府支持,以及排名在全球30位之内的成熟物流体系,这些因素都支持着马来西亚电子商务市场的发展。目前,消费者在马来西亚可以通过银行卡和其他方式进行在线购物支付。尽管马来西亚的在线零售额在其国内零售总额的占比不足1%,但已被认为是全球前30个最具潜力的电子商务市场之一。目前,领先的B2C电子商务网站Lazada、在线时装零售商Zalora、乐天市场都在建立更为强大的在线业务,以捕捉马来西亚网购市场的成长商机。厦门在互联网商务等方面具有一定的技术和经验优势,可以积极介入马来西亚市场并与之进行合作。

泰国、菲律宾目前的互联网基础设施情况较好,在东盟仅次于新加坡和马来西亚,而且处于高速增长时期,发展潜力巨大。泰国目前各种形式的宽带互联网已覆盖全国85%以上的地区;电脑使用者达2 430万,占被调查人口的43%;互联网使用者达1 920万,占被调查人口的32%;移动电话使用者达4 820万,占被调查人口的76%。

泰国信息和通信技术部已经设立了5年内互联网用户数量达到4 000万,信息通信技术产品和服务价值翻一倍的目标。这是泰国信息和通信技术部即将向政府提议的数字经济计划的一部分内容。泰国政府正积极推进数字化、信息化建设,强调电子商务、电子政务和网络教育的发展。目前,泰国互联网、信息服务产业的需求主要集中在网络服务、客户关系管理、企业资源企划、数据存储、数据开发等方面。泰国政府的电子政务将为软件、硬件及服务业发展创造较大的空间。

厦门企业在互联网、通信和信息产业方面具有较强的竞争力,可以抓住机遇,寻找适合机会赴马来西亚和泰国投资,并采取灵活多样的方式进行合作,包括跨国并购、直接投资设厂、合资合作等。

3.基础建设工程

近年来,泰国和马来西亚经济稳定增长,国家财政拨付大量款项发展大型基础设施和民生工程,改善投资环境等。目前主要工程项目包括槟城第二大桥、沙捞越纸浆厂、国家高速宽频网建设等。凯迪思(Arcadis)发布的《全球基建投资指数研究报告》显示,马来西亚已经成为亚洲第二、全球第七的最具吸引力的基础设施建设投资市场。普华永道最新报告显示,东盟国家未来十年的基础设施投资巨大。印尼居首位,投资额可达1 650亿美元;其次是泰国,585亿美元;第三是越南,560亿美元;马来西亚位居第四,约480亿美元。2013—2025年,马来西亚基础设施投资年增长率预计约为9%,增长步伐明显快过全球市场。

厦门可以抓住泰国、马来西亚和菲律宾新一轮基础建设的机遇,积极开拓市场,并借助马来西亚与印度、中东国家的宗教联系,寻找合适的机会进入更大的市场。

4.农产品加工业

泰国、菲律宾的农业和农产品加工业的发展潜力很大,政府的重点是从基础农业向高增值农业转变,提高产品质量,实现可持续发展。泰国在土地、水源、食品加工方面具有优势,这使得泰国成为亚洲最成功的食品出口国之一。目前泰国、菲律宾政府比较重视的投资项目主要包括食品加工及相关产品、橡胶产品、生物技术,以及建立冷藏库和农产品贸易中心等。食品加工业包括植物繁殖和种子筛选、食品配料生产、水果蔬菜保鲜,以及食品的初级及深加工。其中两国政府特别重视的项目包括:利用先进技术进行肉类、水果蔬菜、粮食作物的加工和保鲜;生产奶制品、甜味剂(食糖除外);利用水果、蔬菜及其他植物生产非酒精类饮料等。此外,泰国政府重视利用先进技术进行食品或食品配料的生产及保鲜处理。政府特别强调,加工新鲜农产品必须严格遵守相应标准,出口的新鲜罐头及冷冻食品更应如此。

泰国是世界橡胶生产第一大国。泰国90%的橡胶用于出口,只有10%用于泰国国内的生产加工。中国每年需要从泰国进口大量天然橡胶,因此,以天然橡胶作为生产原料的中国企业到泰国建厂利大于弊。泰国是橡胶、木薯的种植大国,这两种农作物是生产轮胎、柠檬酸和酒精等化工产品不可缺少的原料。在泰国,天然橡胶生产可享受投资优惠政策。

厦门不少企业具有农产品加工、食品加工等方面的优势,可以积极寻求与泰国合作及投资的机会。

(三)多方面促进与菲律宾的合作

菲律宾是厦门在东盟国家中最大的贸易伙伴,也是近年来东盟中经济增长最快的国家。中国与菲律宾的关系近期有所缓和,双方加强经贸合作、淡化南海问题争端是大势所趋,也是实现"21世纪海上丝绸之路"互利共赢的重要途径。厦门作为"21世纪海上丝绸之路"的重要支点城市,应积极作为,为国家宏观战略贡献力量,多方面促进与菲律宾的合作。

第一,利用华侨华人力量,积极推介和宣传我国"21世纪海上丝绸之路"的战略构想。目前菲律宾全国1亿人口中约有150万华人,其中约80%为福建籍,同时有更多的数不清的人拥有华人血统。在中菲关系跌入谷底的这些年,很多华人默默地努力着,为提升中菲关系尽着自己点滴的努力。厦门在扩大对外开放,推进"21世纪海上丝绸之路"建设过程中,要重视发挥菲律宾华侨华人特别是华商的优势,广泛开展与华侨社团的联系交往,开展文化、教育等多方面的交流,降低菲律宾整个国家对我国发展的戒心,打牢与周边国家和地区友好合作的民意基础。

第二,加强与菲律宾政府及民间的交流和合作。由于菲律宾长期受西方文化洗礼,菲政府官员中访问过中国的人很少,对中国不了解,对中国人的思维方式普遍不理解。厦门应利用菲律宾华侨华人的影响,多介绍中国,通过牵线搭桥,让更多菲律宾政府官员到中国访问。除此之外,厦门还应与菲律宾积极开展民间外交,不断扩大和加深与菲律宾民间经济、社会、文化、教育等领域的交往,加强与菲律宾非政府组织的联系,密切与菲律宾主流社会、友好人士、社会组织的联系交往,增进友谊,消除隔阂,扩大共识,增强整个菲律宾社会对中国的理解与认同。

第三,利用华人媒体宣传厦门和我国"21世纪海上丝绸之路"战略。菲律宾有《世界日报》《商报》《菲律宾华报》《菲华日报》和《联合日报》5家有影响力的华文日报。华文传媒是传递中国声音、塑造中国形象的重要媒介。厦门应积极利用好菲律宾报纸杂志等新闻媒介,借助网站、论坛、博客、微博等各类新兴媒介,加强宣传,主动发声,多用菲律宾民众便于理解、易于接受的方式,广泛宣传厦门文化和我国"21世纪海上丝绸之路"战略构想,扩大厦门在当地的影响力,增强华人社团活力,树立厦门在菲律宾的良好形象。

(四)开展经贸合作应注意的问题

第一,马来西亚、泰国、菲律宾的人力资源成本虽低于欧、美、日,但高于中国,且工人组织纪律性较差、生产效率总体比中国工人低。马来西亚尚未对中国开放普通劳务市场,中国工人派出受到一定的限制,企业需要使用一定数量的本地工人;马来西亚本地企业成长较快,中国企业虽然能够保持一定的技术优势,但是价格优势已经大大缩小。

第二,近几年来,泰国政局持续动荡,各派政治斗争较为激烈,给其投资环境造成一定影响。首先,政局的动荡影响了外国投资者的信心,一些投资者选择观望或停止扩大投资规模;其次,由于政府高层经常变动致使其行政效率较低,投资项目审批程序复杂、周期较长。因此,目前厦门企业赴泰国开展投资合作须考虑政治风险因素。

第三,泰国和马来西亚投资市场的竞争相当激烈。一方面,泰国和马来西亚企业自身投资能力比较好;另一方面,如剔除政治因素,外资企业对赴泰国投资多数看好,泰国和马来西亚的投资主要来自日本、美国、韩国、新加坡及中国台湾和中国香港等国家和地区。有传统优势的产业投资市场几乎均被先期投资者占领,从市场格局、资金实力、技术水平及国际投资经验等方面看,厦门企业投资面临的挑战较大。

第四,环保问题。泰国和马来西亚对环保的要求较高,社区群众及个别非政府组织对投资项目的影响力较大,有时甚至会产生决定性影响。如何提高技术工艺,满足泰国和马来西亚的环保标准,同时妥善处理与周边社区及非政府组织的关系是厦门企业在泰国和马来西亚投资必须考虑的重要因素。

三、第三层次:厦门与越南、文莱经贸合作的重点方向

(一)厦门与越南经贸合作的思路

1.着眼越南自由贸易协定,投资越南纺织服装和制鞋产业

2015年8月,越南与欧盟完成自由贸易协定谈判。2015年12月,越南与欧盟在比利时正式签署越欧自由贸易协定。双方将尽快完成审批程序,预计协定将于2018年年初正式生效。欧盟与越南的协定优于欧盟与发展中国家签署的自由贸易协定,越南与欧盟自贸区将为公民和企业在市场开放、投资、收购国有企业等方面带来巨大利益。越欧自由贸易协定生效后,双方大部分商品将立即享受零关税待遇,7年至10年内,99%的商品将被取消关税,对于剩下的很少一部分,税收将作为相互的关税配额或部分减免关税。除了取消关税,越南和欧盟还将取消几乎所有的出口税,为进入服务和投资领域的新市场创造机会。这是越南至今获得的最高水平的自由贸易协定承诺。越南的鞋类、纺织、木材和农产品及欧盟的机械设备、汽车等各自优势货物出口至对方国家将更为便利。

越南国内各行业的生产标准大多与欧美接轨,执行国际通用标准,这使得越南制造的商品更容易进军欧美市场。相比之下,中国国内企业的生产必须先执行国内标准,尽管有些国内标准比欧美标准更严苛,但由于未参照欧美标准,导致同样的商品在中国制造只能供给国内市场,不如越南制造更易被欧美市场接受。

厦门的纺织服装和制鞋产业具有一定的竞争优势,但是近年来越南的纺织服装产业和制鞋产业竞争力大幅提升,出口快速发展。目前,越南是仅

次于中国的美国第二大纺织服装进口来源国。

对此,厦门相关企业可以积极布局投资越南。只要达到原产地规则的要求,海外子公司的产品在对美、日等国出口时也可享受优惠关税,而且目前很多国家对越南的贸易都是免税的,越南可能成为亚洲又一个纺织生产中心。中国多家大型纺织企业已经在越南投资,如天虹集团在越南的投资规模达8亿美元,为中国大陆企业在越南投资规模之首;宁波的申洲集团在越南也建立了一个万人工厂,利用更加低廉的水电及人工成本,以及当地出口关税优惠,为国内生产基地的转型升级争取了过渡时间。应注意的是,越南目前纺纱厂已经较多,但面料、针织和印染企业还相对缺乏。同时,越南的环保要求比中国的更加严格,污水要100%合格才能排放。

除纺织服装行业外的其他主要劳动密集型产业(包括家具及其零件、箱包及类似容器、鞋类、塑料制品、玩具这5大类劳动密集型产业),情况与纺织服装行业基本类似。以制鞋业为例,中国的劳动力成本快速上升,土地价格飞涨,成本优势正在丧失;而近年来东南亚国家发展较快,成本优势逐步显现,特别是印尼、越南、柬埔寨等东盟国家正处于产业经济高速发展期,鞋子、服装、电子等产业发展已逐渐形成竞争力。例如,越南已成为耐克运动鞋的主要生产基地,在越南出口鞋类中几乎一半都是耐克鞋。从2010年开始,越南生产的耐克运动鞋数量超过了中国,跃居世界第一。

2.厦门与越南进行经贸合作应注意的问题

厦门与越南进行经贸合作应注意以下问题:(1)中越贸易不平衡不断扩大,越南有可能逐步减少从中国进口的商品。(2)中越在南海问题上仍存在分歧,不排除在一定条件下给中方企业带来风险。(3)厦门经济中民营企业已经成为向东盟"走出去"的主要力量,但是民营企业往往规模小、力量弱,难以单独承担开拓国外市场的成本,尤其是在发展水平较低、法律不完备、政府效率不高的国家,应当推动民营企业采用集群式"走出去"的方式开展经贸合作,如建立工业园区或经济区等,同时集中建立服务机构,帮助民营企业开拓国外市场、降低信息成本和风险。

（二）厦门与文莱经贸合作的重点

1. 石油、天然气及配套行业

文莱油气资源丰富，已探明原油储量 14 亿桶，天然气储量 3 900 立方米。近年来，文莱石油日产量约为 20 万桶，是东南亚第三大产油国；天然气日产量在 3 500 万立方米左右，为世界第四大天然气生产国。油气产业是文莱的经济支柱，约占 GDP 的 2/3、财政收入的 90％ 和外贸出口的 95％。

2. 海洋渔业

文莱拥有丰富的渔业资源，水域没有污染，又无台风袭击，适宜养殖鱼虾。文莱全国共有 50 个鱼虾养殖场。渔业被文莱政府列为重点发展领域。文莱国内目前 50％ 的渔产品依赖进口，渔业领域发展潜力巨大。政府发展渔业的目的之一是减少国家对进口渔产品的依赖，进而减少外汇的流失。政府渔业发展政策包括港口设施现代化、设立新渔业设施、提升港口内外设施、提供奖励和培训等。根据文莱渔业局公布的资料，文莱政府计划至 2023 年将文莱渔业年产值提升至 4 亿文元左右，其中捕捞业 1.12 亿文元，养殖业 2 亿文元，加工业 0.61 亿文元，海洋生态旅游业 0.27 亿文元。

文莱政府鼓励外资与文莱本地公司开展渔业合作。为促进渔产加工业的发展，文莱政府计划成立冷藏和渔业分销中心及进出口中心，为加工业提供各种服务。中资企业已经进军文莱渔业养殖领域。厦门企业在渔业养殖、水产品加工等方面具有明显的优势，尤其是民营企业，可以抓住机遇，积极参与合作。

四、第四层次：厦门与缅甸、老挝和柬埔寨经贸合作的重点方向

（一）厦门与缅甸经贸合作的重点方向

1. 以能源合作为重点

从 20 世纪 90 年代开始，我国与缅甸的能源合作蓬勃发展，合作范围主要包括：矿产的开采、水利资源的开发利用和石油天然气的开采等。缅甸是一个水资源十分丰富的国家，但是其水资源开发和利用的程度还很低。在水利开发领域，我国拥有世界一流的技术，因此缅甸在水利开发、水力发电方面与我国进行了许多合作。虽然近年来缅甸油气业已有起色，但是港口

设施不全、输气终端不健全、运输业不发达、电力供应不足等问题仍影响着缅甸油气业未来的发展。作为全球最古老的石油生产国,缅甸的油气产业将给人们带来更多期望。随着缅甸政治、经济改革进程的加快,以及西方对缅甸经济封锁的解除,缅甸能源开发有加速的趋势,缅甸正筹集资金,改善基础设施,以推动经济全面发展。

厦门在石化工业方面具有一定的竞争优势并拥有一批有实力的企业,但厦门本身资源较为短缺,在油气开发和石化加工方面可以加强与缅甸的合作。

2.应当注意风险防范

总的来看,厦门与缅甸合作应注意以下风险:(1)缅甸基础设施落后。缅甸经济发展水平低,交通、通信等基础设施较为落后,电力供应不足,燃料短缺。(2)长期以来,缅甸中央政府和部分少数民族组织之间的关系十分微妙。中国投资者应尽可能避免擅自同缅甸地方政府及少数民族控制区进行投资合作,此类合作中一旦有意外事件发生,两国政府都难以及时有效介入。(3)缅甸政策稳定性不足,给投资者带来许多不确定性。

(二)厦门与老挝经贸合作的重点方向

1.以采矿业为重点

老挝矿产资源丰富,金、银、铜、铁、钾盐、铝土、铅、锌等矿藏储量可观。目前老挝全国获批的矿产类投资项目达到 470 个,项目特许经营面积达 36 323.64 平方千米,总投资额为 59 亿美元。其中,北部省份的特许经营面积最大,达到总特许经营面积的 59%。老挝全国获批并正在进行勘探、开采的矿产项目主要集中在 21 种矿产上,其中投资项目数量最多的是铜矿,有 49 个项目,占总项目数的 10.42%,项目面积 14 463 平方千米,占总面积的 39.82%;排名第二的是铁矿,共有 29 个项目,占总项目数的 6.17%,项目面积 3 428 平方千米,占总面积的 9.44%;排名第三的是金矿,有 24 个项目,占总项目数的 5.11%,项目面积 4 394 平方千米,占总面积的 12.10%;排名第四的是煤炭,有 18 个项目,项目面积 2 782 平方千米,占总面积的 7.66%。

厦门企业如厦门钨业等在采矿方面具备一定的优势和实力,可以把握机会,投资老挝采矿业。

2. 应注意的问题

厦门与老挝合作应注意以下问题：(1)老挝的法律、法规基本齐备，但在执行过程中有时存在有法不依、执法不严的问题，需注意法律风险。(2)老挝人口少、市场小，难以规模化生产制造，大部分物资依靠进口，成本相对较高。(3)老挝基础建设条件欠佳，工业配套设施欠缺，物流成本较高，运输时间长，煤炭严重缺乏，水电资源虽丰富，但电网建设跟不上，全国仍有1/6的村庄不通电。(4)老挝劳动力不足，且劳动力的素质和技能有待提升，当地雇员一般不愿加班，赶时间的项目执行难度较大。

（三）厦门与柬埔寨经贸合作的重点方向

柬埔寨市场高度开放，几乎所有领域都向外资敞开大门。作为最不发达的国家之一，柬埔寨所有出口欧盟的产品享受零关税，出口美国的产品享受低关税。柬埔寨经济刚刚起步，基础设施建设、农产品加工、矿业开发、工业体系建设和旅游综合开发等领域市场机遇很多。

柬埔寨经济基础落后，产业配套支持不足，这既是其经济发展和吸收外资的制约因素，又是扩大开放和发展的潜力所在。柬埔寨目前全国公路通车里程仅5.2万千米，且一半以上为农村土路，雨季无法通车；铁路总长600千米，时速不足30千米；电力奇缺，目前全国电力供应不足800兆瓦，电价昂贵；产业配套差，工业园区层次较低。

柬埔寨于2015年对中国绝大部分产品实现零关税。关税的逐步减免给双方的优势产品，如中国的轻纺、机电产品，柬埔寨的农产品、水产品的进出口带来巨大的刺激效应。

中国是柬埔寨最大的外资来源国。目前，中资企业在柬埔寨的投资主要有以下特点：一是领域广泛，投资涉及电站、电网等基础设施，以及制衣、农业、矿业、餐饮、旅游、房地产等领域。二是民营企业是主力，对柬埔寨投资中，约2/3来自民营企业。三是互利共赢，中资企业在自身发展的同时，也对当地经济发展、税收、就业等做出重要贡献。

厦门与柬埔寨合作可重点关注以下领域：

1. 制衣业和制鞋业

2012年以来，柬埔寨获得欧盟给予的新普惠制和美国、欧盟、日本等28

个国家和地区给予的最惠国待遇等优惠政策。2015年,柬埔寨制衣、制鞋业产品出口额达53.82亿美元,同比增长17%,占全年出口总额的78%。柬埔寨和欧盟的贸易增长势头良好,全年双边贸易额达到27.39亿美元,同比增长30%。其中,柬埔寨对欧盟纺织和鞋类出口总值达20亿美元,同比增长28%。欧盟已成为柬埔寨的第二大贸易伙伴,这也是支撑柬埔寨制衣业稳步发展的关键因素。

但是近年来柬埔寨制衣工人工资不断上涨,自2013年5月以来,柬埔寨制衣业工人法定最低工资已上涨超过一倍,目前已经涨至每月128美元。柬埔寨制衣厂商会代表表示,未来柬埔寨预计将有30%的工厂因成本大幅增长而停业或转移到其他国家。

厦门在服装和制鞋方面均具备较强的优势,加上目前国内服装和制鞋业竞争日益激烈、市场趋于饱和,可以积极寻求与柬埔寨的合作。

2.医药行业

2015年柬埔寨药品进口额为2.36亿美元,同比增长9%。进口药品占柬埔寨药品市场总供应量的85%,主要来自印度、韩国、泰国、澳大利亚和日本。目前,柬埔寨国内仅有8家制药厂,产品只能满足其国内市场需求的15%。

3.水泥、建材与工具等行业

随着柬埔寨基础设施建设需求的增长和房地产业的兴起,柬埔寨对水泥和建材的需求量不断增加。目前柬埔寨仅有一家水泥厂,年产量不到100万吨,远远不能满足需求,因此每年都需要从泰国和越南进口大量水泥。2015年上半年柬埔寨建筑材料与工具进口量达122万吨,同比增长185%。柬埔寨的建筑材料与工具主要从中国、泰国、越南、马来西亚和部分欧洲国家进口。此外,柬埔寨的电信、电力、航空、旅游等行业均存在较大的机遇。

但厦门投资企业也应当注意以下几点:一是柬埔寨劳动生产率相对较低,虽然工资成本不高,但劳动生产率仅为中国的一半。二是柬埔寨工会力量强大,全国有上千个工会,往往一个工厂有几个工会并存的乱象,罢工、抗议活动较多,影响企业的正常生产运营。三是柬埔寨法制建设尚不健全,政府行政效率不高。

◆ 第三节 ◆

拓展与印度、巴基斯坦和俄罗斯的经贸合作

一、抓住印度"智慧城市"建设的机会，推进厦门与印度的经贸合作

2015年，厦门与印度双边贸易额为16.4亿美元。但是，该贸易额仅占厦门2015年进出口总额的1.97%。作为拥有近13亿人口的广阔市场，印度与厦门的贸易还存在巨大的潜力。厦门与印度在新一代信息技术、先进制造业、新能源等产业方面的经贸合作基础较好、互补性强。

（一）抓住印度"智慧城市"建设的机会，积极推进厦门相关企业开拓印度市场

印度联邦内阁于2015年4月29日批准在未来五年投资近1万亿卢比（约150亿美元）用于两个主要规划：一是100个"智慧城市"建设及城市发展项目，二是惠及500个城市及乡镇的AMRUT。印度政府的投资金额虽然不大，但是其性质更多是一种引导资金，"智慧城市"计划如果成功实施，估计将带动接近1万亿美元的投资并拉动其他相关市场需求，其影响无疑是巨大的。

印度"智慧城市"建设将在城市交通基础设施、通信基础设施、电子设备、计算机终端设备、互联网设备设施、信息技术产品、显示器、软件等一系列产业方面产生巨大的需求，而印度国内现有的生产能力和技术能力无法满足其需求。厦门在上述产业拥有很强的竞争力和众多有实力的企业，应抓住机遇推进厦门企业开拓印度市场，积极参与印度"智慧城市"建设。

印度是亚洲甚至是世界主要经济体中经济增长最快的国家之一，拥有多达12.8亿的人口。印度当前的人均GDP还不到1 500美元，理论上有着极大的增长空间。印度"智慧城市"建设必然首先向印度国内企业进行采购，厦门应抓住机遇，通过税收、金融等多种政策支持鼓励厦门企业赴印度投资。厦门姚明织带于2013年在印度投资设立了瑞贝丝公司，成为厦门企

业赴印度投资的"领头羊",开启了厦门企业对印度投资的序幕。

(二)鼓励厦门互联网企业投资印度

印度市场发展前景广阔。2015年年底,印度的网民数量已超越美国,预计到2018年,印度的网民数量将超过5亿,仅次于中国。中国的小米、阿里巴巴及其他寻求海外扩张的互联网公司都纷纷布局印度。

印度作为人口仅次于中国的人口大国,随着其经济的发展,网民数量快速增加。一方面,印度互联网用户已经上升至3亿,超过美国成为全球人数第二多的互联网市场,并以整体33%和移动互联网55%的年增长率快速发展着;另一方面,印度的互联网渗透率仅有25%,因此,印度互联网市场有着巨大的发展空间。

2014年起,印度互联网成为全球资本关注的重点。2015年,阿里巴巴、软银、DST和老虎基金对印度电商、打车软件等的巨额投资进一步提升了印度互联网的热度。据统计,2015年前6个月,印度互联网仅公开的融资金额就已达35亿美金,其中德里和班加罗尔的项目吸引了绝大多数的投资。

厦门的互联网企业创新能力强,有一定的竞争实力,厦门市应进一步推动有实力、有意愿的企业投资印度互联网行业,布局印度市场并参与印度"智慧城市"的相关建设。

(三)定期举办"厦门—印度双向投资合作交流会"

2015年,厦门首个海外投资贸易服务联络点在印度孟买成立。该联络点借助姚明织带在印度投资设立的瑞贝丝公司,发挥服务平台的作用。2017年3月,"中国—印度贸易投资旅游推介会"在厦门举行,进一步向国内企业展示印度当前的投资机遇,推进双方的投资合作。厦门应将此类投资合作推介交流活动逐步定期化、机制化,并进一步扩大规模,积极宣传,加强针对性,如针对"智慧城市"相关产业举办投资贸易交流会。未来厦门可以进一步加强与印中贸易协会的合作关系,定期举办"厦门—印度双向投资合作交流会",吸引印度政商界人士参加,通过双向的深入交流,进一步增强对彼此的了解,共同推动厦门与印度的合作发展。

（四）积极引进印度投资，可以考虑引进印度电影工业园

厦门在鼓励企业赴印度投资的同时，也应积极依托厦门自贸区优势，积极引进印度的相关投资，如软件IT产业投资和娱乐影视投资等。印度影视产业近年来发展迅速，印度已经在许多国家建立了电影工业园，但是在中国还没有，印度吉米尼影视公司已有意向在中国投资印度电影工业园，厦门市政府可以积极引进。

二、厦门与巴基斯坦贸易合作的对策与建议

（一）应充分认识巴基斯坦未来的潜力与机遇

巴基斯坦是中国传统的友好国家，也是"一带一路"倡议中地位极其重要的支点国家。中巴经济走廊是党中央"一带一路"倡议中最为优先推进的项目，也是一个示范项目。习近平主席在访问巴基斯坦期间中巴双方签订了价值约460亿美元（约合2 848亿元人民币）的基础设施建设合约，这是中国有史以来最大的海外单笔投资，象征着中国"一带一路"倡议对外投资迈出实质性步伐。

中国对巴基斯坦巨大的基础设施投资将在未来一个时期内发挥作用，大大改善巴基斯坦的投资环境，初步解决交通不便、电力不足等阻碍双方贸易合作的一系列问题。

作为拥有2亿人口的世界第六人口大国，一旦巴基斯坦的安全问题得到初步解决，基础设施有所改善，经济有所发展，那么其市场潜力将是巨大的。厦门应充分认识巴基斯坦未来的潜力与机遇，提前布局、积极介入，提升厦门市在巴基斯坦的影响力。

（二）厦门市政府可以积极争取与巴基斯坦俾路支省瓜达尔市建立友好城市关系，并以此为契机，组织厦门企业赴巴基斯坦考察

目前，成都、珠海、克拉玛依等中国城市已经分别与巴基斯坦的瓜达尔市、拉合尔市等建立了友好城市关系。而厦门还没有与巴基斯坦任何一个城市建立友好交流关系。巴基斯坦方面曾提出，瓜达尔港与厦门的地理位置相似，要把瓜达尔经济特区建设成巴基斯坦的"厦门"。厦门市政府可以

积极争取与巴基斯坦俾路支省瓜达尔市建立友好城市关系,并以此为契机,组织厦门企业赴巴基斯坦考察。

(三)积极布局厦门与巴基斯坦的轻工产品贸易

随着中巴经济走廊建设的提速,中国与巴基斯坦轻工产品的进出口水平有望得到快速提升。当前中国与巴基斯坦的轻工行业进出口总额并不高,2015年累计进出口总额为28.34亿美元,同比增长19.44%,其中出口额为25.73亿美元,同比增长19.76%,主要以塑料制品、皮革和照明电器为主;进口额为2.61亿美元,同比增长16.40%,主要以鞣制皮革进口为主。厦门在光电产品、服装鞋靴、塑料制品等轻工产品方面具备一定的优势,应鼓励厦门相关企业积极布局巴基斯坦市场,抢占先机。

(四)鼓励涤纶生产企业赴巴基斯坦寻求投资机会

近年来,巴基斯坦频频对中国涤纶短纤提出反倾销调查的申请。根据海关数据,2015年中国对巴基斯坦出口聚酯短纤的金额达到近1.5亿美元。

涤纶短纤是混纺的主要原料,也是巴基斯坦主要生产和消费的纤维品种。近年来,巴基斯坦涤纶纤维需求量的年增长率在10%以上,其国内下游企业对涤纶短纤的需求尤为强劲,巴基斯坦的相关企业已投资8 000万美元在巴基斯坦国内建立首家聚酯切片厂。

由于近年来巴基斯坦纺纱业快速发展,其对涤纶纤维的需求量也大幅增加。前些年,巴基斯坦的涤纶短纤、聚酯切片及上游的PTA、MEG生产数量有限,无法满足当地下游企业的实际需求,因此不得不从其他国家进口该类产品。特别是涤纶纤维上游原料,全部依赖印度、韩国、新加坡、中东等国家和地区的进口。一直以来,巴基斯坦的涤纶纱线及棉质面料进口量始终呈增长趋势,最近几年依然没有得到明显改观。巴基斯坦涤纶纱线对外依存度较高,这主要是由于巴基斯坦不间断的电力及能源危机使其国内生产能力减弱。涤纶纱线进口量激增,国内产量降低,使得巴基斯坦国内的生产厂商竞争力减弱。巴基斯坦全国20多家涤纶纱线生产厂商中,只有3家仍在经营。

2009—2015年,巴基斯坦进口涤纶纱线数量出现猛增态势,这是因为巴基斯坦下游纺织品企业系列产品出口力度加强,导致纺织品出口数量增加。2015年3月,巴基斯坦政府表示,执行了一年的《2014—2019年纺织政策》初见成效。通过制定一系列激励措施,巴基斯坦纺织业有望在2019年实现出口额翻倍,并创造300万个就业机会的目标。巴基斯坦政府将向纺织产业提供约641亿卢比的资金援助,涉及退税、免税、贷款补贴及发展补贴等方面。其中,406亿卢比用于退税、技术升级、品牌发展等;235亿卢比用于技术发展,产品展览,建设世界纺织中心、纺织城、育成中心和设立纺织奖项等;贴现利率将在当前7.5%的基础上再下降2%;向纺织业增值部门长期贷款提供便利,利率为9%,使用期限为3到10年;出口额较上年增长10%的出口商将享受地方税收返还优惠,其中服装退税为4%,杂项制衣退税为2%,加工面料退税为1%;进口纺织机械设备免税政策再延续两年,升级改造资金优惠政策也将延续。此外,巴基斯坦政府还将成立联合委员会,确保纺织业的能源供应。

随着中巴经济走廊建设的提速,中国与巴基斯坦在电力能源等方面的合作大大加强,这将为巴基斯坦纺织业带来重大利好。纺织业是巴基斯坦经济的重要支柱,其中旁遮普省的纺织业份额占到全国的70%以上。最近5年内,受电力供应不足的影响,旁遮普省的纺织业产能下滑了40%。如果电力供应充足,那么其纺织行业产能就不会大幅下降。只要纺织行业产能能够保持正常,那么巴基斯坦国内对涤纶纤维等原料的需求量仍会呈现大幅上涨的态势。预计2017年以后,巴基斯坦的进口涤纶纱线数量依然会呈上升态势,巴基斯坦的下游纺织品加工数量也会出现增长态势。

厦门市可以鼓励有实力的涤纶企业到巴基斯坦建设涤纶项目或与巴基斯坦一些有实力的同行合资在当地扩大涤纶纤维产能,这样可以直接在当地生产、销售来满足当地下游企业的实际需求,同时也避免了反倾销问题。

三、厦门与俄罗斯经贸合作的对策与建议

面对西方的制裁,俄罗斯加紧实施"向东看"战略,展开了一系列针对亚洲的外交攻势,积极寻求与其他发展中国家的经济合作,力图平衡西方制裁给市场带来的巨大冲击,减少对西方,特别是对欧盟的经济依赖。俄罗斯

"向东看"战略计划通过加强经济合作和军事合作进一步促进同中国、日本、印度、巴基斯坦、越南等国的经济关系,旨在全方位提升与亚洲国家的关系。俄罗斯战略重心的东移,势必会给新时期的中俄经贸发展带来新的机遇。

(一)中俄高新技术领域合作不断深化,为厦门高新技术企业带来机遇

强化高新技术领域的合作是俄罗斯"向东看"战略的一部分。西方对俄罗斯制裁升级后,禁止向俄罗斯出口军民两用技术装备和技术,导致俄罗斯多个行业相继出现零部件缺货和西方设备进口受阻的情况。为此,俄罗斯企业不得不转向东方(主要是中国),寻求新的替代技术和装备,以弥补市场的需求。这为中国各类高新技术装备制造企业扩大俄罗斯市场份额创造了良机。

从市场反馈的信息来看,制裁后俄罗斯企业寻求对华合作的意愿明显增强,许多高科技领域的合作得以深化。由于俄罗斯担心其信息技术领域成为下一个制裁的目标,所以加强了与中国在该技术领域的合作。双方除了探讨在全球互联网管理方面建立多边合作机制外,还计划从中国大量进口服务器和数据存储设备,同时向中国出口俄罗斯软件。此外,生物制药、航天科技、节能环保等项目逐步成为中俄高新技术务实合作的热点,这在一定程度上大大促进两国经贸合作全面升级。厦门在计算机网络设备、生物制药、节能环保等多个高新技术领域具备一定的产业优势,可积极开拓俄罗斯市场,打开销售渠道,扩大企业市场份额。

俄罗斯在航空航天等科技方面具有技术优势,而中国拥有巨大的市场和需求,双方在航天领域的合作拥有广阔的发展前景。厦门可加强与俄罗斯在民用航空、空间测绘、卫星导航等领域的合作。

(二)美欧制裁促使俄罗斯强化对华经贸合作

由于中俄贸易具有互补性而非竞争性的特点,在美欧制裁背景下,中俄经贸合作的内生动力有所增强,利益交汇点增多,两国官方和民间对于拓展相互贸易愿望强烈,这有利于两国经贸往来由原来单纯的互补性贸易伙伴关系向全面战略协作伙伴关系转变。

俄欧关系恶化后,俄罗斯为摆脱对欧洲能源进口市场的依赖,正在积极拓展亚太能源出口市场。中国作为地处东北亚的俄罗斯最大的邻国和第一大贸易伙伴国,在与俄罗斯能源合作方面取得了突破性进展。2014年3月,俄罗斯宣布将增加投资开发东西伯利亚油气田,目的是扩大对亚洲国家的油气出口,其中位于东西伯利亚北部的万科尔油气田的开发,主要针对中国市场。中俄东线天然气合作项目经历了十年谈判后,2014年5月,中俄两国签署《中俄东线天然气合作项目备忘录》,中石油和俄罗斯天然气工业股份公司签订了中俄东线供气购销合同,期限为30年、金额达4 000亿美元。此外,俄罗斯诺里尔斯克镍业公司作为全球最大的镍生产商也表示可能会增加对中国镍、钯的出口份额。而中国对俄罗斯出口的机电产品、纺织品等商品数量将随着俄罗斯关税的下调而大幅上升,同时随着俄对汽车关税的下调及非关税壁垒的减少,中国汽车企业也有机会进一步开拓其汽车市场。

中俄双边经贸合作呈现规范化趋势。目前,俄罗斯正强化立法工作,并大量修改与WTO规则相悖的法律法规。其中已制定的法律法规包括:新《俄罗斯联邦海关法典》《对俄罗斯联邦关税税则修改及补充法》《俄罗斯联邦国家对外贸活动调节原则法》《俄罗斯联邦在货物进口中的专门保护、反倾销与反补贴措施法》《俄罗斯联邦经济特区法》等。俄罗斯大量制定并修改其经贸领域的法律法规,将使其国内政策环境、报关及入关手续更加合理透明,"灰色清关"问题将得以解决,这对中俄双边贸易的规范化、便利化大有裨益,能有效降低对俄罗斯贸易的交易成本。

同时,根据俄罗斯的入世承诺,涉及配额及许可证等非关税措施将大大减少,有关贸易和关税政策的实施需要按照WTO规则提前一个月通知各成员方,不符合WTO规则的措施将不得实施。这些都将大大减少俄罗斯出台相关贸易政策的临时性和随意性,使其在世界贸易中的角色透明度大幅提高。

从厦门与俄罗斯货物的贸易情况看,俄罗斯与厦门的出口商品结构存在较大差异,双方贸易竞争性弱、互补性较强。厦门的机电产品、纺织、服装、乘用车等商品是俄罗斯的主要进口产品,而在俄罗斯出口的商品中,原油及相关产品、天然气等资源性产品占很大份额。厦门应重视俄罗斯市场,利用当前西方制裁俄罗斯的有利时机,继续扩大对俄罗斯机电产品的出口,提高轻工业出口产品附加值,扩大高新技术产品出口,提升整体对俄罗斯出口质量;同时,更多地引进俄罗斯先进装备制造业产品,进一步优化双边贸易结构。

(三) 中俄投资合作迎来新机遇

近年来,虽然中俄两国采取了一系列措施促进相互投资,包括 2009 年 5 月两国政府签署《鼓励和相互保护投资协定》,同年 9 月签署《中国东北地区与俄罗斯远东及东西伯利亚地区合作规划纲要(2009—2018 年)》等,但中俄相互投资一直较少。俄罗斯加入 WTO 后,其国内情绪转向欢迎外国投资,涉外法律特别是经贸领域的法律逐步按照 WTO 的要求进行规范和健全,投资环境不断改善。WTO 规则为《中俄投资合作规划纲要》的顺利实施提供了必要保障,中国企业在俄罗斯将获得更多的投资机会。

乌克兰事件后,美欧等国对俄罗斯直接投资锐减,为中国扩大对俄罗斯投资、弥补俄罗斯产业资本缺口提供了良机。中俄之间在机械制造、农产品加工、采矿及交通和能源基础设施建设等领域具有广阔的投资前景。

(四) 厦门可积极参与俄罗斯远东地区的开发建设

目前,在西方经济制裁和低油价的双重打击下,俄罗斯财政收入大幅缩水,纳入远东开发战略的国家项目资金缺口很大,远东大型开发项目的实施进度难以保证。因此,俄罗斯比以往任何时候都更加迫切需要中国的资金和技术参与到远东大型项目的实施中。这为中俄在远东地区深化投资领域的合作创造了难得的机遇。

2012 年普京再次就任总统后指出,发展远东是俄罗斯"极其重要的地缘政治任务",这说明远东发展得到了格外的重视。2012 年 5 月 21 日,俄罗斯政府成立远东发展部。根据规定,联邦级别的部门应设在首都。而"远东发展部"不同于其他政府部门,它必须立足远东,因此它的总部设在远东地区的哈巴罗夫斯克,并在莫斯科开设代表处,这是俄罗斯首次为开发某区而设立联邦级别的部门。此外,俄罗斯政府历时三年,花费 7 000 亿卢布(约合 218.75 亿美元)在俄罗斯远东海滨城市符拉迪沃斯托克(海参崴)举办了 2012 年亚太经合组织领导人非正式会议。此次会议更是表明了俄罗斯将进一步推动远东发展战略。此外，俄罗斯还借助上海合作组织、亚洲相互协作与信任措施会议等多边平台，推出"远东"概念，打造远东增长极，加速融入亚太经济一体化进程。2014年年底，普京签署了《俄联邦社会经济超前发展区联邦法律》，该法律规定了远东地区在发展经济过程中享受包括税收、行政审批等优惠条件。2015年2月，俄罗斯政府确定了首批三个超前发展区项目，其中一个位于滨海边疆区，面积约806公顷，主要项目为交通物流和农业开发；两个位于哈巴罗夫斯克边疆区，重点推动设立新企业。位于滨海边疆区的"纳捷日金斯卡娅"（俄语意为"希望"）发展区，一期建设引资规模将达67.3亿卢布。

2014年12月，中俄两国在北京召开了"中俄在远东地区合作"圆桌会议。会议的主要内容是俄罗斯政府副总理、俄罗斯总统驻远东联邦区全权代表尤里·特鲁特涅夫带领高规格政府代表团来京招商引资。在会议上，俄方大力推介远东优先发展地区投资项目，并承诺一系列税费减免等优惠政策。出席会议的中方代表包括招商局集团执行董事胡建华，国电、三峡、华能等央企巨头领导。俄方招商力度之大、规格之高非常罕见，中方企业也积极响应，表示要在俄罗斯"有所作为"。在会上，俄罗斯副总理把远东地区优先发展作为这一次推介会的亮点，并表示将在政策上对其大力倾斜。他把远东地区比作中国的厦门，而此次俄罗斯政府提出的优先发展地区政策倾斜，类似于中国改革开放中厦门等口岸城市政策最优。他说："优先发展地区所有企业都可以享受税费减免，除了法律法规不变，具体项目、具体要求都可以谈。"从俄方开出的优惠条件来看，其招商政策力度非常大：第一，合作领域广，没有设限。双方不仅在能源领域合作，未来还能把这种密切合作扩展到资源、科学技术、武器开发、化学制药、基因技术等领域。第二，优先发展地区税费减免期为10年。企业入驻10年内减免90%的税费，10年后税费逐步增加。第三，企业所得税、财产税、地皮税都将有所优惠。第四，俄罗斯还在远东地区特地设立"迎资局"，专门帮助管理外国资本并保障资产安全，俄方称其为"行政优惠"。第五，不冻港项目可使用人民币结算，以抵御金融风险。第六，政策对国有和民营资本一视同仁。

2015年5月，为推动远东开发合作，中俄两国领导人在莫斯科会晤时达成重要共识，商定成立中国东北地区和俄罗斯远东地区地方合作理事会。

这一机制级别高、参与部门多,将成为推进中俄远东开发合作的主渠道。

2015年9月,俄罗斯东方经济论坛在俄罗斯符拉迪沃斯托克市(海参崴)举行了首届会议,俄罗斯总统普京出席了会议,并会见了应邀出席论坛的中国国务院副总理汪洋。此次,中方派出了高级别政府代表团和大批有实力的企业参加论坛,其中有10位部长、4位省长和75家公司。

汪洋指出,远东开发是一项系统工程。双方要通过远东开发合作实现中国东北地区和俄罗斯远东地区的共同发展。要创新合作模式,中方愿积极参与符拉迪沃斯托克(海参崴)自由港和跨越式发展区的投资、建设和运营合作,打造若干各具特色的合作示范区;要拓宽融资渠道,中方鼓励国内商业性和政策性金融机构参与远东开发合作,中方正在筹建中俄地区合作发展投资基金,将重点支持远东开发合作项目;要确定合作重点,中方愿意在俄方确定的远东开发重点领域中,以俄方认为合适的方式开展合作,着重在港口物流、资源深加工、农产品加工、科研教育、酒店建设和旅游、交通基础设施建设等领域早定项目、早出成果;要排除合作障碍,除了释放政策信号外,还需采取务实举措,打消企业顾虑,坚定双方企业扩大投资合作的信心。此次东方经济论坛上签署的协议总额达到1.3万亿卢布(1 206亿人民币)。

2015年9月,李克强总理会见俄罗斯副总理兼总统驻远东联邦区全权代表尤里·特鲁特涅夫时表示,中方愿同俄方扩大地方合作,特别是中国东北地区和俄罗斯远东地区的开发合作。希望双方以产能合作、基础设施建设、资源开发及深加工、高科技和创新等多领域合作充实远东开发合作内涵,将中俄远东地区开发合作打造成下阶段中俄务实合作的新亮点。

厦门具有特区建设和发展的丰富经验,拥有一批有实力的基础设施建设企业和其他相关企业,可积极参与俄罗斯远东地区的开发建设,并与黑龙江等东北省市在基础设施、能源、农业等领域加强合作。厦门港务集团可以发挥其参与大型港口开发建设的优势,积极参与俄罗斯港口的开发建设,如俄罗斯的维拉港距离绥芬河大概三四百千米,连接起来可以为黑龙江和吉林的国际贸易提供出海口。

◆ 第四节 ◆
布局厦门与中东欧的经贸合作

一、探索将跨境电商与中欧班列相结合,进一步拓展中欧班列

(一)进一步拓展中欧班列

2015年8月,中欧(厦门)班列正式开始运营,它是全国自贸试验区开出的首条中欧班列。2016年4月,中欧(厦门)班列通过海铁联运延伸至台湾地区,将海上丝绸之路与陆上丝绸之路连接起来。2016年10月,厦门作为枢纽节点列入国家《中欧班列建设发展规划(2016—2020年)》,获海关总署支持建设多式联运监管中心,并开通德国纽伦堡和荷兰蒂尔堡两个新的终点站。2016年12月,中欧(厦门)班列作为加入"安智贸"项目的首条铁路航线正式运营,为福建及周边地区企业,乃至台湾及东南亚地区搭建起一条通往欧洲贸易的绿色通道。

铁路货运具有以下优势:一是运时比海运短10~30天。二是不受自然条件和非常规安全因素影响,降低了运时和安全的不确定性。三是综合成本还有降低的空间。由于企业资金周转率提高近两倍,每只集装箱运费及集装箱本身货物价值的资本利息形成的综合成本与海运相当,随着回程货源的增加,综合成本还有降低的空间。四是由于运时短,到达时间可控,企业的市场营销计划和商品物流安排的预见性和可控性大大提高。

厦门经济发展水平较高、贸易发达,与欧洲国家有较强的贸易互补性,同时自身具备全国领先的空港、海港和其他交通优势,跨境电商发展水平较高,具备成为陆上"丝绸之路经济带"与海上丝绸之路连接城市的各种优势。

厦门应抓住机遇,积极参与中欧班列建设,扩大与重庆、新疆等地的合作,加强与欧洲、中亚的陆路运输,将中欧班列与厦门港口、机场、自贸区连接,组织港澳地区和东南亚等国货物需求,建立欧洲货物经厦门出口国外和国外货物经厦门进入欧洲的物流平台,串起海上丝绸之路与陆上丝绸之路。打造陆上"丝绸之路经济带"与海上丝绸之路连接的物流平台。

(二) 探索将跨境电商与中欧班列相结合,增加回程货源

厦门市电子商务行业较为发达。根据阿里研究院发布的《2015年中国电子商务示范城市发展指数报告》,厦门的电商发展指数达到15.854,位居全国第六位。2015年厦门市跨境电子商务交易额达1 100亿,同比增长约50%。目前,厦门市登记注册的电商达37 000家,比2013年增长73%,其中,B2B交易企业约20 000家,B2C交易企业约10 000家;中小企业电子商务应用率达80%以上。厦门市政府把推进跨境电子商务作为外贸转型升级的重要突破口,成立了跨境贸易电子商务工作领导小组,为厦门市发展跨境电商提供了有力的保障机制。厦门市一直积极推进两岸电子商务跨境合作,并将其纳入厦门市贯彻两岸交流合作综合配套改革和建设自由贸易试验区的重要内容。

跨境电商是增加中欧班列返程货物的一大机会。随着经济的发展和国内人民生活水平的提高,国内跨境电商对欧洲商品的需求会持续增多,而这些商品用海运耗时太久,用空运成本太高,中欧班列可以从这里寻找商机。而且目前日本、韩国、印尼等地对欧洲商品的需求量也越来越大,可以与这些国家合作,先将货物用铁路运到厦门,再走海运或空运到亚洲其他国家,通过发展过境业务来带动回程货源的增多。

二、学习宁波经验,提升厦门在国家与中东欧关系发展战略中的地位

2015年,宁波与中东欧16国贸易额已达24.43亿美元,同比增长7.6%,占全国总量的近1/20。总体来看,宁波出口到中东欧的主要商品是纺织服装、灯具及照明装置、液晶显示板、塑料制品等轻工家用产品;从中东欧进口到宁波的主要商品是废金属、铜、锯材和铁矿砂等工业原材料。

2015年6月,由商务部和浙江省人民政府共同主办的首届中国—中东欧国家投资贸易博览会在宁波举行,这是中国和中东欧国家第一个以投资贸易为主题的综合性博览会。在此之前,宁波还成功举办了中国—中东欧国家经贸促进部长级会议、中国(宁波)—中东欧国家经贸文化交流周活动、宁波—中东欧城市市长论坛等,这些会议和活动有力地拓展了宁波与中东欧国家的合作。

此外，宁波每年还在其举办的中国浙江投资贸易洽谈会（简称"浙洽会"）和中国国际日用消费品博览会（简称"消博会"）期间，举办中东欧城市特色商品展，并欢迎中东欧城市商会及企业家到宁波考察访问、举行投资环境推介等。同时，宁波鼓励有实力的贸易企业赴中东欧城市考察访问、交流合作，并鼓励企业赴中东欧投资兴业，设立工业和贸易园区。另外，宁波还将加强与中东欧城市在港口、公路等基础设施建设领域的合作，建立宁波与中东欧城市投资促进机构联络沟通机制。

厦门依托中国投资贸易洽谈会曾承办了中国—中东欧国家投资促进研讨会、中国—中东欧国家投资推介会，并成立了中国—中东欧国家投资促进机构联系机制。厦门应利用优势，争取进一步提升自身在中国与中东欧关系发展战略中的地位。

厦门作为对外贸易和经济规模领先的特区城市，应进一步重视与中东欧的交流合作：(1)积极利用厦门的"中国国际投资贸易洽谈会"等平台，举办中东欧专项产品展或中东欧专场，以及中东欧与厦门的市长论坛、企业论坛等，加强与中东欧国家的交流合作。(2)积极参与各级中国—中东欧交流活动，如中国—中东欧国家地方领导人会议①、克罗地亚论坛②等。(3)组织厦门企业贸易投资等商务考察团对中东欧重点城市进行考察。(4)搭建中东欧贸易商与厦门跨境电商的合作对接会。(5)加强厦门与中东欧的旅游合作、文化与教育合作。(6)举办中国(厦门)—中东欧国家中小企业合作与发展对接洽谈会等。(7)进一步争取与波兰、匈牙利等国家的重要城市建立友好关系。

---

① 2014年8月28日，第二次中国—中东欧国家地方领导人会议在布拉格隆重开幕。在开幕式上，中国—中东欧国家合作秘书处执行秘书长刘海星同捷克内务部第一副部长诺瓦克签署《关于推动建立中国—中东欧国家地方省州长联合会的谅解备忘录》。为鼓励和支持地方合作，中国与中东欧国家将地方合作作为发展关系的重要支撑之一，通过地方间合作进一步丰富双边经贸合作内容。中国与中东欧国家应加强交流，挖掘潜力，支持建立中国—中东欧国家地方省州长联合会，中国和中东欧国家省州市将根据自愿原则参与，每两年举行一次中国—中东欧国家地方领导人会议。

② 克罗地亚外交部主办的克罗地亚论坛每年举办一次，参会级别较高，在中东欧影响较大，有众多欧美国家、北约"欧盟外长"或同级别官员参加，还有不少亚非国家副部长级代表与会。

三、重视与中东欧的医药行业合作

2014年12月,中国和中东欧16个国家政府总理在塞尔维亚贝尔格莱德共同通过了《中国—中东欧国家合作贝尔格莱德纲要》。该纲要在之前《布加勒斯特纲要》的基础上,进一步提出了更多务实合作的目标,医药卫生领域就是其中之一。2015年6月,中国—中东欧国家卫生部长论坛在捷克首都布拉格举行,中国与中东欧医药行业的合作进一步推进。

在医药卫生领域,中国和中东欧国家一直互有需求、互为市场。中国跃升为世界第二大经济体后,国内民众对高质量医疗产品的需求愈发强烈。预计15年后,中国将成为仅次于美国的第二大医疗市场。对于中东欧国家来说,抓住中国医药市场这一"大转折"时机至关重要,是决定中东欧医药企业在未来全球医药市场的份额占位的关键因素。从中国方面看,包括中东欧在内的欧盟市场是中国重要的原料药出口地。欧盟市场可以消化中国25%的原料药出口份额,中国生产的1 650个供出口的原料药品种中,欧盟市场需求就占到900多个。随着许多中东欧国家陆续加入欧盟,中东欧国家在中国对外医药贸易中将具有更重要的战略地位。据此,厦门应抓住机遇,尽快发展与中东欧国家的医药合作。

(一)中国与中东欧医药贸易情况

近几年,中国—中东欧国家医药贸易持续保持增长态势,双边进出口总额由2008年的5.27亿美元上升至2013年的12.63亿美元。2015年双边进出口总额达12.63亿美元,同比增长7.57%;顺差6.44亿美元,同比下降2.64%。波兰、斯洛文尼亚和匈牙利是前三大出口目的地,出口额占中国对中东欧国家出口额的52.95%。中国出口产品以西药原料药、医院诊断与治疗设备、一次性耗材和保健康复产品为主,出口额分别为4.5亿美元、1.23亿美元、0.97亿美元和0.94亿美元,占出口总额的80.42%,其中,西药原料药为对中东欧出口最多的产品,整体占比高达47.37%,在部分国家,如斯洛文尼亚的占比更是高达82.66%。

中东欧16国面积约130多万平方千米,人口约1.23亿,但目前中国—

中东欧国家双边医药贸易总额尚不及比利时一国,且仅占中国与欧洲医药贸易总额的7.3%。由此可见,中国与中东欧国家医药贸易合作潜力巨大,亟待挖掘。

(二)双方医药合作有良好的现实基础,潜力巨大

首先,中东欧国家对中医药认可度较高。中国与中东欧国家同为发展中国家,历史上颇具渊源,曾具有相近的社会制度,且中东欧是一个多元化的地区,虽然各国有自身的传统文化和生活方式,但中国与中东欧国家建立的传统友谊使彼此在跨文化传播领域障碍较少。中国中医药已经进入中东欧一些国家,民众拥有中医药的用药习惯,对中医药已有很高的认可度。

2013年,匈牙利允许中医医生取得行医执照。2014年2月12日,中国与匈牙利签署了中医药领域合作意向书,内容包括促进政策与管理信息共享、学术交流、医疗保健、教育培训、科学研究、产业发展、文化交流,以及在匈牙利建立"中东欧中医医疗培训中心"等。该合作意向书的签署,为中医交流、中药研制和中医在匈牙利合法行医提供了难得的发展契机。目前,匈牙利中医药贸易领域主要以华人独资的匈牙利东方国药集团为主导,该集团集科研、医疗、生产、营销为一体,至今已经有21年历史,在中东欧地区有一定影响力,拥有欧洲境内唯一一家符合欧盟药品生产质量管理规范(又称GMP标准)的中医药工厂,其产品在中东欧5 000余家主流药房有售。

同仁堂(波兰)公司是同仁堂集团在欧洲地区建立的第一家独资公司。同仁堂集团意在通过此平台推广中医药文化、中医养生保健理念,继而在整个欧洲地区推广同仁堂品牌。同仁堂分别于2014年1月和12月在华沙开设了2家养生中心,提供推拿按摩服务,同时销售中国茶叶、茶具、保健品、瓷器摆件、保健品、有机食品等。

中东欧地区医药工业基础较为薄弱,大部分药品和医疗器械依赖进口。包括匈牙利、捷克、波兰、斯洛伐克、保加利亚、罗马尼亚等中东欧国家是极具吸引力的医药市场,无论是药品还是医疗器械都还远远没有达到饱和的程度,且这些市场的保健开支将持续提高,产业需求旺盛。

生物与新医药产业是我国重点发展的战略性新兴产业之一,也是厦门市重点打造的十大千亿产业链(群)之一。2014年,在"关于加快厦门市生物与新医药产业发展"课题调研基础上,厦门市科技局与市发改委、海沧区政府共同编制了《厦门市推进生物与新医药产业发展工作方案》;同时,厦门市科技局正式启动了"生物与新医药企业倍增计划",该计划首批入选生物与新医药企业32家,通过培育,预计将在2020年贡献约450亿元总产值。目前,厦门市共有506家生物与新医药企业,年产值上亿元的企业有39家,规模以上工业企业有105家。其中,艾德生物、北大之路、金达威等代表性企业发展迅猛,倍增效果明显。2014年,厦门市生物与新医药产业累计实现工业总产值212.4亿元,比同期规模以上工业发展增幅高10个百分点。厦门市应以建设"厦门生物医药港"为抓手,以提升产业自主创新能力和国际竞争力为核心,做大做强厦门生物与新医药产业。预计厦门生物与新医药产业将很快突破400亿元。①

(三)厦门与中东欧国家医药行业合作的对策建议

1.加强双方合作,扩大贸易份额

中东欧地区是中国医药对外贸易发展最快的市场之一。医贸投资环境的日趋完善,更为厦门加强与中东欧国家的经贸合作提供了前所未有的机遇。但鉴于中东欧各国国情迥异,加之语言障碍,厦门医药企业对中东欧国家医药市场普遍缺乏了解,特别是在营销网络建设、产品注册、风险规避、投资建厂等方面信息匮乏。同样,中东欧国家对厦门优秀医药企业和优质品牌也是知之甚少。因此,双方无论是在合作领域还是合作深度上都有不少潜力可挖。

厦门可推荐优秀生产企业和药品采购分销商,利用专业网站和展会等平台加强宣传力度,如借厦门医疗器械展会的基础举办厦门—中东欧医药行业洽谈会,搭建双方贸易平台,扩大厦门对中东欧的医药产品直接出口;鼓励厦门生物医药企业赴中东欧投资设立研发中心或生产性企业,借此进入欧盟市场。

---

① 佚名.厦门生物医药产业产值将突破400亿[EB/OL].2014-06-10.http://www.askci.com/news/201406/10/101656304103.shtml.

2. 与中东欧国家合作，推动厦门中医药产品进入欧盟市场

中东欧国家中，捷克、斯洛伐克、波兰、匈牙利、斯洛文尼亚、爱沙尼亚、拉脱维亚和立陶宛等均是欧盟成员国，采用欧盟药品质量标准，对欧盟医药市场有一定的辐射作用。此外，中东欧国家对中医药认可度较高，厦门可考虑相关企业赴中东欧投资并与中东欧国家共同推动中药产品进入欧盟市场。

政府应给予政策，鼓励和支持厦门中医药企业通过欧洲药典适用性认证(COS)和GMP等相关认证，进一步提升产品质量、掌握核心技术、完善售后服务，利用中东欧国家的产品贸易及信息化审批渠道，选择有比较优势的国家和领域投资设厂，以此作为扩大对西欧发达国家市场出口的加工和流转基地，间接拓展至整个欧洲乃至国际市场。

《中国—中东欧国家合作贝尔格莱德纲要》中提到，"中方将与有兴趣的中东欧国家开展合作，选择在合适的地点推动建立中医中心"。厦门政府也可鼓励相关企业、医疗机构赴中东欧进行考察。

3. 建立厦门—中东欧医药行业合作交流机制，尤其应加强与中东欧国家医药监管机构的交流

厦门政府可考虑建立厦门—中东欧医药行业合作交流机制，由双方医药行业组织牵头，加大产品引进、市场准入、技术转移、联合研发方面的交流与合作。此外，应重视加强与中东欧国家医药行业监管机构的沟通交流，可以定期聘请对方来厦门进行中东欧国家相关政策法规的培训和指导。

4. 鼓励厦门企业直接向中东欧出口原料药

虽然欧盟是中国重要的原料药出口市场，但其主要来源却是通过美国的转口贸易，这也是中东欧国家希望解决的重要问题。

◆ 第五节 ◆
加强"一带一路"产业合作

一、培育"一带一路"产业对接主体

1.培育一批具有国际竞争力的本市跨国企业

在厦门千亿产业群及"一带一路"合作的重点产业中,选择一些具有较强发展潜力的企业作为重点培育对象,对这些企业的产业合作项目进行重点支持。引导企业制定和完善国际化发展战略,完善企业治理结构、跨国管理体系和国际化人才队伍,按照市场法则和国际通行规则积极稳妥地开展对外投资合作。

2.支持中小企业开展国际化投资与经营

引导中小企业进行制度创新和管理创新,树立国际规则意识,改变传统管理模式,建立与国际接轨的现代企业制度、管理模式和服务规范。鼓励中小企业开展国际化经营,支持厦门市有区域特色和产业优势的中小企业参与配套生产和服务,并扩大在东盟、南亚、中亚及中东欧等地区的产业投资。

3.推动企业建立多种联合机制,开展"一带一路"产业合作

推动建立厦门市企业与央企的合作机制,密切与中国对外承包工程商会等重要全国行业协会的联系,积极促进厦门企业参与央企重大项目、为央企重大项目提供配套服务等。组织厦门市"走出去"企业分地区、分行业的产业联盟组织。推动厦门市相关产业联盟与东盟等地区产业联盟建立有效沟通的工作机制。充分发挥龙头企业的带动作用,以具体项目为基础,促进联盟内成员企业的交流与合作,推动产业联盟做实做强,实现从单一的企业"走出去"向产业链"走出去"转变。

4.根据企业特点,分类指导、突出重点,支持企业进行产业对接

注意区分厦门"一带一路"产业合作企业的不同类型。央企、地方国企、大型民营企业、中小企业等,不同类型企业的作用、特点不同,在产业合作中的地位也不同。在"一带一路"产业合作中应注意对不同企业采取不同的政

策。厦门市地方大型国企和大型民营企业应当是近期重点支持和引导的对象,应采取项目跟踪、一对一的方式进行引导和支持,积极创造条件,打造"一带一路"产业合作的示范项目;对于中小型企业,政府应创新制度设计,塑造良好环境,给予金融、税收、财政等多方面支持和补贴,由中小企业自发地进行产业合作。

二、生成"一带一路"产业对接重点任务

1."一事一议"推动优势企业对外投资

按照"在建一批、推进一批、谋划一批、储备一批"的原则建设产业合作项目库,推动厦门优质项目进入国家"一带一路"项目清单。深化境外投资管理体制改革,进一步简化审批手续,实行属地化分级管理,推广境外投资项目备案和企业设立备案"单一窗口"模式试点。密切跟踪落实"一带一路"产业合作项目进展情况,为入库企业及时提供政策扶持、信息咨询等服务。通过各种渠道收集境外项目信息,结合厦门市产业发展情况确定重点项目清单并组织相关企业跟踪对接,促成项目落地和实施,探索建立"一事一议"的协调推进机制。鼓励行业骨干企业带动上下游企业或同行业企业抱团"走出去",进行链条式投资、集群式转移。

2.统筹布局"走出去"战略支点

厦门市已经与不少海上丝绸之路沿线国家的城市、港口建立了友好城市、友好港口关系,未来可进一步加强宏观规划和推进重点城市区域投资,并从构建厦门"一带一路"产业链网络的角度出发,统筹布局"走出去"战略支点。

厦门市相关部门可对海上丝绸之路沿线重要城市(地区)进行深入考察和分析研究,筛选出一些重点区域,结合厦门对外经贸合作的需要和这些区域的地理、经济特点,规划投资布局贸易物流型支点、生产制造型支点、科技研发型支点和综合型支点,并将厦门与这些支点连接构建成一个厦门"一带一路"产业链网络,逐步建立网络体系内各个支点区域的物流连接、贸易连接和资本连接,最终形成以厦门市为中心的生产价值链网络。

3.推动与"一带一路"沿线国家的港口、物流合作

充分发挥厦门东南国际航运中心作用,统筹沿海地区港口建设,加快建设区域性航运物流中心,发展现代航运服务业。加快港口转型升级,拓展服务功能,建立和完善与海上丝绸之路沿线国家市场对接的港口物流服务体系,拓展与东盟国家在港口码头、物流园区、集散基地和配送中心等方面的合作,吸引东盟国家有实力的企业来投资港口及临港产业,支持厦门港口、物流企业到东盟国家参与港口投资和经营。鼓励厦门与海上丝绸之路沿线国家共同开辟新航线,拓展往来海上新通道。发挥厦门集装箱干线港的优势,加强与各国港口城市的合作,开通或加密货运航线;着力打造区域性邮轮母港,推动厦门至东盟国家的国际邮轮航线开通,培育本土邮轮企业。由省级财政提供启动资金,以此为基础,向金融机构、大型国有企业、知名投资机构等定向募集更多资金,设立省级"一带一路"交通基金,并运用基金鼓励发展航运金融业,设立国际海运、航空航线发展专项奖励资金。

4.将"一带一路"产业合作与援疆建设结合起来

新疆昌吉州是福建对口支援的地区,其中厦门对口支援吉木萨尔县。福建和新疆作为"一带一路"的两个核心区,应加强多方面合作并建立相关机制。厦门可与昌吉州及吉木萨尔县突出优势互补,找准经济合作切入点,利用好同为国家"一带一路"建设核心区的优势,完善合作机制,推动双向互动,共同服务于国家对外开放大局。

(1)积极推动厦门优势产业与新疆昌吉农业、资源优势结合

新疆昌吉州资源丰富。州域内煤炭、石油、天然气等资源富集。其中煤炭预测储量5 732亿吨,占全疆的26%、全国的12%;石油预测储量27亿吨,占全疆的12%;天然气预测储量6 000亿立方米,占全疆的5.5%。准东是全国目前发现的最大的整装煤田,预测煤炭储量3 900亿吨,已探明2 136亿吨。

昌吉州还是新疆重要的农牧业生产基地,水、土、光、热条件较好,常年耕种面积700万亩左右,人均耕地10亩以上。昌吉州已经基本形成了粮食、棉花、畜产品、制种、蔬菜等支柱产业,玛纳斯县为国家棉花基地县,奇台县为全国粮食大县,全州畜牧业占大农业的比重和肉类总产均居新疆首位。

厦门在光电、计算机、纺织鞋服、建材、食品加工、物流商贸等产业具有

优势,但土地、劳动力成本不断提高,资源相对缺乏,部分产业发展空间有限。福建省已经在新疆昌吉建设了石材产业园、汽车城、福建工业园等项目。厦门可拓展在新疆的产业园区项目,加大力度鼓励相关企业赴新疆投资,利用当地棉花、化工、矿产等丰富资源,推动厦门相关优势产业与新疆昌吉等对口地区合作对接,拓展产业发展新空间。此外,充分利用相关政策优惠,利用新疆与中亚等地区的联通优势,以中亚、欧洲国家市场为目标开展经营,同时带动厦门产品向"丝绸之路经济带"沿线国家出口。

(2)推动厦门企业在新疆喀什、霍尔果斯、乌鲁木齐等地建设物流商贸等园区

新疆喀什和霍尔果斯在"丝绸之路经济带"建设中具有特殊的优势。2011年,国务院出台了《关于支持喀什、霍尔果斯经济开发区建设的若干意见》,把喀什经济开发区定位为我国向西开放的重要窗口和新疆跨越式发展新的经济增长点,赋予喀什经济开发区土地、财政、税收等方面10项特殊优惠政策。霍尔果斯口岸是我国通往哈萨克及中亚的前线口岸,是"东联西出"的国际贸易通道,也是我国面向"丝绸之路经济带"沿线国家开放的一个节点,同样拥有突出的政策优势。

乌鲁木齐是我国"丝绸之路经济带"核心区的重要节点城市,也是大部分中欧和中亚班列的必经之地。昌吉州具有和乌鲁木齐市同城一体发展的区位优势,州府昌吉市距乌鲁木齐市中心35千米,距乌鲁木齐国际机场18千米。

厦门可利用已经开通的台厦蓉欧班列,鼓励相关企业赴新疆喀什、霍尔果斯、乌鲁木齐和昌吉州等地设立物流或商贸分支机构,作为福建商品通往中亚、欧洲地区的中转集散地,同时也可作为从欧洲、中亚进口商品的重要物流节点。

(3)推动厦门各产业协会、商会等与新疆交流合作

厦门可积极支持、鼓励各产业协会、商会等赴新疆开展交流考察活动,加强与新疆相关地区的交流合作,同时推动新疆福建商会组织的建设,发挥好新疆福建商会的桥梁作用。

5. 建立专门的对外产业合作、对外投资的管理与支持机构

随着厦门对外产业合作和对外投资需求的不断增加,设立专职机构以

鼓励、指导和保护厦门企业的海外投资是非常有必要的,同时可以考虑对该机构的管理形式进行创新,探索以协会或公司的形式进行管理。新加坡国际企业发展局(International Enterprise Singapore,IES),是运作得非常成功的对外投资与贸易促进机构,其职能是促进新加坡企业在海外的投资和贸易发展,帮助新加坡企业扩展出口市场、提高企业能力、寻找海外合作者,并帮助新加坡企业进入新市场。IES 在全球有 35 个分支机构,主要分布在新兴国家。值得注意的是,IES 采用了公司制的模式进行管理。厦门可以借鉴新加坡设立 IES 的模式,考虑整合各相关部门的对外投资服务职能,设立专门的对外投资管理与服务机构,进一步明确政府职责,建立更为清晰的服务管理体系,以便统一协调对外投资的宏观决策、制定对外投资战略规划等。此外,在厦门企业投资较为集中的"一带一路"沿线国家设立分支机构,向主要经贸往来的"一带一路"沿线国家和城市推广厦门企业,树立厦门企业的良好形象。加强与中国驻当地使领馆的互动,为走出去的厦门企业提供国民海外权益保护。

三、创建"一带一路"产业对接园区

2016 年 9 月,福建省委书记尤权指出:"国际产能合作是推进供给侧结构性改革的重要途径,也是海上丝绸之路核心区建设的重中之重。"境外产业园区是当前"一带一路"国际产能合作的重要平台,中央给予了大力支持。商务部正在重点推进"境外经贸合作区创新工程",对达到标准的项目给予最高 3 亿元人民币的支持。

截至 2016 年 6 月,中国同"一带一路"沿线 17 个国家共同建设了 46 个境外合作区,其中通过商务部确认考核的有 13 个。推动境外产业园区建设,是当前海上丝绸之路核心区建设的现实选择和重要突破口,也是推动有条件、有需求的企业抱团"走出去",共同开拓新兴市场,培育、形成贸易新增长点的有效路径。

从全国各省级地方政府来看,江苏、浙江、山东等均把境外产业合作园区作为"一带一路"产能合作的重要方式,江苏和浙江两省均已拥有国家级境外经贸合作区、省级及其他各类境外产业园区 20 多个。相比而言,福建

省当前的境外经贸合作区建设相对滞后。目前福建省虽然已经有6家企业在肯尼亚、毛里塔尼亚、柬埔寨等地建设或有意向建设经贸合作区，但是存在规模小、进度慢的问题，且福建省尚无通过商务部确认考核的境外经贸合作区。作为"21世纪海上丝绸之路"核心区，福建省需要有标志性的示范性项目来带动其"一带一路"产能合作，境外经贸合作区建设可以作为一个突破口。

1. 厦门可以考虑与新加坡合作建设海外工业园区

新加坡具有丰富的海外工业园的建设和运营经验。20世纪90年代初起，新加坡便开始在印尼、越南、中国、印度等国家建立海外工业园区，且各个工业园都运营得比较成功，如在中国的苏州工业园等。由于厦门企业"走出去"还缺乏相关经验，且中国的海外工业园建设也还处于起步阶段，厦门可以利用新加坡丰富的经验和成熟的运营模式，与新加坡方面合作建设海外工业园区。

根据新加坡工业园的经验，境外产业园区应建立三个层面的合作及领导工作机构：一是政府层面的，即建立福建省、厦门市、新加坡与园区建设所在国三国的政府机构联合协调理事会，也可请商务部等中央部门参与；二是政府和相关企业联合层面的，即三国具体的政府派出机构和主要投资企业建立的园区工作委员会；三是具体操作层面的，即由厦门相关企业、新加坡政联企业和园区所在国企业三方组建合资企业，具体负责园区的运营和管理。

合作的新加坡企业可以考虑：新加坡贸工部下属的裕廊集团，该集团专门负责新加坡工业园区的开发和管理，裕廊集团的子公司腾飞公司是亚洲领先的创新商务空间提供者。胜科工业园，该企业作为胜科工业集团的全资子公司，也是东南亚著名的综合工业土地和厂房的供应商。

2. 尽量与投资地当地园区开发企业合作

目前"一带一路"很多成功的境外产业园区均与当地的园区开发企业进行了合作，如中泰罗勇工业园（首批通过商务部、财政部考核认定的境外经贸合作区）是由浙江省民营企业华立集团与泰国安美德集团合作开发的，西哈努克港经济特区（首批通过商务部、财政部考核确认的境外经贸合作区）是江苏民营企业红豆集团与柬埔寨国际经济合作区投资公司共同开发建设的。通过与当地园区开发企业合作,中资企业在提高办事效率、缩短拿地时间、控制土地成本等方面取得了实惠。相比之下,深圳—越南海防工业园项目由深越公司独立开发,从2008年设立到2012年取得园区大部分土地权证花了4年时间,拿地成本比其他园区要高出许多,初步测算"生地"变成"熟地"成本超过400元每平方米,已高于"熟地"的市场销售价格。

3.强调产业地产开发模式,园区开发建设宜采取"分期开发、销售土地为主,自建厂房出租为辅"的策略

目前,海外产业园区的建设和运营面临着以下困难:一是运营盈利不易。比如越南产业园区已经总体过剩,全国产业园区超过280个,70%的园区经营困难,只有掌握招商资源的园区才能获得相对较好的发展。二是园区开发土地销售完成后,仅依靠物业管理费、水电收费差价、少量物业租赁维持园区的运营,各项收费只能保本或微利维持园区运营。三是商务部、财政部对境外经贸合作区考核标准不断提高,开发企业获得资金补助的难度越来越大。

在经营盈利较为困难的情况下,所考察的园区普遍采取了快速回笼资金及控制经营风险的经营策略,即"分期开发、销售土地为主,自建厂房出租为辅"。从入园企业的角度,土地购置成本在其境外投资中的占比不大,绝大多数企业愿意购置土地自建厂房,少数企业出于审慎考虑会先租厂房过渡,稳定后再购地自建厂房。

新加坡海外工业园区主要是产业地产开发模式,园区开发商获取园区建设的土地之后,不只是投资进行基础设施建设,还提供研发、策划招商、规划、融资、建设、营销、物业管理和生产性服务等多种功能,为入驻企业提供一站式的综合产业服务,通过配套服务提升园区竞争力并促成产业集聚。中国目前的境外产业园区建设还停留在传统工业园区"五通一平"的基础设施建设上,存在效率低下的问题。

因此,厦门境外产业园区建设需要创新思维,可以强调产业地产开发模式,推动厦门有实力的房地产企业、工程建筑企业和生产性服务企业参与建设;建立专业的产业地产建设运营公司,集成工程建设机构、咨询机构、策划广告公司、投资公司、孵化机构、投融资平台、招商与产业促进平台为一体。

4. 园区开发企业应采用简单的股权结构

中国目前成功的境外园区开发企业的股东数量往往较少，一般不超过3个。这类企业一般是股东自身有境外投资办厂的需求，继而发现商机，介入境外园区投资开发。园区开发初期投入较大，招商比较困难，简单的股权结构有利于股东达成共识，共同度过困难时期。深圳—越南海防工业园项目的开发企业深越公司有8家股东，股权分散，持股最多的中航工业地产公司也只持股27%，8家股东自身赴境外投资办厂的意愿不强且缺乏经验，在外部环境波动、项目资金告急时，股东信心受挫、意见出现分歧，导致项目搁浅。福建省应吸取经验，在组建园区开发企业时应采用简单的股权结构。

5. 厦门境外产业园区建设和产业转移应以厦门自身产业升级为目标

新加坡通过海外工业园进行产业转移，成功实现了国内产业逐步向技术密集型、知识密集型升级，并成为东南亚乃至全球最为著名的总部聚集地之一。

厦门境外产业园区建设也将会带来劳动密集型产业向外转移。与此同时，厦门要利用好产业转移带来的空间与资源，推动形成"国内总部研发和生产核心部件，国外生产组装并开拓市场"的模式，注重引入新兴产业并实施本地培育，促使厦门产业实现由劳动密集型向知识、技术密集型升级。

厦门可借鉴广西与马来西亚"两国双园"的模式，建立境外产业园区的同时，在厦门建立吸引高新技术、新兴产业投资的产业园区，将"走出去"和"引进来"良好地结合起来。

6. 加强对"一带一路"境外产业园区的政策支持

建议厦门市政府设立境外经贸合作区建设领导小组，整合经贸、财政、金融、税务、外事、外汇、海关等多部门资源，协调两国政府在政策、资金、园区运营等方面创造便利的企业经营环境，对境外产业园区的建设运营工作给予长期指导。

加强对境外经贸合作区及"走出去"企业配套扶持政策研究。重点引导厦门有品牌、有实力的企业加快"走出去"发展，入驻境外经贸合作区，通过建新厂实现技术更新和升级换代，提升厦门企业的国际竞争力和品牌形象。

在境外经贸合作区运营管理的体制机制方面争取有所创新突破。境外合作区的建设运营不单纯追求直接经济效益，项目公司承担政府特定功能，在考核上应与其他市场化运作的开发运营企业区别对待,既要充分调动项目团队的积极性,又不能以利润最大化为考核目标。建议对项目公司的考核以任务完成情况和综合效益为主,重点考核工程开发建设进度、入园企业质量、数量、投资额等指标,具体可参照商务部境外投资经贸合作区考核办法制定分类考核细则;在项目公司推行市场化选人、用人机制,项目管理团队的薪酬标准应与市场接轨、与业绩挂钩,切实发挥激励约束作用。

四、建设"一带一路"产业对接平台

1. 构建政府间产业对接平台

打造境外营销网络平台。依托厦门境内外相关商协会和商务代表处,在东盟、南亚等重点市场、重点区域建立贸易促进信息网络及福建产品展示平台,拓宽营销渠道。制定相关政策支持重点企业在东盟、南亚、中亚、中东欧等区域设立营销和服务网点。

支持企业参与国际招商会。鼓励和支持厦门特色产业及企业参加境外国际性展会,以及中国—东盟博览会、中国—亚欧博览会、中国东西部合作与投资贸易洽谈会暨丝绸之路国际博览会等国家级经贸展会,积极拓展东盟、南亚、中亚及中东欧等新兴市场。

完善功能性平台。进一步发挥厦门自贸试验区、海关特殊监管区域、外贸综合服务企业的作用。对"走出去"相关企业在国外生产加工的符合中国要求的进口产品给予通关便利。

2. 与"一带一路"沿线国家政府部门直接建立联系

厦门市政府相关部门可积极寻求与东盟、印度、中东欧等"一带一路"沿线国家相对应的工业发展部门、商务部门等建立固定的双方定期会晤机制,吸收重点产业协会和企业参与,建立一个更高层次和更有效的交流机制。

3. 积极利用华侨华人优势,搭建行业协会、商会等合作平台

厦门与东盟国家地缘相近、人缘相亲且文化相通。东盟国家 2 000 多万华侨华人中,有近 1 000 万人的祖籍是福建。应充分发挥华侨华商企业在东盟市场的优势,广泛联络华侨福建同乡会等华商行业组织,加强与东盟各国华商的联系。

多角度资助厦门企业协会、商会开展与东盟各国商会之间的交流活动，探索定期举办厦门—东盟企业家联谊会、双向投资推介会，组建厦门—东盟商会交流对接常设机构。由政府牵头，选择已经有较好合作基础，尤其是有市场基础的双方企业、行业商协会或华侨华人社团进行扶持，利用已有的平台推进建立多样化的交流沟通机制。对"一带一路"的重点合作产业，可以由商协会等提出方案，政府酌情给予资助。推进厦门与东盟各国便利化签证，简化签证手续。

4. 建设"一带一路"产业合作信息综合平台

加快建设厦门互联网海上丝绸之路产业合作信息综合平台，加大投入力度，整合厦门各高校、智库、驻外机构等参与建设。该平台面向"一带一路"重点国家和地区，以厦门为基础，整合国际产业信息交流、"一带一路"沿线国家国情信息、政治经济风险预警、产业合作对策研究、省政府相关政策发布、产业合作项目库、地方智库门户等一系列功能，政府应对网站建设持续投入，保持高频率更新。

五、探索"一带一路"产业对接模式

1. 重视采用贸易引导投资、参股并购方式开展合作

总体来看，厦门企业在"一带一路"产业合作方面还缺乏经验，对外产业合作应稳步推进、谨慎决策，前期可以采用双边贸易、工程承包等方式逐步熟悉境外市场环境和掌握各类信息。在"走出去"产业对接的初级阶段应多采用参股并购的方式。对投资规模大、建设周期长的重资产项目，海外产业投资可采取各种与外方合作的方式，尽量使双方利益捆绑，让投资地政府共担风险，保护我方企业利益。

2. 向具备海外投资经验的大型厦门企业采购海外投资服务

厦门企业与"一带一路"沿线国家的产业合作中存在的重要障碍就是缺乏当地的信息咨询服务，对投资目的地各方面信息掌握不足。同时，大多数企业难以承担长期在国外派驻机构的成本，政府也难以在众多"一带一路"沿线国家派驻经商机构，而商务部大使馆的商务参赞处也不能满足企业的需要。

厦门目前已经拥有一些具备较好海外投资经验的跨国大型企业,如厦门国贸等,这些企业已经积累了比较丰富的海外投资经验,拥有一些海外分支机构,这些企业及其拥有的分支机构是我省不可多得的宝贵资源,应当充分利用。政府部门可以探索向这些企业采购海外投资服务,将这些企业的海外分支机构作为厦门政府的海外商务服务网点,为厦门"走出去"的各类企业提供当地的信息咨询服务。这种模式未来可以进一步扩展到海外法律、会计、中介、经济咨询、联谊交流、会展推介等领域。

可以吸引一些大型互联网企业介入,利用互联网企业优势将海外分支机构提供的各类"走出去"服务与互联网结合,进一步降低成本、扩大收益,力争建立起全国性的海外经贸综合服务平台,吸引全国"走出去"企业和对外贸易企业,使福建成为"一带一路"对外经贸服务中心。可以借鉴山东青岛推行的"走出去"和"青建+"模式。青岛企业青建集团在海外打拼了30多年,积累了丰富的海外经验和人脉,在海外20多个国家设有常驻机构。目前,青建集团已带动150多家中小企业"走出去",并先后与海尔、澳柯玛、利群集团等20多家企业签署了代理代销合作协议,还在非洲科特迪瓦等国家设立了青岛名牌产品展示销售中心。

六、构建"一带一路"产业对接支持体系

1.加大财税支持力度

发挥财政资金引导作用。厦门市发改委、商务局、科技局应将国际产业合作项目列入专项资金的倾斜扶持范围,重点支持列入厦门重点企业的重大项目及境外承载平台建设工程的园区项目。严格执行国家装备"走出去"出口退税政策,对向境外转移优势产业的企业,其出口设备及产品可按现行规定享受出口退税。认真落实国家有关多边、双边税收协定和境外所得税抵免政策。

加快建设厦门"一带一路"对外产业投资基金,进行专业化投资。可借鉴国内其他省份的经验,例如,江苏2015年设立了首期30亿元规模的"一带一路"基金。厦门可以针对本市"一带一路"对外产业合作过程中对股权融资的需求,设立股权投资基金,直接对企业境外投资的项目和公司进行股

本投资,基金可以采取国家、企业、银行、专业投资机构相结合的股权设计,实行商业化操作;通过社会募集、政府相关部门出资等方式设立对外并购基金,并委托专业投资机构进行管理,对"走出去"并购的国内企业给予相应的资金支持。

2.提高金融支撑能力

当前,对外产业转移和企业"走出去"遇到的很大一个困难是境外融资困难。其主要原因是中国的金融企业还没能真正"走出去",企业"走出去"缺乏金融支持。

厦门做好向上争取工作,积极争取国家"两优贷款"(对外优惠贷款和优惠出口买方信贷)、亚投行和金砖银行贷款,以及丝路基金、中非基金、东盟基金、国家产业基金等国家层面资金对我省优势产业对接的支持,并适度放松对重点项目信贷业务监管容忍度。

厦门应鼓励金融服务体系从重点服务对外贸易转向兼顾对外资本运营扩张。对此,应采取以下措施:一是加强对企业的政策性金融支持,将"内保外贷"和"外保内贷"打通。二是支持厦门金融企业"走出去",加快商业银行的国际化步伐。建议参照外资银行奉行以本国企业为主要目标客户群的"跟随客户"经验,鼓励厦门商业银行在厦门企业对外投资比较集中的地区设立支行或办事处。三是政策性金融机构要认真落实国家支持"走出去"的各项政策,发挥与外国政府和我国驻外机构联系紧密、规划和研究能力较强的综合优势,获取项目信息,制订融资方案,扩大贷款规模。四是防范汇兑风险。加强和完善出口信用保险,大力发展中长期出口信用保险和海外投资险,合理确定保险费率,扩大政策性保险服务企业和行业覆盖面,努力实现应保尽保。

3.建立面向中小企业的境外经贸合作综合服务支持机构

日本贸易振兴机构(JETRO)由日本政府出资设立,主要业务包括:宣传日本产业及商品、进行贸易调查及成果发布、贸易交易斡旋、发表与贸易有关的出版物、组织商业展会、收集经贸合作信息、提供产业合作相关服务等。JETRO 在海外 55 个国家设立了 73 家事务所。总部下面设立总务部、企划部、贸易投资咨询中心、海外调查部、经济分析部、对日投资部、市场开拓部、贸易开发部、产业技术及农林水产部、展览事业部等。JETRO 是 100% 政府拨款,每年提交一次预算,如有盈余累计至次年。每4年盈余累计归还日本政府。

中介服务、信息服务和专业服务不足是当前中国企业尤其是中小企业"走出去"面临的主要困难。厦门可以整合智库研究、信息服务、中介服务、专业服务(会计、法律、咨询、公共关系等)建立面向中小企业的境外经贸合作综合服务支持机构,该机构的运营可以采用政府与其他民间组织合作的半官方、半盈利模式。

4.构建"走出去"企业的利益维护机制

当前大多数"一带一路"沿线国家的投资环境还不成熟,厦门"走出去"企业面临较大的政治风险和市场风险,可考虑建立一套完整的"走出去"企业的利益维护机制。该机制应包括以下几个方面:一是建立"走出去"企业的风险保障机制。建立海外投资风险准备金,鼓励境外投资企业与风险投资公司、保险公司建立风险共担机制,帮助企业防范和化解对外投资风险。二是建立海外企业商业纠纷救助机制。三是建立突发事件的海外企业救助机制。

七、加强"一带一路"投资企业的社会责任引导

在积极扶持企业"走出去"的同时,还应当鼓励企业"融进去"。福建泛华矿业公司在印尼投资矿业开采时,帮助当地居民打井,修道路,建学校,周末聘请国内退休的医生到投资地为当地居民义诊。这些举动花钱不多,但取得了很好的社会效果,获得当地居民的好评。目前泛华矿业公司正在印尼马鲁古省投资建设"印尼·中国冶金工业园"。泛华矿业公司的做法值得福建企业效仿。因为对当地居民而言,外来投资带走了利润,挖走了当地的资源,破坏了当地的环境,虽然也给政府缴税,但当地居民什么也得不到,他们自然不欢迎外来投资。

厦门企业在"走出去"的过程中,应当注意以下几个方面:一是开展本地化经营,雇佣本地劳工,扩大当地就业。尽量雇佣专业对口、业务突出的东道国员工,对他们进行中国国情教育和企业文化塑造,强化激励约束,提高其忠诚度,形成适合东道国特点的人力资源管理模式,培养一支执行力强的

外籍员工队伍。二是增强社会责任意识,积极回报当地社会,适当参与当地一些社会公益活动。厦门政府也可探索设立专项资金鼓励厦门海外企业设立专门的与东道国政府、媒体沟通的部门,宣传厦门企业,树立厦门企业良好形象。三是公开透明。对外直接投资涉及多方利益,企业应积极主动与东道国政府、非政府组织、社区和其他利益相关者建立深入持久的关系,及时沟通信息,做到公开透明。

◆ 第六节 ◆
加强"一带一路"服务贸易合作

一、服务贸易将成为对外贸易的新动力

一方面,世界经济已逐步进入服务经济时代,经济全球化也已由以货物贸易为主的阶段进入以服务贸易为重点的新阶段,服务业和服务贸易成为推动世界经济复苏的新引擎和新动力。全球服务贸易总额从 2000 年的 1.44 万亿美元快速增长到 2014 年的 9.8 万亿美元,不到 14 年的时间,全球服务贸易增长了 6 倍多。2014 年,在全球经济低迷的情况下,全球服务贸易仍然逆势增长 6 个百分点,而同期货物贸易的增长只有 0.8 个百分点。2015 年,世界服务贸易发展继续优于货物贸易,服务贸易占世界贸易比重上升至 22.2%,较 2014 年提高 1.1 个百分点。另一方面,服务贸易发展滞后已成为中国供给侧结构性改革的瓶颈。2015 年,全球服务贸易占全球贸易比重为 22.2%,而中国仅为 12.3%。

鉴于此,2015 年 2 月,国务院出台了《关于加快发展服务贸易的若干意见》,提出到 2020 年,服务贸易进出口额超过 1 万亿美元,服务贸易占对外贸易的比重进一步提升,服务贸易的全球占比逐年提高。2015 年 7 月,福建省人民政府发布了《福建省人民政府办公厅关于促进服务贸易和服务外包

加快发展十二条措施的通知》,提出争取到2020年,全省服务贸易总额达到400亿美元,服务外包业务规模年均增长30%。2016年9月,厦门市出台了《厦门市"十三五"期间促进服务贸易和服务外包加快发展工作措施》。措施明确提出,争取到2020年,厦门市服务贸易重点发展领域进出口额超过170亿美元,离岸服务外包执行金额达20亿美元,服务贸易占全市对外贸易的比重显著提升,服务外包产业结构不断优化。

二、厦门市服务贸易发展基本情况

2015年,世界经济低速增长,国内经济也进入结构转型时期,面临各种不利因素,厦门市国际服务贸易进出口则逆势高速增长,并持续实现贸易顺差。

2015年,厦门市国际服务贸易克服国际国内经济环境的各种困难,进出口总额达101.19亿美元,占福建全省服务贸易总额的38.1%,同比增长17.4%(同期厦门市货物贸易进出口额同比下降0.2%)。其中,服务贸易出口额为56.66亿美元,占福建全省的47.3%,同比增长21.0%(同期货物贸易出口额同比增长0.6%);服务贸易进口额为44.53亿美元,占福建全省的30.5%,同比增长12.7%(同期货物贸易进口额同比下降1.1%)。

2016年1—6月,厦门市国际服务贸易进出口总额为50.64亿美元,其中出口金额为24.86亿美元,进口金额为25.78亿美元。同期厦门市货物贸易进出口总额为373.40亿美元,同比下降5.5%。

(一)近年来厦门市国际服务贸易实现快速增长,服务贸易顺差位居全国前列

2012年以来,厦门市国际服务贸易额年增长率均在两位数以上。2015年,厦门市国际服务贸易进出口额达101.19亿美元,同比增长17.4%,高于全国增速2.8个百分点。其中,出口额为56.66亿美元,同比增长21.0%,高于全国增速11.8个百分点;进口额为44.53亿美元,同比增长12.7%,低于全国增速6个百分点。

从全国来看,2015年服务贸易出口额同比增长9.2%,进口额同比增长

18.6%,进口增速约为出口增速的两倍,而厦门出口增速则超过进口增速 8.3 个百分点。2015 年全国服务贸易逆差额达 1 366.2 亿美元。其中,厦门服务贸易顺差额为 12.14 亿美元。

(二)旅游出口增长迅速,其他传统服务贸易行业出口平稳增长

近年来,厦门市旅游行业国际服务贸易发展很快。2015 年,厦门市旅游服务进出口总额达 51.13 亿美元,同比增长 24.2%。其中,出口额为 32.21 亿美元,同比增长 23.5%;进口额为 18.92 亿美元,同比增长 25.4%。运输和建筑等其他传统服务贸易行业出口实现平稳增长,运输服务进出口总额达 30.47 亿美元,同比微降 1.8%,其中出口额为 15.01 亿美元,同比增长 4.1%;进口额为 15.46 亿美元,同比下降 1.8%。建筑行业服务进出口总额达 5 205 万美元,同比增长 24.1%。其中,出口额为 4 793 万美元,同比增长 7.6%;进口额为 412 万美元,同比增长 158.1%。

(三)新兴服务贸易行业出口快速增长

近年来,厦门市新兴服务贸易行业出口一直保持较快增长。2015 年,厦门市会计服务出口额为 187.9 万美元,同比增长 496.5%;管理咨询和公共关系服务出口额为 3 820.3 万美元,同比增长 19.7%;展会服务出口额为 978.2 万美元,同比增长 18.3%;计算机服务出口额为 1.09 亿美元,同比增长 11.2%;信息服务出口额为 310.7 万美元,同比增长 378.3%;技术服务出口额为 2 150.3 万美元,同比增长 32.9%;知识产权使用费为 543.8 万美元,同比增长 87.7%;文化和娱乐服务出口额为 344.6 万美元,同比增长 1 790.6%;维护和维修服务出口额为 1 525.8 万美元,同比增长 631.5%。①

(四)旅游与运输两大传统行业约占厦门市服务贸易的八成

从结构上看,厦门市国际服务贸易仍然以传统行业为主,新兴产业占比较低。2015 年,厦门市旅游服务进出口额为 51.13 亿美元,运输服务进出口额为 30.47 亿美元,旅游和运输两个行业合计占厦门市服务贸易进出口总额

---

① 数据来源于厦门市商务局。

的 80.6%。从出口方面看,旅游服务出口额为 32.21 亿美元,运输服务出口额为 15.01 亿美元,二者合计占厦门市服务贸易出口额的 83.3%;从进口方面看,旅游服务进口额为 18.92 亿美元,运输服务进口额为 15.46 亿美元,二者合计占厦门市服务贸易进口额的 77.2%。

三、厦门服务贸易发展存在的问题

(一)厦门市服务贸易规模偏小,近年来增长速度落后于全国平均水平

从总量上看,相比于国内其他一些大城市,厦门市的服务贸易规模偏小。2015 年,厦门市服务贸易总额为 101.2 亿美元,而同期上海服务贸易总额为 1 338.8 亿美元,北京为 1 302.8 亿美元,深圳为 571.4 亿美元,青岛为 114.6 亿美元。从增长速度上看,2011—2015 年厦门市服务贸易平均增速约为 13.2%,而同期全国平均增速约为 14%。尽管上述数据可能存在统计不完全等偏差,但它们也反映出厦门服务贸易增长远远落后于全国平均水平的问题。

(二)厦门市服务贸易进出口总额占对外贸易总额的比重相对较低

2015 年,厦门市服务贸易进出口总额占对外贸易总额(货物和服务进出口总额之和)的比重为 10.83%,低于全国水平 4.5 个百分点。其中,服务出口额占对外贸易总出口额(货物和服务出口额之和)的比重为 9.58%,低于全国水平 1.6 个百分点;服务进口额占对外贸易总进口额(货物和服务进口额之和)的比重为 13%,低于全国水平 7.2 个百分点。

(三)新兴行业进出口总额占厦门市服务贸易进出口总额的比重偏低

与全国水平相比,厦门服务贸易进出口总额中传统行业的比重偏高,而新兴高技术服务行业的比重偏低。2015 年,全国三大传统行业旅游、运输和建筑服务的进出口总额占服务贸易进出口总额的比重为 51.9%,比 2014 年下降了 10.7 个百分点。其中,出口额占服务贸易出口总额的比重为 53.2%;

进口额占服务贸易进口总额的比重为79.2%。而同期旅游、运输、建筑这三大传统行业的进出口总额在厦门市服务贸易进出口总额中占据了81.1%的比重,高于全国水平29.2个百分点。其中,出口总额占比84.2%,高于全国水平31个百分点;进口总额占比为77.3%。

新兴产业方面,厦门市一些技术含量出口额高、附加值高的新兴行业的进出口总额占比偏低。2015年,全国电信、计算机和信息服务出口额占服务贸易出口总额的9.4%,而厦门市服务贸易出口总额中电信、计算机和信息服务仅占2.0%;全国专业管理和咨询出口额占服务贸易出口总额的10.1%,厦门该比重仅为1.6%;全国技术服务出口额占服务贸易出口总额的4.3%,厦门该比重仅为0.4%;全国文化和娱乐服务出口额占服务贸易出口总额的6.9%,厦门该比重仅为0.1%;全国知识产权使用费占服务贸易出口总额的0.4%,厦门该比重仅为0.1%。

厦门是重要的旅游目的地和旅游服务进口城市,同时又是东南地区重要的港口城市,旅游服务和运输服务进出口在厦门服务贸易中占重要地位,一定程度上扩大了厦门市服务贸易总量。2015年厦门市服务贸易进出口总额约占厦门GDP总量的18.4%,远高于全国水平(6.9%),这也是造成厦门市服务贸易中传统行业比重偏高,新兴行业比重偏低的原因之一。但是从总体来看,传统服务贸易行业增速放缓,在价值链上趋于下行。厦门市亟待提升和改善服务贸易的行业结构,加快发展新兴产业,提高新兴服务贸易产业的比重。

(四)服务外包工作亟须提升

2010年2月25日,国务院批复厦门市成为第21个中国服务外包示范城市。随后,厦门出台了一系列对服务外包的扶持政策。

2016年2月,国务院对开展服务贸易创新发展试点进行批复,同意在天津、上海、海南、深圳、杭州、武汉、广州、成都、苏州、威海10个省市和哈尔滨、江北、两江、贵安、西咸5个国家级新区开展服务贸易创新发展试点,厦门市未能列入其中。

2016年5月,国家9个部委又共同下发《关于新增中国服务外包示范城市的通知》,宣布正式启动服务外包示范城市末位淘汰动态调整机制。全国上下形成争先恐后、你追我赶的发展局面。根据2015年商务部的综合评价结果,厦门市位居21个中国服务外包示范城市倒数第三位,如何提升服务外包和服务贸易工作并迎头赶上,是当前亟须解决的重要问题。

四、加强厦门"一带一路"服务贸易合作

(一)加强厦门"一带一路"服务外包合作

厦门作为全国服务外包示范城市,服务外包发展水平较高,且近年来保持持续稳定增长,承接"一带一路"市场业务规模将稳步扩大。2016年,厦门实现"一带一路"服务外包业务执行额2.61亿美元,同比增长17.3%,占厦门市离岸外包执行总额的16.3%。"一带一路"沿线国家中,新加坡、阿联酋、以色列和俄罗斯与厦门市贸易往来最密切,其中新加坡市场执行额约占"一带一路"市场的87%;其次为阿联酋、以色列、俄罗斯,分别占厦门"一带一路"服务外包市场执行额的3.9%、2.1%和1.4%。

"一带一路"是服务外包发展的新兴市场,厦门应进一步加强"一带一路"服务外包合作。一方面,应鼓励企业积极开拓"一带一路"市场,优化厦门离岸服务外包的市场结构,避免过于倚重美国和香港市场拓展业务来源;另一方面,可以积极引进新加坡、印度等服务外包发达地区的先进企业来厦门投资,加强产业链联系,增强厦门服务外包的整体竞争力。

(二)进一步明确服务贸易的重要地位,通过培训使厦门市各相关部门干部和相关企业了解和重视服务贸易

2016年9月,厦门市出台《厦门市"十三五"期间促进服务贸易和服务外包加快发展工作措施》。措施明确提出,将在"十三五"期间着力提升服务贸易在全市对外贸易中的比重,并不断优化服务外包产业结构。借此机会,厦门市政府在相关工作和文件中进一步提升和明确服务贸易的重要地位,将服务贸易作为厦门经济的新增长点来培育。

同时,由于政府各相关部门和干部及企业对服务贸易知识了解较少,对一些基本概念还比较模糊,可以组织各类服务贸易知识的相关培训,全面提升厦门市相关人员对服务贸易的认识水平和重视程度。

（三）可仿照厦门市对服务外包的扶持政策，制定具体措施加大对服务贸易企业的支持力度，建立服务贸易专项扶持资金，重点扶持一批服务特色出口基地

厦门市可仿照对服务外包的扶持政策，制定更加具体的服务贸易扶持政策，建立服务贸易专项扶持资金。一是加大重点企业培育的资金支持力度，积极培育龙头企业，对有发展潜力的企业进行重点支持；二是重点扶持一批服务特色出口基地，包括邮轮旅游服务、软件和信息服务、飞机及其零部件维修服务、文化服务（油画、动漫网游、文物拍卖、影视制作等）、教育服务及跨境电商、供应链等，培育厦门外贸出口的新竞争优势；三是重点扶持新兴行业服务贸易，优化服务贸易结构，如重点扶持比重偏低但发展潜力大的高新技术研发、信息技术服务、金融服务、文化贸易、飞机及零部件维修等新兴行业。

（四）完善服务贸易和服务外包共创的工作机制

服务贸易和服务外包工作涉及高新技术产业、人才培养与就业、财税金融政策和知识产权、信息安全等多个方面，因此，建议将厦门市现有服务外包领导小组进行整合，成立服务贸易的工作协调机制，由市领导牵头，各区、各责任部门为成员单位。各区、各开发区要相应成立服务贸易和服务外包发展领导小组，形成全市上下齐抓共管、共同创建的局面。

（五）提升"厦门服务"品牌影响力

以支持厦门企业参加中国国际服务贸易交易会为基础，推动厦门企业踊跃参加相关国际展会、赴境外参加重点展会，在各重要展会上争取设立专门的厦门服务贸易和服务外包展区，展示厦门服务企业形象。

（六）加强服务贸易和服务外包面向"一带一路"沿线国家和地区的产业招商引资工作

应加大力度，积极面向"一带一路"沿线国家和地区引进具有集聚和辐射带动作用的服务贸易、服务外包重大项目，实行"一企一策"的政策措施。利用福建自贸区厦门片区优势，扩大服务业开放，吸引国内外服务贸易和服

务外包领军企业落户厦门,重点包括软件、动漫、医药研发、试剂检测、物流供应链、电商平台设计运维等行业。

(七)加大投入,推进厦门市服务贸易的统计和研究工作

厦门市的服务外包统计工作已经取得了一定的成绩,但服务贸易统计工作还需要进一步推进。目前,厦门市的服务贸易统计工作存在企业积极性不高等问题,针对厦门市服务贸易进行的专门研究也还十分缺乏,其根本原因在于投入不足。厦门市政府应进一步加大投入,市级财政可每年从预算中安排相应资金支持服务贸易统计和研究工作。目前,厦门理工学院与商务局合作成立了"厦门市服务贸易与服务外包研究中心",并已取得初步成果,可依托研究中心力量开展贸易统计和研究工作。

(八)积极促进厦门市技术与知识密集型服务贸易进口,推动厦门技术创新

2015年,厦门市服务贸易进口总额为44.5亿美元,在5个计划单列市中进口额最低,远低于深圳、天津等大城市,如深圳2015年服务贸易进口总额为298.4亿美元,是厦门的6.7倍。厦门是5个计划单列市中唯一实现服务贸易顺差的城市,在服务进口方面还有较大的潜力。

技术与知识密集型服务品通常是在大量的知识和技术投入基础上生产出来的,因而技术属性和知识属性较强。技术与知识密集型服务品进口地能够通过获得的技术溢出效应为本国的创新活动积累大量技术储备和知识储备,能够有力地推动本地的技术创新。创新是引领厦门经济社会发展的第一动力,厦门市应当积极促进技术与知识密集型服务贸易进口,推动本地技术创新,实现创新发展。

◆ 第七节 ◆

"一带一路"框架下寻求对台合作新方式

一、台湾从"政府"层面参与"一带一路"建设处于搁置状态,而且可能会持续较长时期

2015年3月,中央在《愿景与行动》中提出,"为台湾地区参与'一带一路'建设作出妥善安排"。显然,在"一带一路"倡议中,中央已经将两岸经济关系和台湾经济发展纳入其中。在"一带一路"倡议和国内新一轮区域布局中,与台湾相邻的福建被赋予了新的,也是极高的定位。福建既是"21世纪海上丝绸之路"核心区,又是新自贸区之一。除此之外,福建还有海西经济区、平潭综合实验区,加上厦门特区,福建形成了一系列的叠加优势和复合优势。

2015年11月,两岸最高领导人在新加坡举行了历史性的习马会。此次会面将两岸关系推向了一个新的历史高峰。习近平主席在会面时明确提出,"我们愿意首先与台湾同胞分享大陆发展机遇。两岸可以加强宏观政策沟通,发挥好各自优势,拓展经济合作空间,做大共同利益蛋糕,增加两岸同胞的受益面和获得感。对货物贸易、两会互设办事机构等问题,双方可以抓紧商谈,争取早日达成一致。我们欢迎台湾同胞积极参与'一带一路'建设,也欢迎台湾以适当方式加入亚投行"。

但是,台湾当局对大陆的真诚邀请迟迟未作出回应。中央在"十三五"规划中提到支持香港参与"一带一路"建设,但未再提及台湾参与"一带一路"建设。具体表述为:"坚持'九二共识'和一个中国原则,秉持'两岸一家亲',以互利共赢方式深化两岸经济合作。推动两岸产业合作协调发展、金融业合作及贸易投资等双向开放合作。推进海峡西岸经济区建设,打造平潭等对台合作平台。扩大两岸人员往来,深化两岸农业、文化、教育、科技、社会等领域交流合作,增进两岸同胞福祉,让更多台湾普通民众、青少年和中小企业受益。"

2016年5月20日以来,民进党当局拒不承认"九二共识"、不认同两岸同属一中,单方面破坏两岸共同政治基础,导致两岸制度化交往机制停摆,持续八年的两岸关系和平发展势头和成果受到严重冲击,导致台湾参与"一带一路"建设进入搁置状态。蔡英文在就职演说中提及"新南向政策",声称要"增进与东盟、印度的多元关系"。台湾市场狭小,要开拓东南亚市场本无可厚非,但民进党当局的"新南向政策"的本质却是借此减少两岸经贸合作,疏远与大陆的关系。

目前,民进党当局的消极态度导致台湾从"政府"层面参与"一带一路"建设处于搁置状态,而且可能会持续较长时期。

二、台湾工商界具有参与"一带一路"建设的积极愿望

台湾地处海上丝绸之路的重要地缘位置,具有相当大的优势。"一带一路"建设为台湾经济融入区域经济合作机制提供了极为现实的路径,也给台湾企业带来了沿线关税减免、交通贸易便利化与新的产能需求等多项利好,使台湾企业可以把更多商机拓展到东盟、南亚与欧洲。自"一带一路"倡议公布以来,数以万计的台湾企业高度关注这个政策趋向。台商普遍认为,这是台商转型升级与创新发展的又一次历史良机。许多台湾企业希望积极参与到"一带一路"建设中来,携手大陆拓展商机。

大陆方面也一直有推进两岸关系和平发展的积极愿望。2015年11月,福建省发改委、福建省外办和福建省商务厅联合发布《福建省21世纪海上丝绸之路核心区建设方案》,提出要"推动闽台携手拓展国际合作,通过深化闽台交流合作促进核心区建设,通过核心区建设提升闽台交流合作水平。推动福建自贸试验区与台湾自由经济示范区加强合作。支持台资企业参与福建港口建设,密切与台湾地区的海上运输合作,共同打造环台湾海峡港口群和航运中心。支持福建企业与沿线国家和地区的台资企业加强合作,携手共同拓展东盟等国际市场""扩大闽台人文交流交往"等。

三、台湾"新南向政策"与"一带一路"建设

2016年9月5日,台湾行政机构正式通过并公布了"新南向政策推动计划",标志着该政策进入了实际推动阶段。蔡英文在2015年9月首次提出"新南向政策"并随后将其打造成自己施政纲领的重要亮点,其主要内容是推动和强化台湾地区同东盟、南亚、新西兰和澳大利亚的经贸关系。

在中国大陆倡议和推进"一带一路"建设的背景下,如何看待并应对台湾当局的"新南向政策"是一个值得关注的重要问题。

(一)"新南向政策"的主要内容

蔡英文当局提出的"新南向政策"是以东盟10国(印尼、泰国、马来西亚、越南、新加坡、菲律宾、缅甸、柬埔寨、老挝、文莱)、南亚6国(印度、巴基斯坦、孟加拉国、斯里兰卡、阿富汗、尼泊尔)、新西兰和澳大利亚这18个国家为目标区域,强化台湾地区与这些国家的联系。蔡英文当局将采取"软实力联结""供应链联结""区域市场联结""人和人联结"四大联结策略,在经贸合作、人才交流、资源共享、区域联结四个方面向18个南向国家开展工作,建立紧密"经济共同体"。台湾当局为此于2017年投入42亿元新台币的预算。

"新南向政策"具体来说包括以下三个方面的内容:

1.经贸合作与产业投资

进一步拓展台湾与上述18个国家的经贸合作,重点推进产业合作、基础建设工程输出和金融支持。组织和鼓励台湾企业面向18个国家进行直接投资、产业链布局,积极营销、开拓市场,开展跨境电商和网络贸易,与这些国家合作建设技术创新平台等。将东盟、南亚等作为台湾内需市场的延伸。

除了传统的基础建设和制造业之外,蔡英文当局将重点推动自动支付电子收费系统(electronic toll collection system,ETC)、智慧医疗、物联网等台湾地区的新兴科技产业进入"南向"国家。

目前台湾当局已经在经贸合作方面形成一些具体政策:(1)以"一国一平台"方式在每个国家设立"台湾窗口"(Taiwan desk),协助台商投资并与

东道国协调;(2)建立"新南向"产经信息咨询中心来收集商情并定期公布投资风险评估报告,让南向的台商借此评估投资环境;(3)运用进出口银行等为台商提供保证、保险及各项融资平台,并在集聚效应达到一定规模后鼓励台商回台上市;(4)设置"新南向政策"项目融资信用保证平台,并将台湾地区金融监管机构与其进出口银行进行整合;(5)协助本土银行增设海外分支机构;(6)针对"新南向政策"设定关键绩效指标(KPI)。

2. 教育和人力资源合作

台湾将进一步强化与18个国家在教育和人才培养、人力资源方面的合作。具体包括:(1)增加"新南向"学生来台就读的奖学金,计划于2019年实现在台就读的东南亚及南亚学生增长1倍,达到5.6万人。(2)向赴东南亚和南亚就读的台湾学生提供"新南向"公费奖学金,补助台湾学生到东盟等国的台湾企业实习。(3)对与"新南向"相关的大学科系,给予新住民考生加分优惠。(4)"新南向"技术性蓝领的外籍工人,符合审核条件者,可以延长在台湾的居留期等。

3. 其他方面的合作

其他方面的合作主要包括医疗合作、科技合作、观光旅游合作、文化交流和农业合作等。

相对于20世纪90年代初李登辉时期的"南向政策"和2000年后陈水扁时期再度推动的"南向政策"而言,蔡英文的"新南向政策"具有一些新特点:(1)合作的国家范围从原来单一的东南亚地区扩大到涉及南亚6国及澳大利亚、新西兰等国家,共包括18个国家;(2)从单纯强调对外投资到以"多元""双向"为内容,包括双向的经贸合作、人才交流与资源共享;(3)突出长期、互惠、多层次和多领域。

(二)"新南向政策"的实质是台湾当局企图绕开中国大陆参与东亚区域合作

台湾当前正面临着十分严峻的经济困境,岛内社会与经济发展不相适应的问题一直未得到缓解,经济进入减速期,支撑经济发展的优势资源不断流失,发展环境日益恶化,内外经济条件趋于不利。蔡英文当局拒不承认"九二共识",又希望通过参与国际经济合作来摆脱经济困境。TPP因为特朗普上台而被迫终止，台湾当局通过 TPP 参与国际经济合作的企图破灭，只能寄希望于"新南向政策"。"新南向政策"的实质是台湾当局企图绕开中国大陆参与东亚区域合作，带有明显的政治意图。

1."新南向政策"的核心目标是降低台湾对大陆的经济依赖

蔡英文当局"新南向政策"的核心目标是希望通过其政策引导，推动台湾的资金和台资企业加大对东盟、南亚和澳新等国家投资与贸易联系的力度，以分散出口市场和投资区域，降低台湾对大陆的经济依赖，进而避免两岸紧密的经贸关系影响到台湾的"安全"。"新南向政策"仍遵循民进党一贯宣扬的分散与大陆经济关系的思路。台湾当局在推动强化与美日经济联系的同时推出"新南向政策"，其理论依据就是与"新南向"18 个国家结成紧密的经济合作关系，从而与欧美日形成经济合作圈，为台湾经济找到可持续发展的根基。

2."新南向政策"的现实目标是提高台湾对东亚区域经济合作的参与度

近年来东亚区域经济合作快速发展，变化很快。中韩自贸区、TPP、区域全面经济伙伴关系（Regional Comprehensive Economic Partnership, RCEP）及中国的"一带一路"倡议等纷纷提出构想并积极推进，台湾在东亚经济一体化的进程中故步自封，被逐步边缘化。台湾参与相关区域合作有赖于两岸关系的进一步改善和两岸互信的进一步提升。但由于民进党当局拒不接受"九二共识"，使得两岸在这一问题上的协商与沟通机制难以为继，因此，台湾参与相关区域合作的难度加大。在这种情况下，"新南向政策"通过与东盟、南亚和澳新等国家深化经贸合作，进而参与到 RCEP 中来，期望通过迂回方式，绕过大陆参与东亚区域合作。这也体现了"新南向政策"的危险倾向，即回避两岸可能的政治经济合作。这种迂回路径实质上就是在"中美台"三角关系上进行事实的选边，因此，其危险性将随着整个东亚区域态势的发展而更加凸显。

3."新南向政策"的经济目标是进一步强化台湾在东盟、南亚和澳新等国家的竞争优势

近年来，中国大陆经济进入"新常态"，台湾与大陆的贸易投资均有所下降，现有的两岸投资贸易模式受到一定的影响，中国大陆的产业竞争力也不断提升。面对急剧变化的经济环境，"新南向政策"试图促进台湾的技术、资本及企业加大向"新南向"国家的投入,借助台湾在资本、技术领域的优势,维持相关产业(主要是资讯产业等高科技产业)在当地的竞争力,为台湾产业的可持续发展提供新的市场空间,以"新南向"国家作为台湾内需市场的延伸。同时,随着大陆经济环境的变化,大陆的劳动力成本快速提升,台资企业也需要寻求新的投资区域。

四、"一带一路"框架下寻求对台合作新方式

台湾当局推出的"新南向政策"一方面带有明显的政治意图,其核心目标是降低台湾对大陆的经济依赖,同时企图绕开中国大陆参与东亚区域合作;另一方面在中国大陆经济进入"新常态"、产业竞争力提升的背景下,"新南向政策"推动台商向东盟、南亚和澳新等国家进行贸易投资也具有一定的客观性。

习近平主席倡议的"一带一路"建设,秉承共商、共享、共建的原则,旨在推动中国与"一带一路"相关国家政策沟通、设施联通、贸易畅通、资金融通和民心相通,是促进共同发展、实现共同繁荣的合作共赢之路,是增进理解信任、加强全方位交流的和平友谊之路。

在"一带一路"建设背景下,对台湾当局的"新南向政策"应坚决反对其政治意图,同时尊重台湾企业相关利益和选择,设法使台湾企业投身于"一带一路"建设当中并为之做出贡献。

(一)应将对台合作与对东盟合作的优势结合起来,以创新理念探索台湾企业层面参与"一带一路"建设的新模式

厦门市作为"21世纪海上丝绸之路"的战略支点城市,同时具备对台合作与对东盟合作的双重优势,可以利用"一带一路"建设的机遇将二者结合起来,提高厦门市在中央战略中的地位。在台湾从"政府"层面参与"一带一路"建设搁置的情况下,厦门市的对台作用显得更加重要,作为对台合作的前沿城市,厦门市可积极探索台湾企业层面参与"一带一路"建设的新模式,为中央对台工作闯出新局面、开辟新思路。

（二）推动厦门企业与台湾企业共同开拓"一带一路"国际市场，加强厦台"离岸式"合作

目前，福建已经把"推动闽台携手拓展国际合作"列为建设海上丝绸之路核心区的八项主要工作任务之一。厦门企业可探索与台湾企业共同开拓"一带一路"国际市场，如与台商共同在东盟国家进行产能合作和建设工业园等，共同参与"一带一路"的投资和发展，实现"两岸联手赚世界的钱"。

台湾企业拥有丰富的海外投资经验和产业转移经验，熟悉国际法律、惯例，在发展中国家享有良好声誉。厦门企业在向"一带一路"走出去的过程中可以与台湾企业合作，联合投资，学习台湾企业处理国际业务的经验；而台湾企业也可以抓住"一带一路"的机遇，深化在全球的产业布局，提升在全球产业链上的优势。此外，台湾企业在服务业具有比较优势。厦门市可推动厦门企业积极利用自身的资金与政策优势，与台湾具有竞争优势的相关企业合作，开拓国际市场。

在"一带一路"沿线国家和地区加强两岸企业的"离岸式"合作，有利于应对日本及欧美等企业的竞争。日本和欧美等大型跨国公司在东盟等国家经营多年，具有很强的竞争力，中国大陆企业走向"一带一路"面临着激烈的竞争。许多台湾企业较早在东盟进行投资经营，至今东盟约有 25 000 家台湾企业。中国大陆企业应积极争取台湾企业，借助其在当地丰富的经验和其他优势，合作共赢，联手开拓市场，如可以采取共同组建"走出去"企业、大陆企业的大型项目由台湾企业进行配套等方式。

（三）福建省或厦门市可尝试与台商共建"一带一路"境外经贸合作区

台湾工商界具有参与"一带一路"建设的积极愿望。2015 年 11 月，《福建省 21 世纪海上丝绸之路核心区建设方案》提出，要"推动闽台携手拓展国际合作，通过深化闽台交流合作促进核心区建设，通过核心区建设提升闽台交流合作水平。支持福建企业与沿线国家和地区的台资企业加强合作，携手共同拓展东盟等国际市场""扩大闽台人文交流交往"等。

"新南向政策"也将推动台湾企业向东盟、南亚等国家投资。福建省或

厦门市可与台湾企业合作,共同在"一带一路"沿线国家建设产业合作园区等,共同参与"一带一路"投资和发展。

(四)加强厦门相关企业的涉台培训,做好经贸合作中的对台工作,让企业发挥重要的对台宣传作用

企业作为资本、知识、技术和人才高度密集的社会组织,是世界经济网络的重要节点,也是社会经济、文化交往中最活跃的主体之一,具有开展对台工作的自身优势,厦门市应进一步加强相关企业的涉台培训,做好经贸合作中的对台工作,让企业发挥重要的对台宣传作用。

◆第八节◆
积极开展"一带一路"城市外交

一、开展"一带一路"城市外交的意义

在当今经济全球化加速发展的新形势下,国际外交主体逐步多元化,地方政府在外交尤其是经济外交方面逐步成为新的参与者。真正具有全球竞争力的城市无不积极融入全球化经济体系,成为连接全球经济体系和地方社区体系的枢纽。中国以城市为交往主体的城市外交也蓬勃兴起,并受到国家层面的高度重视和肯定。2014年5月,中国国家主席习近平在人民大会堂出席中国国际友好大会暨中国人民对外友好协会成立60周年纪念活动并发表重要讲话。他强调,要推进城市外交,大力开展国际友好城市工作,促进中外地方交流,推动实现资源共享、优势互补、合作共赢。

在当前"一带一路"的顶层设计已经基本完成,进入全面实施阶段的情况下,地方政府将成为"一带一路"建设实施的关键主体,城市外交将在"一

带一路"建设中扮演越来越重要的角色。与中央外交处理主权性事务不同,城市外交更强调非主权事务,且更多由城市当局及其附属机构开展,服务地方经济社会发展,为城市自身的发展创造更大的空间。地方政府参与国际合作有其独特性,且具有某些中央政府和其他行为体所不具备的优势,发挥地方政府的优势也成为新时期外交发展的一个重要趋势。开展地方政府或城市经济外交的优势主要在于:

(1)地方政府或城市作为外交中的次国家行为体,可以淡化经济外交中的政治色彩,从而更好地开展合作。从中国的实践来看,城市地方政府外交以经济外交为主,较少涉及主权或政治事务,而且其经济外交的对象往往也是他国的地方政府,有利于"一带一路"建设中的经济交流与合作。

(2)"一带一路"建设的实施阶段需要进一步根据地方的实际发展情况来推进,城市地方政府拥有更全面的信息和更灵活的决策方式。

(3)作为"一带一路"建设实施的中观主体,地方政府能够更为有效地组织和引导微观主体,有利于中小企业走向"一带一路"并逐步国际化。

二、厦门开展"一带一路"城市外交的优势

(一)厦门具有较好的城市外交基础

作为经济特区,厦门拥有独特的区位和经济优势,对外交往频繁,早在1983年就缔结了第一个国际友城——英国加的夫市。经过30多年深耕细作,厦门市现已缔结了17个国际友城、1个区级国际友城和13个友好交流城市,对外交流交往通达五大洲,城市国际化水平国内领先。

2008年以来,厦门市已经荣获"国际友好城市交流合作奖"五连冠。"国际友好城市交流合作奖"由中国人民对外友好协会、中国国际友好城市联合会共同颁发,旨在表彰国际友城工作中成绩突出的城市,是中国国际友城工作中的最高奖项。厦门"五连冠"的荣誉在全国城市中屈指可数,这也是对厦门市友城工作的充分肯定和高度褒奖。

（二）厦门是国内 5 个经济特区中唯一一个拥有外国领事馆的城市

外国领事馆是厦门独特的国际化资源。目前，厦门有菲律宾、新加坡、泰国驻厦总领馆。据统计，国内仅有 17 个城市设有外国领事馆，其中有 2 家以上领事馆的城市仅 11 个，厦门是国内 5 个经济特区中唯一一个拥有外国领事馆的城市。同时，厦门也是全国第 5 个拥有领事馆区的城市。

厦门领事馆区由 8 幢别墅式馆舍及 1 幢 15 层综合办公大楼组成，总建筑面积达 17 281 平方米。目前，馆区 8 幢别墅式馆舍已建成，建筑面积共 12 000 平方米。综合办公大楼于 2016 年年底投入使用。厦门领事馆区规划的功能包含外交人员办公集中区，经贸文化交流展厅，外交官活动中心，多功能会议厅，会见厅及会议室，外交官餐厅等。馆区全面建成后，将为国际组织、外国领事机构、签证中心等提供一个富有外事文化气息、充满国际元素的高档综合办公场所。

（三）厦门是海上丝绸之路核心区重要枢纽城市

在"一带一路"倡议和国内新一轮区域布局中，福建被定位为"21 世纪海上丝绸之路"核心区。厦门是福建的重要城市，也是海上合作战略支点城市、东南航运中心。除此之外，厦门还拥有海西经济区、新自贸区等叠加优势和复合优势。

（四）厦门拥有一批高层次、高水平的国家交流平台

厦门市已经拥有中国国际投资贸易洽谈会、对台进出口商品交易会、文化产业博览会、石材展等影响力较大的经贸交流合作平台，还搭建了南洋文化节、厦门国际马拉松、厦门国际友好音乐会、"行·摄"友城国际摄影交流活动、国际青少年足球夏令营等一系列公共外交平台，积极打造国际一流营商环境，提升厦门的国际形象和影响力。

厦门市近年来先后筹备了 G20 第三次协调人会议和财金副手会、中国—东盟邮轮产业经济城市合作论坛、首届中国—新西兰市长论坛、21 世纪海上丝绸之路建设暨国际产能合作研讨会等一系列重要国际双边、多边会议，有力地配合了中央的总体外交大局。

三、借力金砖峰会积极开展城市外交，推动厦门列入"一带一路"城市外交试点

2016年10月，习近平主席在印度果阿宣布将于2017年9月在厦门市举办金砖国家领导人会晤。这对于厦门来说是难得的开展城市外交、展现厦门形象并提升厦门国际化水平的良机。

（一）向中央建议设立"一带一路"城市外交试点，并将厦门列入其中

随着"一带一路"的逐步实施，中央也开始重视地方政府外交和城市外交，厦门应利用自身优势，积极争取机会，做地方政府外交和城市外交的排头兵。厦门可利用金砖峰会的机遇，向中央建议设立"一带一路"城市外交试点，并将厦门列入其中。

（二）提升外事部门地位，构建多部门联席外交办公机制

世界上大多发达国家的城市都拥有一个专业化的对外事务治理体系。例如，纽约市政府在市长办公室设立了专门负责国际事务的办事机构，负责代表纽约市政府联络外国政府、联合国、美国国务院等机构，并具备以下功能：就外交和领事事务对市政机构提供咨询建议，为外交和领事机构提供相关建议，处理突发性的涉外危机和紧急事件，协助外资企业获得相关服务和信息，推动纽约与世界各地建立城市伙伴联系，等等。这一机构建立了与美国联邦政府、外国政府、国际机构、跨国企业和其他社会行为体的沟通体系，对外代表纽约市政府，在市长的直接领导下处理涉外事务，是一个专业化的"纽约外交部"。此外，伦敦、东京、柏林、巴黎等也都建立了类似机构。

当前中国还未建立起较为明确的城市外交体制。虽然福建省县级以上的政府都设立了外事办公室作为管理涉外事务的机构，但这类机构的定位主要是处理地方城市领导出访或接待外宾等事务性工作，重要性明显弱于其他政府部门，无法像纽约市政府国际事务办那样统领涉外事务，在对外事务的决策权、管理权方面偏弱，在人员配备、资源配置上明显不足。

中国城市是由中国共产党党委领导下的政府体系来治理的，在对外事

务上也应坚持"党管外交"的原则。因此,要统领整个城市的对外事务,外事办公室必须同时是同级党委外事工作领导小组的办公室和同级政府的外事办公室,外事办公室主任应当能够列席市委常委会,能够从宏观上把握一个城市开展对外交往的战略意图和行动计划,并能够统筹协调各方面资源为城市发展的战略目标服务。

在"一带一路"倡议背景下,公共外交兴起,外交主体多元化,厦门市政府外事办公室应当整体提升,增加其内部编制,增设内部部门(如文化外事、经济外事和研究咨询部门等),加强资源配置,并使外事办公室在对外事务的决策权、管理权方面发挥作用,也可以尝试由市委常委担任外事办公室主任,或者外事办公室主任列席市委常委会议等。此外,还应进一步构建外事办、侨办、商务局、发改委、政协外事委等机构的外事联席办公机制,将城市外交与"一带一路"对外经贸合作有机结合起来。

(三)重视公共外交,充分发挥企业、媒体和社会各界的外交能力

公共外交是一种面对外国公众,以文化传播为主要方式,以说明本国国情和本国政策为主要内容的国际活动。它对政府的外交工作有相辅相成的支持性意义。进行公共外交的主体主要是非政府组织,如相关企业、民间团体、大学、研究机构、媒体、宗教组织及国内外有影响的人士。他们可以借助各自的领域和国际交往的舞台,面对外国的非政府组织、广大公众,甚至政府机构,从不同角度表达本国的国情和国际政策。

厦门市对外交往已经取得了较好的成绩,具备开展"一带一路"公共外交的良好基础。作为海上丝绸之路核心区的支点城市,向世界讲好中国故事,传播好中国声音,提升中国软实力,是厦门市外交的重要职责。开展城市外交应重视公共外交的作用,充分发挥企业、媒体和社会各界的外交能力:(1)对相关企业、媒体和"一带一路"对外交流较多的非政府组织进行公共外交专门培训,培养公共外交意识,提高公共外交能力。(2)鼓励和支持各类企业、媒体和民间组织积极开展"一带一路"经济、文化等各方面交流活动。(3)对重点"走出去"企业进行补贴和人员支持,对"一带一路"沿线国家和地区积极开展公共外交活动。

(四)加快推动金砖、海上丝绸之路国家在福建设立领事馆

领事馆通常接受外交部门和所在国大使馆的双重领导,促进两国关系和民间的往来是领事馆的重要职责。目前,"21世纪海上丝绸之路"重点对接的东盟国家已经有3个(菲律宾、新加坡和泰国)在厦门设立了领事馆,但是相对而言还需要加强。广西目前已经有柬埔寨、越南、泰国、老挝、缅甸5个东盟国家在南宁设立了总领事馆。

福建目前有1582万侨胞在海外,其中90%~95%生活在东南亚10国,这其中又以印尼、马来西亚为最多。近几年,福建和印尼、东帝汶的渔业合作成效显著。厦门应利用领事馆区建成、金砖峰会的契机,进一步加快推动印度、南非、印尼、马来西亚、东帝汶等金砖、海上丝绸之路国家在厦门设立领事馆。

(五)构建厦门城市外交三个方面的运行机制

一是内外互动机制。随着经贸、旅游、留学等跨国事务的增多,不少城市强调在海外设立办事处,通过城市之间的对话和沟通,建立顺畅的城市外交互动机制。比如洛杉矶市政府在中国多个城市设立了洛杉矶会议及旅游局驻华办事处;伦敦市政府在北京设立了伦敦投资局北京办事处;香港也在海外设立了11个办事处,负责与香港有关的经济及贸易等事务。厦门可参考这些城市和地区建立海外办事处,并建立顺畅的沟通机制。

二是统筹协调机制。在全球化体系下,一个城市与世界的交往是全方位和立体化的,涉及各个部门和各个领域。随着国际化的深入,对外贸易、国际投资、经济技术协作、侨务外事、旅游促进等领域的事务日益复杂,呈现为"碎片化"管理格局。如何统筹协调不同部门间的对外交往,使之成为相互呼应的整体,是城市外交的重要工作。在西方国家,一些城市通过市议会将不同领域的利益进行整合,由市长领导下的工作机构直接协调。因此加强政府层面的统筹协调制度越来越迫切。厦门可在统筹主要地方外事部门,如外事办、侨办、外宣部门、发改委、商务局、政协外事部门等的基础上,协调教育、文化、科技、旅游等部门,同时充分发挥企业、智库、媒体和社会各界的对外交往能力,构建灵活高效的城市外交共同体。

三是央地协调机制。作为国家总体外交的重要组成部分,城市外交不

能脱离国家总体外交的轨道,必须在国家总体外交的统一指挥下进行,但城市外交任务的多样性决定了城市外交也要有适当的灵活性。为了兼顾两者,应建立央地协调机制。在一些联邦制国家,此种协调机制多以法律作出明确规定,城市主要在经济、社会、文化等交流事务上发挥更大的自主权。厦门应注意与外交部加强沟通协调,注意请示、报告工作,寻求外交部的支持与领导,将厦门市的资源整合为国家外交的资源。